CRAFTING OF
CLEAR
THINKING
- i J N

AF390906

Tworzenie jasnego myślenia

Ja J.N

Indie
2023

ZAWARTOŚĆ

WSTĘP

W październiku 2004 r. europejski potentat medialny zaprosił mnie do Monachium na, jak to określili, nieformalną wymianę intelektualistów. Chociaż sam nie uważałem się za intelektualistę – studiowałem raczej biznes niż literaturę – moje dwie powieści literackie musiały zakwalifikować mnie do takiego zaproszenia.

Przy stole siedział Nassim Nicholas Taleb. Był wówczas mało znanym traderem z Wall Street, pasjonującym się filozofią, którego poznałem jako eksperta od angielskiej i szkockiej filozofii Oświecenia, zwłaszcza Davida Hume'a. Widocznie zostałem wzięty za kogoś innego. Zszokowany moim błędem, ale wciąż starając się zachować spokój, posłałem po sali niepewny uśmiech w nadziei, że cisza posłuży jako dowód moich zdolności filozoficznych. W tym momencie Taleb przysunął wolne krzesło i poklepał je; zapraszając mnie, żebym usiadł. Zrobiłem tak. Po krótkiej dyskusji na temat Hume'a nasza rozmowa szybko przeniosła się na Wall Street. Zadziwiały nas systematyczne błędy w podejmowaniu decyzji przez dyrektorów generalnych i liderów biznesu – łącznie z nami! Rozmawialiśmy o tym, dlaczego z perspektywy czasu nieoczekiwane zdarzenia wydają się bardziej prawdopodobne, zastanawialiśmy się jednocześnie, dlaczego inwestorzy odmawiają sprzedaży akcji, gdy ich wartość spadnie poniżej kosztu nabycia.

Po tym wydarzeniu Taleb przesłał mi strony swojego rękopisu; niesamowity klejnot, który częściowo zrecenzowałem i skomentowałem; stało się to częścią Czarnego łabędzia, jego międzynarodowego bestsellera, który wyniósł go do statusu intelektualnej gwiazdy. Tymczasem mój apetyt został zaostrzony; Zacząłem pożerać książki napisane przez badaczy kognitywistyki i nauk społecznych na tematy takie jak heurystyka i uprzedzenia, a także coraz częściej rozmawiałem e-mailem z badaczami, a także odwiedzałem ich laboratoria. także psychologia.

Eksperci definiują błędy poznawcze jako systematyczne odstępstwa od logiki – optymalnego, racjonalnego myślenia i zachowania odbiegającego od stanu idealnego. Przez „systematyczne" mam na myśli te odchylenia od optymalnego myślenia, które nie są jedynie okazjonalnymi błędnymi ocenami lub błędami w ocenie, ale raczej powtarzającymi się błędnymi krokami, przeszkodami dla logiki, na które napotykamy raz po raz, przez pokolenia i stulecia. Przecenianie naszej wiedzy jest częstsze niż jej niedocenianie! Na przykład. Niedocenianie zdarza się najczęściej. Dodatkowo strach przed utratą czegoś motywuje nas znacznie bardziej niż perspektywa osiągnięcia podobnych zysków; kiedy w obecności innych ludzi często dostosowujemy swoje zachowanie do ich zachowań; anegdoty mają tendencję do zaciemniania rozkładu statystycznego (wskaźnika bazowego) zdarzenia, powodując, że błędy piętrzą się jak brudne pranie w jednym rogu, pozostawiając zamiast tego inne rogi stosunkowo czyste (tj. w tak zwanym „kącie nadmiernej pewności siebie").

Zacząłem sporządzać listę błędów poznawczych, aby uniknąć hazardu z bogactwem, które zgromadziłem przez całą moją karierę literacką i zabezpieczyć się przed niepotrzebnym ryzykiem związanym z tym bogactwem, bez zamiaru publikowania tej listy w przyszłych publikacjach. Pierwotnie miałem zamiar używać tej listy wyłącznie do własnego użytku. Niektóre błędy w myśleniu istnieją od wieków, inne zaś zostały rozpoznane dopiero niedawno. Niektóre mają także dwa lub trzy imiona; Wybrałem te, które są najczęściej używane. Wkrótce odkryłem, że utworzenie takiej listy może pomóc nie tylko w podejmowaniu decyzji inwestycyjnych, ale także w sprawach biznesowych i osobistych. Kiedy już wszystko było gotowe, utworzenie tej listy pomogło mi poczuć się spokojniejszym i jaśniejszym w głowie. Zacząłem rozpoznawać swoje błędy wcześniej, co umożliwiło mi skorygowanie kursu, zanim wyrządzą jakiekolwiek trwałe szkody. Dodatkowo po raz pierwszy w życiu udało mi się zidentyfikować, kiedy inni również mogą paść ofiarą tych systematycznych błędów. Dzięki mojej liście mogłem teraz oprzeć się ich przyciąganiu, a nawet zyskać przewagę w moich kontaktach. Teraz miałem kategorie, terminy i wyjaśnienia, za pomocą których mogłem odeprzeć zagrożenie irracjonalnością – jak Benjamin Franklin puszczający latawiec podczas burzy; grzmoty i błyskawice nie stały się rzadsze, silniejsze ani głośne – a mimo to stają się mniej niepokojące; coś, co odbiło się głęboko we mnie, gdy teraz stanąłem w obliczu własnej irracjonalności.

Przyjaciele szybko zapoznali się z moim kompendium, okazując zainteresowanie i zachęcając do cotygodniowej felietonu w Niemczech, Holandii i Szwajcarii, a także licznych prezentacji (głównie dla lekarzy, inwestorów, członków zarządu, dyrektorów generalnych i urzędników rządowych), aż do powstania tej książki.

Przeglądając te strony, pamiętaj o trzech kwestiach: po pierwsze, ta lista jest niekompletna – mogą pojawić się nowe błędy. Po drugie, większość błędów wydaje się powiązana i nie powinna być zaskoczeniem; w końcu wszystkie obszary mózgu są połączone za pomocą projekcji neuronowych, które przemieszczają się po całym naszym ciele.
Po trzecie, moja wiedza specjalistyczna dotyczy przede wszystkim powieściopisarza i przedsiębiorcy, a nie socjologa; w związku z tym nie posiadam własnego laboratorium do przeprowadzania eksperymentów na błędach poznawczych ani nie zatrudniam badaczy do monitorowania błędów behawioralnych. Dlatego pisząc tę książkę, myślałem o sobie bardziej jak o tłumaczu, którego rolą jest interpretowanie i syntezowanie tego, co przeczytałem i czego się nauczyłem, aby inni mogli to łatwiej zrozumieć. Jestem za to niezmiernie wdzięczny badaczom, którzy przez dziesięciolecia ujawniali błędy behawioralne i poznawcze; ich badania wykazały, że zadłużenie procentuje, co umożliwiło powstanie tej książki, za co zasługują na moją wdzięczność i bardzo im dziękuję.

Ta książka nie jest poradnikiem; tutaj nie będzie siedmiu kroków do życia wolnego od błędów. Błędy poznawcze stały się zbyt zakorzenione, abyśmy mogli się ich całkowicie pozbyć, a to nawet nie powinno być naszym celem; niektóre błędy poznawcze mogą być nawet niezbędne do prowadzenia szczęśliwego życia i dlatego powinny tam pozostać; chociaż ta książka może nie jest kluczem do szczęścia, przynajmniej działa jako ochrona przed nadmiernym, wywołanym przez siebie nieszczęściem.

Mój cel jest prosty: gdybyśmy mogli nauczyć się rozpoznawać i unikać poważnych błędów w myśleniu w życiu osobistym, zawodowym i politycznym, być może dobrobyt wzrósłby dramatycznie. Wszystko, czego potrzeba, to mniej irracjonalności – nie potrzeba tu żadnej dodatkowej przebiegłości ani nowych gadżetów.

Dlaczego ważne jest odwiedzanie cmentarzy

Rick może znaleźć gwiazdy rocka, gdziekolwiek spojrzy: ekrany telewizorów, strony magazynów, programy koncertów i strony internetowe fanów są zalane ich zdjęciami i piosenkami; ich obecności nie da się uniknąć w centrum handlowym czy na siłowni – są ich setki! Rick uważa, że coś musi być z nim nie tak, skoro te gwiazdy pojawiają się w jego życiu tak często i niezawodnie. Rick zainspirował się historiami wielu gitarowych bohaterów, aby założyć własny zespół i zacząć występować z muzyką na żywo, ale są szanse, że nie osiągnie tak wielkiej popularności jak oni; podobnie jak wielu przed nim, najprawdopodobniej dołączy do tysięcy nieudanych muzyków, którzy mieszkają na cmentarzu nieudanych muzyków, na którym znajduje się 10 000 razy więcej muzyków niż na scenie, a mimo to żaden dziennikarz nie troszczy się o ukrywanie porażek innych niż upadłe supergwiazdy, czyniąc ten cmentarz niewidocznym dla osób z zewnątrz .

W pracy i życiu codziennym sukces często wydaje się bardziej widoczny niż porażka, przez co przeceniamy prawdopodobieństwo odniesienia sukcesu. Podobnie jak Rick, osoby z zewnątrz często ulegają tej iluzji i błędnie oceniają jej prawdopodobieństwo. Rick jest kolejną ofiarą „błędu przetrwania".

Za każdym odnoszącym sukcesy autorem może stać 100 innych pisarzy, których książki nigdy się nie sprzedają; kolejnych 100 nie znalazło wydawców; i jeszcze kolejnych 100, których niedokończone rękopisy wiszą nieprzeczytane w szufladach. Za każdą z tych książek stoi 100 osób, które marzą o tym, aby pewnego dnia wydać książkę – ale słyszy się tylko o pisarzach, którzy odnieśli sukces (z których wielu wydaje samodzielnie), nie doceniając ich niesamowitych szans na sukces literacki. Fotografowie, przedsiębiorcy, artyści, sportowcy, architekci, zdobywcy Nagrody Nobla, prezenterki telewizyjne i królowe piękności również muszą uwolnić się od stereotypu przetrwania, aby zwalczyć jego skutki. Nikt inny nie zrobi tego za Ciebie! Aby samemu przezwyciężyć nastawienie do przetrwania.

Stronniczość związana z przetrwaniem pojawia się również przy podejmowaniu decyzji finansowych: pomyśl, że Twój znajomy otwiera start-up. Jako jeden z ich potencjalnych inwestorów widzisz w tym niesamowitą szansę: może stać się kolejnym Googlem lub Amazonem. Jednak sprawdzenie rzeczywistości: w większości przypadków takie przedsięwzięcia kończą się całkowitym niepowodzeniem lub zamknięciem w ciągu kilku miesięcy lub lat od rozpoczęcia; Drugim prawdopodobnym rezultatem jest albo bankructwo, albo po prostu przetrwanie – każda z opcji jest równie prawdopodobna.
Wynik: istnieje prawdopodobieństwo, że utworzone przedsiębiorstwo zbankrutuje w ciągu trzech lat; z tych, które przetrwają tak długo, większość nigdy nie zatrudnia więcej niż dziesięciu pracowników. Czy zatem nigdy nie powinieneś ryzykować swoich ciężko

zarobionych pieniędzy w jakimkolwiek przedsięwzięciu? Niekoniecznie; pamiętaj tylko, że błąd związany z przetrwaniem zniekształca prawdopodobieństwo sukcesu jak cięte szkło.

Weźmy na przykład indeks Dow Jones Industrial Average: obejmuje on wyłącznie przedsiębiorstwa odnoszące sukcesy; upada, a małe firmy nie wchodzą na giełdę, mimo że reprezentują większość przedsięwzięć biznesowych. Zatem indeks giełdowy nie odzwierciedla dokładnie gospodarki, podobnie jak prasa nie informuje jednakowo o wszystkich muzykach; podobnie obfitość książek i trenerów zajmujących się sukcesem powinna wzbudzić twoją ostrożność, ponieważ ci ludzie, którym się nie powiodło, nie piszą książek ani nie wygłaszają wykładów na temat swoich niepowodzeń.

Nastawienie na przetrwanie może być szczególnie niebezpieczne, gdy staje się częścią zwycięskiej drużyny. Nawet jeśli sukces wynika z przypadku, podobieństwa z innymi zwycięzcami mogą skusić nas do uznania tych podobieństw za kluczowe czynniki sukcesu; jednak wizyta na cmentarzach upadłych osób i firm ujawni wiele podobnych cech wśród najemców, które przyczyniły się do powstania Twojej!

Jeśli wystarczająca liczba naukowców zbada dane zjawisko, niektóre z nich przyniosą statystycznie istotne wyniki w wyniku czystego zbiegu okoliczności – na przykład korelacji między spożyciem czerwonego wina a długą średnią długością życia. Takie „fałszywe" badania szybko zyskują popularność i uwagę – w przeciwieństwie do badań, których wyniki są mniej ekscytujące, ale prawidłowe, a które pozostają ukryte na ostatnich stronach świata nauki.

Błąd przetrwania oznacza, że ludzie przeceniają swoje szanse na sukces. Jednym ze sposobów walki z tym zjawiskiem jest regularne odwiedzanie grobów niegdyś obiecujących projektów, inwestycji i karier; chociaż może to być czasami niewygodne, powinno pomóc oczyścić umysł i zapewnić tak potrzebne zamknięcie.
Zobacz także stronniczość egoistyczna (rozdz. 45); Szczęście początkującego (rozdz. 49); Zaniedbanie stawki podstawowej (rozdz. 28); Indukcja (rozdz. 31); Zaniedbanie prawdopodobieństwa (rozdz. 26); Iluzja umiejętności (rozdz. 94) i błędy związane z zamiarem leczenia (rozdz. 98).

CZY HARVARD SPRAWIA, ŻE JESTEŚ MĄDRZEJSZY?

Nassim Taleb postanowił coś zrobić ze swoimi upartymi dodatkowymi kilogramami, uprawiając różne sporty, ale wkrótce rozczarował się nimi wszystkimi – od biegaczy i tenisistów po kulturystów i kulturystów. Pływanie bardziej mu się podobało ze względu na dobrze zbudowane i opływowe ciała, więc zapisał się na lokalny basen i zaczął na nim trenować dwa razy w tygodniu.

Wkrótce potem zdał sobie sprawę, że wpadł w iluzję: zawodowi pływacy nie osiągają doskonałych ciał trenując bez końca; raczej to ich budowa ciała decyduje o tym, czy zostaną świetnymi pływakami – a nie odwrotnie. Modelki reklamujące kosmetyki również sprawiają wrażenie, że ich używanie dodaje urody; jednak przekonanie to wynika z błędnego przekonania konsumentów, że produkty upodabniają kobiety do modelek; raczej to po prostu ich naturalna atrakcyjność przyciąga kupujących; tak jak ciała zawodowych pływaków wybierane są ze względu na nie, a nie odwrotnie.

Kiedy mylimy czynniki selekcji z wynikami, stajemy się podatni na to, co Taleb nazywa „iluzją ciała pływaka”. Bez tego połowa kampanii reklamowych zakończyłaby się niepowodzeniem, gdyby to w ogóle nie działało – jednak to nastawienie sięga znacznie głębiej niż tylko obsesja na punkcie wyraźnych kości policzkowych i klatki piersiowej. Harvard jest powszechnie uważany za jeden z najlepszych uniwersytetów i studiuje na nim wielu ludzi, którzy odnieśli sukces. Czy to oznacza, że Harvard jest wybitną placówką edukacyjną? Nie. Być może Harvard po prostu przyciąga bystrych studentów. Doświadczyłem tego zjawiska na własnej skórze na Uniwersytecie St Gallen w Szwajcarii, jednej z dziesięciu najlepszych szkół biznesu w Europie; jednak lekcje te (25 lat temu!) były dla mnie rozczarowujące i mimo to wielu absolwentów odniosło sukces; prawdopodobnie ze względu na klimat lub jedzenie w stołówce - chociaż bardziej prawdopodobne jest to z powodu rygorystycznych procesów selekcji.

Szkoły MBA wabią kandydatów imponującymi statystykami dotyczącymi przyszłych potencjalnych zarobków.
Wielu potencjalnych studentów daje się nabrać na to podejście, aby wykazać, że czesne zwraca się z czasem, jednak wielu samych pada jego ofiarą. Nie sugeruję, że szkoły manipulują statystykami; mimo to ich wypowiedzi nie należy brać dosłownie, ponieważ osoby, które zdobywają tytuł MBA, znacznie różnią się od tych, którzy tego nie robią, a różnice w dochodach wynikają z wielu źródeł innych niż samo studia MBA, co jest kolejnym przykładem „iluzji ciała pływaka”. Jeśli więc planujesz dalsze studia, zrób to z powodów innych niż tylko późniejsze zarobienie większej ilości pieniędzy.

Kiedy pytam szczęśliwych ludzi o klucz do ich zadowolenia, często słyszę odpowiedzi typu: „Musisz patrzeć na rzeczy jak do połowy pełne, a nie do połowy puste" – co sugeruje, że nie dostrzegają, że urodzili się szczęśliwi, i zamiast tego dostrzegają szanse we wszystkim dookoła nich. Badania przeprowadzone na Harvardzie przez Dana Gilberta pokazują, że radość jest w dużej mierze trwałą cechą osobowości, która pozostaje niezmieniona przez całe życie. Naukowcy społeczni Lykken i Tellegen wyjaśnili tę kwestię; Próba bycia szczęśliwszym jest tak samo daremna, jak próba urosnięcia. W związku z tym iluzja ciała pływaka jest również iluzją samego siebie; kiedy optymiści piszą poradniki, dalej propagując to złudzenie. W tym momencie niezwykle ważne jest, abyśmy nie przywiązywali zbyt dużej wagi do porad autorów poradników. Niestety, ich sugestie zwykle nie pomagają miliardom ludzi, a jednak ponieważ większość nieszczęśliwych ludzi nie publikuje książek o swoich niepowodzeniach, rzeczywistość ta pozostaje niewidoczna.

Wniosek: najlepiej zachować ostrożność, gdy jesteś zachęcany do dążenia do pewnych rzeczy – czy to mięśni brzucha ze stali, nieskazitelnego wyglądu, wyższych dochodów, długiego życia czy szczęścia – ponieważ mogą one prowadzić do iluzji ciała pływaka. Zanim zrobisz skok wiary i rzucisz się do głowy, spójrz najpierw w lustro – bądź szczery wobec tego, co w nim widzisz!

Zobacz także Efekt Halo (rozdz. 38); Błąd wyniku (rozdz. 20); Błąd w zakresie samoselekcji (rozdz. 47) i alternatywna ślepota (rozdz. 71) dla dalszego wglądu.

DLACZEGO WIDZISZ KSZTAŁTY W CHMURACH

Iluzja grupująca

W 1957 roku szwedzki śpiewak operowy Friedrich Jorgensen kupił magnetofon, aby nagrać swój wokal. Podczas słuchania pojawiły się dziwne odgłosy i szepty, które wydawały się nadprzyrodzone. Kilka lat później nagrał śpiew ptaków; podczas jednej z sesji nagraniowych w tle słychać było głos jego zmarłej matki szepczący: „Smażona, moja mała Smażona… Słyszysz mnie… Mamusia woła". Po tym spotkaniu Jorgensen poświęcił się komunikowaniu się z zmarłymi za pomocą nagrań taśmowych.

Coś podobnego przeżyła Diane Duyser z Florydy, gdy przegryzając kawałek tostu i kładąc go na talerzu, zauważyła w nim wizerunek Maryi. W tym momencie przestała jeść i odłożyła boskie przesłanie na przechowanie (minus jeden kęs). Później, w listopadzie 2004 roku, Diane sprzedała na aukcji w serwisie eBay tę wciąż całkiem dobrze zachowaną przekąskę i została nagrodzona kwotą 28 000 dolarów!

W 1978 roku pewna kobieta w Nowym Meksyku doświadczyła czegoś podobnego; poczerniałe plamy na jej tortilli przypominały twarz Jezusa. Media podchwyciły tę historię, przyciągając tysiące ludzi do Nowego Meksyku, aby zobaczyć Jezusa w formie burrito. Dwa lata wcześniej – 1976 – sonda kosmiczna Viking sfotografowała formację skalną, która wyglądała podobnie. Trafiło na pierwsze strony gazet na całym świecie; znany jako „Twarz na Marsie".

Czy widziałeś już twarze w chmurach, zarysy zwierząt w skałach lub ukryte wiadomości w rozproszonych sygnałach? Prawdopodobnie. Jest to całkowicie normalne: nasz mózg szuka wzorców i zasad, a gdy ich nie ma, po prostu sam je tworzy! Sygnały rozproszone, takie jak szum tła na taśmie, ułatwiają nam dostrzeżenie „ukrytych wiadomości". Dwadzieścia pięć lat po odkryciu „Twarzy na Marsie" Mars Global Surveyor dostarczył wyraźne zdjęcia przedstawiające formacje skalne, na których ludzkie twarze rozpływały się w zwykłe piargi skalne.

Te kapryśne przykłady mogą sprawić, że iluzja grupowania będzie wydawać się nieszkodliwa; ale nie jest to wcale nieszkodliwe.

Weźmy pod uwagę rynki finansowe, które co sekundę generują ogromne ilości informacji. Bez jego wiedzy mój przyjaciel z radością wyjaśniał, w jaki sposób odkrył anomalię wśród wszystkich danych: pomnożenie procentowej zmiany Dow Jones przez procentową zmianę ceny ropy naftowej dałoby zmianę ceny złota w ciągu dwóch dni – to znaczy, gdyby ceny akcji i ceny ropy naftowej będą jednocześnie rosnąć lub spadać, złoto pójdzie w ich ślady i następnego dnia wzrośnie. Jego teoria sprawdzała się przez kilka tygodni, aż zaczął inwestować coraz większe sumy i ostatecznie stracił wszystkie swoje oszczędności – wyczuwając sztuczny wzór tam, gdzie go nie było!

Profesor psychologii Thomas Gilovich przeprowadził wywiady z setkami osób, aby uzyskać odpowiedź na pytanie, czy ta sekwencja była przypadkowa, czy zaplanowana, przy czym większość odrzucała arbitralne wyjaśnienie, wierząc, że jej kolejnością rządzi jakieś prawo. Według modelu fizyki kości Gilovicha jest całkiem możliwe, że w czterech kolejnych rzutach ujawniona zostanie jedna liczba; jednak wiele osób ma trudności z zaakceptowaniem faktu, że takie zdarzenia zdarzają się wyłącznie przez przypadek.

Podczas II wojny światowej niemieckie bombowce zaatakowały Londyn, używając rakiet V1 – rodzaju samonawigującego drona – jako jednej z form amunicji. Każdy atak polegał na dokładnym zaznaczeniu na mapach miejsc uderzenia w celu terroryzowania londyńczyków; wielu uważało, że zidentyfikowało wzorce i opracowało teorie dotyczące tego, które części Londynu są najbezpieczniejsze; jednak powojenne analizy statystyczne wykazały, że rozkład był całkowicie losowy ze względu na niedokładność rakiety V1, ponieważ jej system nawigacji był tak niedokładny.

Wniosek: jeśli chodzi o rozpoznawanie wzorców, zwykle reagujemy przesadnie. Odzyskaj swój sceptycyzm; Jeśli uważasz, że odkryłeś prawidłowość, najpierw załóż, że mogło się to wydarzyć przez przypadek i przed podjęciem decyzji rozważ analizę statystyczną. Podobnie, jeśli chrupiące części Twojego naleśnika w jakikolwiek sposób przypominają twarz Jezusa, zadaj sobie pytanie, dlaczego zamiast tego nie pokazał się tutaj, na Times Square lub w CNN!
Zobacz także Iluzja kontroli (rozdz. 17); Przypadek (rozdz. 24); Fałszywa przyczynowość (rozdz. 37).

Dowód społeczny Wyobraź sobie taką sytuację: jedziesz na koncert, kiedy na skrzyżowaniu widzisz grupę ludzi patrzących w górę. Nie zastanawiając się dwa razy, ty także spoglądasz w górę – nawet nie zdając sobie sprawy dlaczego – nieświadomie podążając za tym przykładem. Dlaczego? Dowód społeczny. Podczas występu wyjątkowego solisty w sali koncertowej ktoś zaczyna klaskać, co powoduje, że pozostali obecni na sali również dołączyli do klaskania; przyłączasz się również wyłącznie z powodu dowodu społecznego. Po zakończeniu przedstawienia udajesz się, aby odebrać czek na płaszcz, gdzie ludzie w kolejce przed tobą zostawiają monety, mimo że usługa jest wliczona w cenę biletu, ale mimo to… po czym, idąc do czeku, aby go odebrać samodzielnie, obserwujesz ludzi wychodzących zamiast tego monety na talerzach, mimo że oficjalnie są wliczone w cenę biletu, ponieważ wielu innych bywalców koncertów w praktyce zachęca do dawania napiwków również w celach towarzyskich!

Dowód społeczny, czyli „instynkt stadny", nakazuje, aby jednostki czuły się docenione, gdy ich zachowania były zgodne z zachowaniami innych osób. Krótko mówiąc, im więcej osób popiera lub przyjmuje dany pomysł lub zachowanie, postrzegamy je jako prawdziwsze; podobnie, gdy więcej osób to wykazuje, niż nie. Choć oczywiście absurdalna, ta logika jest słuszna.

Dowód społeczny jest siłą napędową baniek finansowych i paniki na giełdach. Przejawia się w modzie, technikach zarządzania, hobby, religii i diecie; czasami prowadząc do tak dramatycznych konsekwencji, jak masowe samobójstwa sekt.

Solomon Asch przeprowadził w latach pięćdziesiątych intrygujący eksperyment, który pokazał, jak presja rówieśników może zmienić rzeczywistość. Badanym pokazywano linię narysowaną na papierze i trzy identyczne, krótkie, średnie i długie linie, które odpowiadały tej linii na różnych częściach ich ciała – wszystkie oznaczone „1, 2" ze względu na krótkość; dłuższa niż oryginalna linia i odpowiednio taka sama jak oryginalna. Musi wybrać, która z trzech linii odpowiada oryginalnej, co nie jest zaskakujące, biorąc pod uwagę prostotę zadania. Po wejściu pięciu osób wszyscy nieznani mu aktorzy udzielają błędnych odpowiedzi, odpowiadając „numerem 1", mimo że jasne jest, że zamiast tego należy wskazać numer trzy. Kiedy znowu do niego dochodzi, często odpowiada błędnie, tak jak odpowiadali inni – w około jednej trzeciej przypadków również udzielał błędnych odpowiedzi.
Dlaczego postępujemy w ten sposób? W przeszłości podążanie za innymi było często postrzegane jako najlepsza strategia przetrwania. Wyobraź sobie podróżowanie po Serengeti razem z kilkoma łowcami-zbieraczami 50 000 lat temu, kiedy nagle wszyscy bez ostrzeżenia rozproszyli się i uciekli? Jak byś wtedy zareagował? Czy stałbyś tam zdezorientowany i zastanawiał się, czy to, co widzisz, to naprawdę lew, czy po prostu coś nieszkodliwego, z

czego można przygotować wspaniałe, bogate w białko posiłki? NIE! Zamiast tego prawdopodobnie wyruszyłbyś w pogoń za swoimi przyjaciółmi. Później, gdy byłeś już bezpieczny przed atakiem, być może poświęciłeś trochę czasu na zastanowienie się, kim naprawdę był twój „lew”. Każdy, kto zachowywał się inaczej niż ich rówieśnicy – a jestem tego pewien – był prawdopodobnie eliminowany z naszej puli genów; jesteśmy potomkami tych, którzy kopiowali to, co robili ich rówieśnicy. My, ludzie, jesteśmy zakodowani w tym schemacie dowodu społecznego; dlatego używamy go nawet wtedy, gdy nie wiąże się to z żadną korzyścią w postaci przetrwania; co zdarza się najczęściej. Są jednak przypadki, w których dowód społeczny może być korzystny: na przykład, gdy jesz kolację w obcym mieście, nie znając żadnych dobrych restauracji w pobliżu i będąc głodnym – wybranie takiej, w której często odwiedzają miejscowi, może mieć większy sens i kopiować ich zachowanie zamiast własnego.

Komedie i talk show wykorzystują dowód społeczny, umieszczając śmiech z puszki w strategicznych miejscach, aby zachęcić widzów do śmiechu. Być może jednym z najbardziej niezwykłych i niepokojących przykładów jest przemówienie Josepha Goebbelsa przed ogromną publicznością w 1943 r. (obejrzyj je sam na YouTube). Kiedy wojna w Niemczech się pogorszyła, Goebbels zażądał od uczestników: „Czy chcecie wojny totalnej? Czy w razie potrzeby wspierasz radykalną wojnę w przeciwieństwie do wszystkiego, co możemy sobie dzisiaj wyobrazić?” Jego żądanie wywołało gromkie brawa; gdyby poszczególni uczestnicy zostali zapytani indywidualnie, prawdopodobnie nie zaakceptowaliby tej szalonej propozycji!

Reklama w pełni wykorzystuje naszą skłonność do dowodu społecznego; takie podejście sprawdza się, gdy stajemy w obliczu niepewności (takiej jak wybór pomiędzy różnymi markami samochodów, środkami czystości i kosmetykami bez wyraźnych zalet i wad) i gdy pojawiają się ludzie, którzy sprawiają wrażenie „podobnych do nas”.

Bądź sceptyczny, gdy firma twierdzi, że jej produkt jest lepszy ze względu na popularność – ten argument nie ma większego sensu, jeśli sprzedaż większej liczby sztuk nie oznacza wyższości! I pamiętajcie mądre słowa W. Somerseta Maughama: „Nawet jeśli 50 milionów ludzi powie coś głupiego, pozostanie to głupie”.
Zobacz także: Myślenie grupowe (rozdz. 25); Próżniactwo społeczne (rozdz. 33); Uprzedzenie w grupie zewnętrznej (rozdz. 79) i efekt fałszywego konsensusu (rozdz. 77) w celu uzyskania dalszych informacji.

DLACZEGO WARTO ZAPOMNIĆ O PRZESZŁOŚCI

Błąd utopionych kosztów

Po półtorej godzinie oglądania okropnego filmu cicho zapytałem żonę: „Chodź, wracamy do domu". Na co odpowiedziała: „Nie ma mowy; nie wyrzucimy 30 dolarów". W tym momencie zaprotestowałem: „To nie powód, aby zostać – to po prostu deformacja profesjonalna, która tu zadziałała – która nie powinna mieć żadnego wpływu na naszą decyzję o pozostaniu lub wyjeździe!" Naturalnie w końcu się poddałem i opadłem z powrotem na swoje siedzenie

Następnego dnia znalazłem się na spotkaniu marketingowym, podczas którego omawiano kampanię reklamową, która trwała od czterech miesięcy, ale nie osiągnęła ani jednego celu. Chociaż opowiadałem się za jego wyrzuceniem, nasz menadżer ds. reklamy sprzeciwił się: „Ale zainwestowaliśmy już w to tyle pieniędzy; zatrzymanie się teraz oznaczałoby, że wszystkie nasze pieniądze poszły na marne" – to kolejna ofiara mitu utopionych kosztów.

Jedna z moich koleżanek przez lata była w trudnym związku. Jego dziewczyna wielokrotnie oszukiwała, za każdym razem ze skruchą prosząc o przebaczenie. Niemniej jednak moja przyjaciółka nadal inwestowała energię w ich romans, ponieważ uważała, że niewłaściwe jest wyrzucenie tego, co już zainwestowano; przykład „błędu kosztów utopionych".

Błąd utopionych kosztów jest szczególnie niebezpieczny, gdy zainwestowaliśmy w coś dużą ilość czasu, pieniędzy, energii lub emocji. Nasza inwestycja może stać się podstawą kontynuacji pomimo oczywistych powodów do zaprzestania; im więcej zainwestowanego czasu i zasobów, tym większe są nasze koszty utopione; stąd nasza potrzeba kontynuowania działania, nawet jeśli coś wydaje się niemożliwe lub beznadziejne. Im bardziej w coś zainwestujemy, tym silniejsza jest nasza potrzeba kontynuowania;

Inwestorzy często padają ofiarą błędu utopionych kosztów. Decyzje handlowe mogą opierać się wyłącznie na cenach nabycia; przywoływanie tego argumentu jako uzasadnienia jest po prostu nieracjonalne; ważniejsze niż cena powinny być przyszłe wyniki (i inne dostępne alternatywy do inwestowania) każdej akcji lub portfela inwestycji – jak na ironię, im więcej pieniędzy zostanie straconych, tym dłużej inwestorzy będą się ich trzymać!
Konsekwencja jest naszą racją bytu; kiedy coś odrywa się od tego schematu myślenia i działania, uważamy, że sprzeczności są odrażające i decydujemy się anulować projekt w połowie, zamiast przyznać się do zmiany zdania w którymś momencie życia projektu. Opóźnianie bolesnej realizacji poprzez kontynuowanie bezsensownych projektów pozwala dłużej zachować pozory.

Concorde był ikonicznym przykładem wydatków rządowych z deficytem. Zarówno Wielka Brytania, jak i Francja doskonale wiedziały, że biznes samolotów naddźwiękowych nie będzie działać, a mimo to inwestowały ogromne sumy, aby zachować twarz. Porzucenie go oznaczałoby przyznanie się do porażki; stąd jego nazwa „efekt Concorde". Prowadzi to do kosztownych, a nawet katastrofalnych błędów w ocenie; Amerykanie rozszerzyli swoje zaangażowanie w wojnę w Wietnamie z powodu tego zjawiska: myśleli: „Poświęciliśmy tak wiele; Poddanie się teraz byłoby niewłaściwe.

Czy myślisz: „Zaszliśmy tak daleko?" „Przeczytałem już tak dużą część tej książki…" Jeśli którekolwiek z tych stwierdzeń Cię dotyczy, oznacza to, że w Twoim umyśle działa błąd utopionych kosztów.

Oczywiście inwestowanie w celu sfinalizowania czegoś może mieć swoje zalety; uważaj tylko, aby nie robić tego wyłącznie w celu uzasadnienia inwestycji nieodzyskiwalnych. Racjonalne podejmowanie decyzji wymaga zapomnienia o przeszłych kosztach; ostatecznie przy dokonywaniu racjonalnych wyborów liczą się tylko przyszłe koszty i korzyści.

Zobacz także: Błąd „Będzie-Gorzej-Zanim-stanie się-lepiej" (rozdz. 12); Niemożność zamknięcia drzwi (rozdz. 68); Efekt wyposażenia (rozdz. 23); Uzasadnienie wysiłku (rozdz. 60); Niechęć do straty (rozdz. 32) i błąd w wyniku (rozdz. 20) jako inne błędy poznawcze, które prowadzą do niewłaściwych decyzji.

Wzajemność

Niedawno mogłeś spotkać wyznawców sekty Hare Kryszna, ubranych w jasne szaty w kolorze szafranu, gdy pędziłeś przez lotniska lub stacje kolejowe w drodze do celu. Być może jeden z członków dał ci mały kwiatek i uśmiechnął się ciepło, gdy go wręczał. Jak większość ludzi, prawdopodobnie wziąłeś kwiat, żeby uniknąć bycia niegrzecznym. Odmowa mogłaby skutkować wyjaśnieniem w rodzaju: „Weź; to jest nasz prezent dla ciebie. Kiedy próbowałem wyrzucić kwiaty do pobliskiego kosza na śmieci, okazało się, że było tam już wiele aranżacji; szukając innego miejsca do jego utylizacji, okazało się, że było już wiele stosów. Kiedy twoje wyrzuty sumienia zaczęły cię coraz mocniej dręczyć, inny uczeń Kryszny podszedł i poprosił o datki; wiele lotnisk ostatecznie zakazało tej sekty z powodu tej udanej propozycji;

Robert Cialdini może wyjaśnić sukces tych kampanii swoimi badaniami nad wzajemnością. Odkrył, że ludziom bardzo trudno jest mieć dług wobec innej osoby.

Wiele organizacji pozarządowych i filantropijnych stosuje podobne strategie: najpierw dawaj, potem bierz. Niedawno otrzymałem od organizacji zajmującej się ochroną przyrody kopertę zawierającą pocztówki przedstawiające idylliczne krajobrazy; w załączonym piśmie zapewniono mnie, że należy je zachować jako prezent, niezależnie od mojej decyzji o przekazaniu pieniędzy. Chociaż rozumiałem ich taktykę wystarczająco dobrze, odprawienie ich bez wykorzystania ich wymagało ode mnie znacznej siły woli i dyscypliny!

Niestety, ta forma delikatnego szantażu – czasami nazywana także korupcją – jest powszechna. Dostawca śrub może zaprosić potencjalnych klientów do wzięcia udziału w ekscytującej grze sportowej; przychodzą na czas składania zamówienia miesiąc później, ich pragnienie, aby nie być zadłużonym, jest tak silne, że kupujący zgadza się i składa zamówienie za pośrednictwem tej nowej znajomości.

Wzajemność to starożytna zasada obowiązująca u wszystkich gatunków charakteryzujących się zmiennymi zasobami pożywienia. Wyobraź sobie, że jesteś łowcą-zbieraczem, któremu pewnego dnia udaje się zabić jelenia i musi podzielić go pomiędzy członków swojej grupy; zrobienie tego gwarantuje, że skorzystasz z łupów innych, jeśli twój łup był mniej imponujący; służą jako lodówki.
Wzajemność to nieoceniona strategia przetrwania i forma zarządzania ryzykiem, bez której ludzie – a także wiele gatunków zwierząt – wkrótce zginęliby. Wzajemność leży u podstaw współpracy między niepowiązanymi ze sobą ludźmi i jest integralną częścią wzrostu gospodarczego i tworzenia bogactwa – bez niej nie byłoby w ogóle gospodarki globalnej! Na tym polega korzyść z wzajemności.

Jednak wzajemność niesie ze sobą także swoją ciemną stronę: odwet. Zemsta rodzi
kontr-zemstę, aż do wybuchu wojny na pełną skalę. Jezus nauczał, że powinniśmy przerwać
to błędne koło, nadstawiając drugi policzek – chociaż okazuje się to trudne, ponieważ
wzajemność obowiązuje nawet wtedy, gdy stawka jest znacznie mniejsza.

Wiele lat temu zostaliśmy zaproszeni przez parę, którą znaliśmy tylko przypadkowo; byli
dość mili, ale daleko im do rozrywki. Niestety, wyszło dokładnie tak, jak sobie wyobrażałem:
ich przyjęcie było więcej niż nudne; mimo to czuliśmy się zobowiązani zaprosić ich
ponownie kilka miesięcy później w ramach wzajemności; zaledwie kilka tygodni później
otrzymano od nich kolejne zaproszenie... Często zastanawiam się, ile innych przyjęć
przetrwało, aby zachować wzajemność?

Podobnie jak w przypadku zbliżania się do supermarketu, moją najlepszą radą byłoby
odrzucenie oferty wina, sera lub oliwek, chyba że chcesz, aby Twoja lodówka była
wypełniona rzeczami, które nawet nie sprawiają Ci przyjemności.

Zobacz także Kadrowanie (rozdz. 42); Tendencja do superreakcji motywacyjnej (rozdz. 18);
Uprzedzenie sympatii (rozdz. 22) i Natłok motywacji (rozdz. 56), aby dowiedzieć się więcej.

UWAGA NA „SZCZEGÓLNY PRZYPADEK"

KIEDY POTWIERDZENIE BIERZE SIĘ! (Część 1).

Gil jest na diecie, aby pozbyć się zbędnych kilogramów. Każdego ranka wchodzi na wagę, sprawdza postępy w realizacji wybranego planu i celebruje każdą stratę lub zysk jako dowód, że działa, lub zapisuje to jako normalne wahania. Jednak przez wiele miesięcy jego waga utrzymuje się na stałym poziomie, podczas gdy Gil żyje w iluzji, że dieta działa, mimo że w rzeczywistości nic nie daje – przykład błędu potwierdzenia w jego nieszkodliwej formie.

Błąd potwierdzenia leży u podstaw większości nieporozumień. Odnosi się do naszej tendencji do interpretowania nowych informacji tak, aby pasowały do istniejących teorii, przekonań i przekonań – skutecznie odfiltrowując wszelkie dowody sprzeczne z istniejącymi poglądami (tzw. nie przestają istnieć, jeśli zostaną zignorowane"), ale ta niebezpieczna tendencja utrzymuje się wśród ludzi – superinwestor Warren Buffett stwierdza to najlepiej: „Ludzie przodują w interpretowaniu wszystkich nowych informacji, tak aby ich wcześniejsze wnioski pozostały nienaruszone".

Stronniczość potwierdzenia jest dziś żywa i ma się dobrze w biznesie. Rozważmy na przykład następującą sytuację: zespół wykonawczy decyduje o nowej strategii, uwzględniając wszelkie oznaki, że może ona działać dobrze – podczas gdy wszelkie oznaki wskazujące, że jest inaczej, pozostają niezauważone lub są szybko odrzucane jako wyjątki lub szczególne przypadki – dopóki niepotwierdzające dowody nie staną się dla nich całkowicie niewidoczne.

Co możesz zrobić? Zachowaj ostrożność, gdy pojawi się słowo „wyjątek"; często oznacza to, że istnieją dowody potwierdzające. Weź przykład z Karola Darwina: od najmłodszych lat systematycznie przeciwdziałał efektowi potwierdzenia, traktując bardzo poważnie wszelkie obserwacje sprzeczne z jego teorią i zapisując je natychmiast po ich pojawieniu się – doskonale wiedząc, jak łatwo nasz mózg „zapomina" „niepotwierdzające dowody po pewnym czasie – odnotowując każdą sprzeczność, gdy tylko ją dostrzegł, i aktywnie wyszukując sprzeczności w oparciu o swoją ocenę jej poprawności – tym bardziej, im bardziej aktywnie patrzył, rozglądał się.

Ten eksperyment pokazuje, jak trudne może być kwestionowanie naszych własnych teorii. Profesor przedstawił swoim studentom sekwencję liczb 2-4-6.
Profesor poinstruował uczniów, aby określili podstawową zasadę zapisaną na kartce papieru, podając w kolejności liczby, które albo pasują do reguły, albo nie, wraz z odpowiedziami typu „pasuje do reguły" lub „nie pasuje do reguły" od niego . Podczas gdy uczniowie mogli odgadnąć losowo wiele liczb, na przykład od 8 do 14 (większość zaproponowała 8 i

otrzymała odpowiedź: „Pasuje do reguły". Dla pewności wypróbowali 10, 12 i 14 i za każdym razem profesor im powtarzał, że pasują). Wielu doszło do wniosku: „Zasadą jest dodanie dwóch do każdej liczby"; tylko po to, by profesor nie zgodził się z nimi, twierdząc, że w rzeczywistości nie jest to regułą;

Pewien bystry student spróbował niekonwencjonalnego podejścia. Przetestował liczbę -2, na co jego profesor odpowiedział, że nie pasuje ona do reguły, po czym zasugerował, że siedem pasuje lepiej niż jej poprzednik -2. Kiedy okazało się to bezowocne, uczeń eksperymentował dalej, próbując -24, 9, 43.... Kiedy nie udało się znaleźć więcej kontrprzykładów, stwierdził: „Zasada jest taka: każda kolejna liczba musi przewyższać swoją poprzedniczkę". Odwrócenie kartki papieru ujawniło dokładnie tę zasadę!

Co wyróżnia zaradnego ucznia na tle jego rówieśników? Podczas gdy większość studentów chciała jedynie potwierdzić swoje teorie, on aktywnie poszukiwał dowodów je obalających. Możesz pomyśleć: „To dobrze dla niego, ale nie jest to wielka sprawa dla innych". Jednakże padanie ofiarą błędu potwierdzenia nie jest drobnym przestępstwem intelektualnym – jak ujawniono w kolejnych rozdziałach, może ono drastycznie wpłynąć na nasze codzienne życie.

Zobacz także: mes disponibilite Bias (rozdz. 11); Efekt pozytywnej cechy (rozdz. 95); Przypadek (rozdz. 24); Efekt Forera (rozdz. 64) i Iluzja uwagi (rozdz. 88).

MORDUJ SWOJE Ukochane

Błąd potwierdzenia, część 2

W poprzednim rozdziale omówiliśmy jeden z podstawowych błędów – błąd potwierdzenia. Istoty ludzkie muszą kształtować przekonania na temat życia, ekonomii, inwestycji, kariery i wielu innych kwestii – od naszego światopoglądu, przez politykę, ekonomię i sztukę – które należy następnie poprzeć dowodami potwierdzającymi te założenia. Niezależnie od tego, czy ktoś idzie przez życie wierząc, że ludzie są z natury dobrzy, czy źli, znajdzie dowody potwierdzające którykolwiek z tych poglądów. Zarówno filantropi, jak i mizantropi filtrują niepotwierdzające dowody, faworyzując tych, którzy podtrzymują ich odpowiedni światopogląd, traktując priorytetowo tych, którzy wzmacniają ich poglądy, wraz z dobroczyńcami lub dyktatorami, którzy ich promują.

Astrologowie i ekonomiści posługują się podobnymi strategiami: formułowanie prognoz tak niejasnych, że każde wydarzenie mogłoby je potwierdzić: „w nadchodzących tygodniach odczujesz smutek” lub „średnioterminowa presja na dolara wzrośnie” – oba są na tyle niejasne, że można je znieść w przypadku każdego wydarzenia te prognozy; środki amortyzacyjne w stosunku do cen złota, jenów, peso i pszenicy cen nieruchomości mieszkalnych na Manhattanie Ceny hotdogów na Manhattanie

Religia i przekonania filozoficzne stanowią żyzny grunt dla rozkwitu efektu potwierdzenia. Tutaj, w swojej miękkiej gąbczastości, kwitnie dziko i swobodnie – na przykład wyznawcy zawsze znajdują dowody na istnienie Boga, chociaż rzadko objawia się On otwarcie – z wyjątkiem analfabetów mieszkających w odległych górskich wioskach; nigdy nie pokazywał się masowej publiczności jak Frankfurt czy Nowy Jork. Kontrargumenty przeciwko jego istnieniu są odrzucane przez wierzących, co pokazuje, jak potężna jest ta siła w rzeczywistości.

Dziennikarze biznesowi mogą być szczególnie podatni na efekt potwierdzenia. Tworząc teorie, dziennikarze biznesowi często przedstawiają proste wyjaśnienia z kilkoma „dowodami” na ich poparcie, a następnie szybko przystępują do pisania swojej historii – na przykład: Google odnosi tak duży sukces, ponieważ jego kultura promuje kreatywność. Po spisaniu tej idei dziennikarze zwykle potwierdzają to twierdzenie przykładami innych dobrze prosperujących firm, które pielęgnują kreatywność, rzadko szukając dowodów potwierdzających, takich jak przedsiębiorstwa borykające się z trudnościami, kładące nacisk na kreatywność lub kwitnące firmy, którym w ogóle brakuje kreatywności – obie grupy świetnie by się nadawały historie!
Dziennikarze mają tendencję do pomijania wielu członków klanu; jakakolwiek próba wyróżnienia choćby jednego z nich mogłaby wykoleić całą fabułę ich artykułu.

Książki o samopomocy i szybkim wzbogacaniu się to kolejny przykład jednostronnego opowiadania historii. Ich bystrzy autorzy gromadzą dowody potwierdzające nawet pozornie absurdalne teorie w rodzaju: „medytacja jest kluczem do szczęścia". Każdy czytelnik szukający niepotwierdzających dowodów nie znajdzie tutaj takich dowodów: nigdzie nie ma przykładów ludzi prowadzących spełnione życie bez medytacji lub takich, którzy pomimo jej praktykowania nadal odczuwają smutek.

Strony internetowe stanowią szczególnie podatny grunt dla efektu potwierdzenia. Przeglądając serwisy informacyjne i blogi, aby być na bieżąco, często wybieramy strony, które wzmacniają nasze istniejące wartości – niezależnie od tego, czy są liberalne, konserwatywne, czy gdzieś pomiędzy. Ponadto wiele witryn internetowych dostosowuje obecnie treść specjalnie do indywidualnych zainteresowań lub historii przeglądania, co sprawia, że nowe lub odmienne opinie są całkowicie niepożądane i prowadzą nas na ścieżki potwierdzające istniejące przekonania poprzez otaczanie się społecznościami o podobnych poglądach, które wzmacniają te same przekonania – co jeszcze bardziej wzmacnia błąd potwierdzenia oraz wzmacnianie naszych przekonań dalsze ich wzmacnianie dalsze wzmacnianie ich i dalsze wzmacnianie przekonań co wzmacnia błąd potwierdzenia.

Arthur Quiller-Couch miał trwałą mantrę: „Zabij swoje ukochane". Ta rada dla pisarzy usiłujących ograniczyć cenione, ale zbędne zdania odbiła się szerokim echem poza krytykami literackimi i hakerami; jego rada dotyczy nas wszystkich cierpiących na efekt potwierdzenia. Aby z tym walczyć, spróbuj spisać wszystkie swoje przekonania – światopogląd, inwestycje, małżeństwo, opiekę zdrowotną, dietę czy strategie zawodowe – i zacznij szukać niepotwierdzających dowodów przeciwko każdemu z nich. Odcięcie się od przekonań, które wydają się starymi przyjaciółmi, jest trudnym zadaniem, ale niezwykle koniecznym!

Zobacz także: Iluzja introspekcji (rozdz. 67); Efekt wyrazistości (rozdz. 83); Dysonans poznawczy (rozdz. 50); Forer Effect (rozdz. 64) i News Illusion (rozdz. 99), aby uzyskać więcej informacji.

ZWRÓĆ UWAGĘ NA SŁOWA WŁADZ

Stronniczość autorytetów

W pierwszym rozdziale Księgi Rodzaju Bóg mówi nam, co się stanie, jeśli okażemy nieposłuszeństwo jednej z Jego autorytetów: wygnanie z raju. Niestety, mniej boskie postacie (eksperci polityczni, naukowcy, lekarze, dyrektorzy generalni, ekonomiści, szefowie rządów, komentatorzy sportowi i guru giełdowi) chcieliby, żebyśmy również w to wierzyli.

Psycholog Stanley Milgram przeprowadził eksperyment, który żywo ilustrował stronniczość autorytetów. Jego badani zostali poinstruowani, aby podawać coraz silniejsze wstrząsy elektryczne osobie siedzącej za szklaną szybą. Zaczynając od 15 woltów, poinstruowano ich, aby stopniowo zwiększali napięcie do 30 V, 45 V, a następnie do maksymalnej dawki 450 V – chociaż w rzeczywistości nie płynął prąd elektryczny – Milgram wykorzystał aktora jako swoją ofiarę; niestety osoby podające wstrząsy nie były tego świadome. Wyniki były szokujące: gdy osoba w drugim pokoju zawodziła z bólu, a osoba podająca szok chciała przestać, profesor zachęcał ją do kontynuowania, ponieważ „od tego zależy ten eksperyment". Najczęściej ciągłe porażenie prądem; ponad połowa podskoczyła do pełnego napięcia w wyniku czystego posłuszeństwa.

W ciągu ostatniej dekady linie lotnicze również zdały sobie sprawę z zagrożeń związanych z stronniczością władz. Dawniej kapitanowie sprawowali władzę najwyższą; ich poleceń nigdy nie można było kwestionować, a drugi pilot, który podejrzewał przeoczenie, mógł nigdy nie odważyć się o tym powiedzieć.
Odkąd wykryto to zachowanie, prawie każda linia lotnicza wdrożyła zarządzanie zasobami załogi (CRM). CRM szkoli pilotów i ich załogi, aby otwarcie i szybko omawiali wszelkie rezerwacje; innymi słowy: deprogramowanie stronniczości władzy. W ostatnich dziesięcioleciach CRM w większym stopniu przyczynił się do bezpieczeństwa lotów niż postęp techniczny.

Wielu firmom brakuje przewidywania. Szczególnie zagrożone są firmy, w których dyrektorzy generalni mają dominującą pozycję, a pracownicy mogą zachować dla siebie mniej przychylne opinie – co może przynieść szkodę całej firmie.

Władze pragną uznania i zawsze znajdują nowe sposoby na umocnienie swojego statusu. Lekarze i badacze często noszą białe fartuchy. Dyrektorzy banków noszą garnitury i krawaty; dyrektorzy banków noszą krawaty, podczas gdy królowie w koronach noszą odznaki rangi wojskowej; żołnierze również często noszą odznaki rangi! Obecnie coraz więcej symboli i rekwizytów służy jako oznaka wiedzy specjalistycznej, np. w występach w talk show lub na okładkach czasopism, wycieczkach po książkach lub wpisach w Wikipedii; z władzą ewoluującą podobnie jak moda, a społeczeństwo odpowiednio to zauważa.

Wniosek: Przed podjęciem jakiejkolwiek ważnej decyzji zawsze dokładnie zastanów się, które władze mogą wywierać wpływ na Twój proces rozumowania, i w razie potrzeby postaraj się rzucić wyzwanie władzom.

Zobacz także: Tendencja do gadania (rozdz. 57); Wiedza szofera (rozdz. 16); Iluzja prognozy (rozdz. 40); Iluzja umiejętności (rozdz. 94)

Efekt kontrastu

Robert Cialdini w swojej książce Influence opowiada historię dwóch braci o imieniu Sid i Harry, którzy prowadzili sklep odzieżowy w Ameryce lat trzydziestych XX wieku; Sid był odpowiedzialny za sprzedaż, podczas gdy Harry zajmował się usługami krawieckimi. Sid tracił słuch, ilekroć klienci, którzy stali przed jego lustrem, byli w przeważającej mierze zadowoleni ze swoich garniturów, co skłoniło go do zapytania Harry'ego: „Harry, ile za ten garnitur?" Następnie Harry podnosił wzrok znad stołu do cięcia i szybko reagował, wykrzykując, że ten piękny bawełniany garnitur kosztuje 42 dolary. Sid zachowywał się zdezorientowany i udawał, że nie rozumie. Harry wykrzykiwał: „Czterdzieści dwa dolary!" Następnie Sid odwrócił się i zrelacjonował: „Mówi, że 22 dolary". W tym czasie jego klient szybko wyłożyłby pieniądze na stół, po czym szybko wyszedłby ze swoim garniturem, zanim biedny Sid zdałby sobie sprawę ze swojego błędu.

Znasz ten eksperyment ze swoich czasów szkolnych? : Napełnij dwa wiadra – jedno letnią, a drugie lodowatą wodą – następnie zanurz w każdym z nich prawą rękę na minutę. Zmień ręce z powrotem, umieszczając je jednocześnie z powrotem w letniej wodzie – co zauważyłeś? Prawa ręka uważa, że jest gorąco, a lewa ręka uważa, że chłodzi dobrze!

Te historie ilustrują efekt kontrastu: kiedy przedstawiamy coś brzydkiego, taniego lub małego, mamy tendencję do oceniania tego jako piękniejszego lub droższego; i odwrotnie, absolutny osąd jest dla nas trudny.

Efekt kontrastu to wszechobecna iluzja: przy zakupie skórzanych foteli do nowego samochodu, w porównaniu z ceną 60 000 dolarów, 3000 dolarów wydaje się nieistotne w porównaniu z całkowitym kosztem. Wszystkie branże oferujące opcje ulepszeń wykorzystują to mylące postrzeganie, aby zwabić konsumentów i sprzedać ulepszenia.

Efekt kontrastu może również odgrywać istotną rolę gdzie indziej: eksperymenty pokazują, że ludzie będą chodzić dodatkowe dziesięć minut, jeśli pozwoli to zaoszczędzić 10 dolarów na jedzeniu, ale nigdy nie rozważyliby powrotu, aby zaoszczędzić 10 dolarów na drogim garniturze; irracjonalne posunięcie, ponieważ 10 minut to i tak 10 dolarów. Dlatego zawsze należy podejmować kroki powrotne lub po prostu w ogóle ich nie podejmować.

Bez efektu kontrastu firmy dyskontowe przestałyby całkowicie istnieć.
Sytuacja nie do utrzymania ma miejsce, gdy ceny produktów spadają w jednej chwili ze 100 do 70 dolarów; cena wywoławcza nie powinna tu odgrywać żadnej roli. Inwestor powiedział mi kiedyś, że akcje mają wielką wartość, ponieważ spadły o 50 procent poniżej ceny szczytowej; Odpowiedziałem w podobny sposób, potrząsając głową: ceny akcji nigdy nie mają najniższych ani najwyższych punktów – liczy się tylko to, czy od tego momentu będą rosnąć, czy spadać.

Jeśli napotkamy kontrasty, nasze mózgi reagują podobnie jak ptaki na wystrzał: fruwamy i poruszamy się szybko. Niestety jednak nie mamy tendencji do rozpoznawania stopniowych zmian w miarę ich pojawiania się: iluzjonista może sprawić, że Twój zegarek zniknie, nawet o tym nie wiedząc, ponieważ przyciskając go do jednej części ciała poprzez naciśnięcie innej części, nie zauważysz, kiedy jego lżejszy dotyk na nadgarstku zdejmuje z niego zegarek Rolex; podobnie nie zauważamy, jak nasze pieniądze znikają poprzez inflację, która powoli okrada je z wartości, podczas gdy nałożone w postaci podatków (które w istocie są) zareagowalibyśmy znacznie silniej przeciwko takim podatkom (które w rzeczywistości w zasadzie sprowadzają się do).

Kontrast to niebezpieczna siła: piękna kobieta wychodzi za mąż za bardziej przeciętnego mężczyznę; ale ponieważ jej rodzice byli osobami o złej reputacji, wydaje jej się postacią niezwykłą.

I ostatnia myśl: przy wszystkich reklamach przedstawiających supermodelki postrzegamy teraz pięknych ludzi jako jedynie umiarkowanie pożądanych. Szukając miłości, nigdy nie umawiaj się z przyjaciółmi-supermodelkami, ponieważ ludzie będą postrzegać Cię jako mniej atrakcyjnego, niż jesteś w rzeczywistości, jeśli pójdziesz sam lub zamiast tego zabierzesz ze sobą dwóch brzydkich przyjaciół.

Zobacz także: Błąd dostępności (rozdz. 11); Efekt wyposażenia (rozdz. 23); Efekt halo (rozdz. 38); Błąd porównania społecznego (rozdz. 72); Regresja do średniej (rozdz. 19); Błąd niedoboru (rozdz. 27); Kadrowanie (rozdz. 42)

Powiedzenie czegoś w rodzaju: „Palenie nie jest aż tak szkodliwe, gdyby mój dziadek zdołał przeżyć, paląc trzy paczki dziennie i dożywając ponad 100 lat" lub: „Na Manhattanie jest naprawdę bezpiecznie; mój przyjaciel mieszka w Village i nie zamyka drzwi na klucz nawet podczas wakacji – do jego mieszkania nigdy nie włamano się!" można ich użyć, aby udowodnić coś, ale w rzeczywistości nie dowodzą niczego; postępując w ten sposób, ulegamy skrzywieniu związanemu z dostępnością.

Czy jest więcej angielskich słów zaczynających się na literę K, czy też z tą trzecią literą? Odpowiedź: Ponad dwa razy więcej angielskich słów, w których K znajduje się na trzeciej pozycji, niż zaczyna się od niej; choć wielu uważa, że tych drugich jest więcej. Ludzie błędnie uważają inaczej, ponieważ są bardziej skłonni do szybszego zapamiętywania słów zaczynających się na literę K; dlatego są one łatwiejsze dla naszej pamięci.

Błąd dostępności stwierdza: nasze umysły mają tendencję do tworzenia obrazu rzeczywistości w oparciu o przykłady, które najłatwiej odnajdujemy w naszej pamięci, mimo że zdarzenia te w rzeczywistości nie zdarzają się częściej, ponieważ można je łatwo sobie wyobrazić.

Ze względu na błąd dostępności często poruszamy się w życiu, mając na uwadze niedokładną mapę ryzyka. Z powodu tego uprzedzenia mamy tendencję do przeceniania ryzyka katastrof lotniczych, wypadków samochodowych lub morderstw, niedoceniając zagrożeń wynikających z mniej spektakularnych przyczyn, takich jak cukrzyca czy rak żołądka. Ataki bombowe są rzadsze, niż nam się wydaje, podczas gdy wskaźniki depresji mogą być znacznie wyższe – to nastawienie powoduje, że przywiązujemy zbyt dużą wagę do spektakularnych wyników, jednocześnie umniejszając znaczenie cichych lub niewidocznych wyników łatwiej niż powinniśmy; nasze mózgi chętniej faworyzują efektowne wyniki niż przyziemne - to prowadzi nas do myślenia w sposób dramatyczny, a nie ilościowy!

Lekarze często ulegają błędowi w zakresie dostępności: we wszystkich możliwych przypadkach stosują zwykłe metody leczenia, nawet jeśli mogą istnieć bardziej odpowiednie metody, ale pozostają one ukryte w ich bankach pamięci. Konsultanci również często padają ofiarą tego zjawiska – zamiast odrzucić zupełnie nieznany przypadek stwierdzeniem: „Naprawdę nie wiem", starają się nie kierować się intuicją, ale zamiast tego podejmują działania.
Zamiast dowiedzieć się, co dokładnie powinni Ci powiedzieć, ludzie często uciekają się do jednego ze swoich sprawdzonych podejść, niezależnie od tego, czy jest ono idealne, czy nie.

Powtarzanie może pozostawić długotrwały ślad w naszych umysłach; coś powtarzanego wystarczająco często staje się częścią świadomości zbiorowej, nawet jeśli jego treść jest fałszywa; wystarczy zapytać przywódców nazistowskich, jak często powtarzali „kwestię żydowską", zanim ludzie zaczęli wierzyć, że to ważna kwestia! Aby zacząć wierzyć w te koncepcje, wystarczy wystarczająco dużo razy wypowiedzieć słowa UFO, energia życiowa lub karma, zanim ludzie je zauważą i uwierzą!

Stronniczość dotycząca dostępności stała się ugruntowaną cechą zarządów korporacji na całym świecie. Członkowie zarządu zwykle skupiają swoje dyskusje na informacjach przedstawionych przez kierownictwo – zwykle na danych kwartalnych – zamiast zajmować się ważniejszymi kwestiami, takimi jak posunięcia konkurencji, kwestie motywacji pracowników lub zmiany w zachowaniu klientów, które mogą mieć na nich bezpośredni wpływ. Nie mają tendencję do omawiania spraw wykraczających poza porządek obrad. Podczas podejmowania decyzji ludzie mają tendencję do faworyzowania łatwo dostępnych informacji – czy to danych ekonomicznych, czy przepisów; dokonywanie wyborów na tej podstawie, a nie na bardziej istotnych, ale trudniej dostępnych danych, mogłoby mieć katastrofalne skutki dla ich decyzji. Przykład: od 10 lat wiemy, że tzw. formuła Blacka-Scholesa na wycenę pochodnych produktów finansowych nie działa, jednak z powodu braku skutecznych rozwiązań w dalszym ciągu korzystamy z niewłaściwego narzędzia. To tak, jakby znaleźć się w nieznanym mieście bez mapy, a potem znaleźć ją skądś i zamiast tego skorzystać z niej – przedkładając nieprawidłowe informacje nad brak jakichkolwiek informacji – co doprowadziłoby banki do poniesienia miliardowych strat z powodu błędu w dostępności.

Frank Sinatra słynnie śpiewał: „Och, moje serce bije dziko/Wszystko przez ciebie/Kiedy nie jestem blisko osoby, którą kocham/Nadal ją kocham". To przykład błędu dostępności – aby skutecznie z nim walczyć, potrzebujemy wkładu innych osób, mających inne doświadczenia i wiedzę niż my, w celu przezwyciężenia jego skutków.
Zobacz także niechęć do dwuznaczności (rozdz. 80); Iluzja uwagi (rozdz. 88); Stronniczość stowarzyszeniowa (rozdz. 48); Efekt pozytywny (rozdz. 95); Błąd potwierdzenia (rozdz. 7-8); Efekt kontrastu (rozdz. 10); Zaniedbanie prawdopodobieństwa (rozdz. 26), aby uzyskać więcej informacji na ten temat.

DLACZEGO „BEZ BÓLU, NIE MA ZYSKA" POWINNO BYĆ DZWONKIEM ALARMOWYM

Mit „Będzie gorzej, zanim będzie lepiej"

Któregoś razu podczas wakacji na Korsyce zachorowałam. Objawy były nieznane, a ból nasilał się z dnia na dzień. Zwróciłem się więc o pomoc lekarską do pobliskiej przychodni. Młody lekarz zaczął mnie uważnie badać – szturchał mój brzuch, mocno ściskał ramiona i kolana oraz szturchał każdy kręg w poszukiwaniu oznak problemów. Jego badanie wydawało mi się dziwne, ale wytrwałem, aż w notesie zapisano antybiotyki: „Zażywaj jedną tabletkę trzy razy dziennie, aż objawy ustąpią. Zażywaj antybiotyki, aż objawy ustąpią, zanim zaczniesz rozważać leczenie farmakologiczne!" Kiedy skończyłem, wróciłem do pokoju hotelowego z receptą.

Ból nasilił się w ciągu następnych trzech dni – tak jak przewidywał mój lekarz. Chociaż musiał wiedzieć, co mi jest, kiedy ból nie ustąpił po trzech dniach, zadzwoniłem do niego ponownie, aby zapytać, co z tym zrobić, i doradził mi, aby zwiększył dawkowanie do pięciu razy dziennie, ponieważ „może to boleć przez jeszcze chwilę". Po kolejnych dwóch bolesnych dniach zdecydowałem się wezwać międzynarodowe pogotowie lotnicze, gdzie szwajcarski lekarz zaraz przed operacją zdiagnozował zapalenie wyrostka robaczkowego i zapytał później: „Dlaczego czekałeś tak długo?".

„Wszystko poszło dokładnie tak, jak przewidział lekarz, dlatego zaufałam jego radom".

„O nie! Dałeś się zwieść mitowi, że sytuacja się tylko pogorszy, zanim się poprawi". Twój korsykański lekarz prawdopodobnie nie był tego świadomy; prawdopodobnie kolejna pułapka turystyczna w szczycie sezonu.

Weźmy inny przykład: dyrektor generalny jest sfrustrowany, sprzedaż w toalecie, brak motywacji sprzedawców i całkowite fiasko kampanii marketingowych. W desperacji zatrudnia konsultanta za 5000 dolarów dziennie, którego ocena obejmuje wnioski wskazujące, że w Twoim dziale sprzedaży brakuje wizji, a Twoja marka nie jest jasno pozycjonowana – mogę naprawić jedno i drugie, ale poprawa może zająć więcej czasu – najprawdopodobniej sprzedaż spadnie dalej, zanim sytuacja się poprawi". Dyrektor generalny zatrudnia tego konsultanta; rok później sprzedaż ponownie spada, zanim nastąpi postęp, co podkreśla ten konsultant; wielokrotnie podczas tych konsultacji podkreślali, jak blisko postęp jest powiązany z postępem firmy, mierzonym na podstawie jego ustaleń zawartych w analizach udostępnionych tego dnia przez tego człowieka, którego analiza została dokonana na podstawie jego ustaleń.

Ponieważ w trzecim roku sprzedaż nadal spada, dyrektor generalny postanawia zwolnić konsultanta.

Motto: „Będzie-pogorszy się, zanim-polepszy się", jest po prostu wymówką, przykładem błędu potwierdzenia. Jeśli problem będzie się nadal pogarszał zgodnie z przewidywaniami, potwierdza się błąd potwierdzenia, natomiast jeśli niespodziewana poprawa nastąpi niespodziewanie, klient jest zadowolony, a ekspert może pochwalić się swoimi umiejętnościami; tak czy inaczej wygrywa.

Wyobraź sobie siebie jako prezydenta kraju, bez wiedzy, jak skutecznie nim zarządzać. Jaki byłby Twój pierwszy ruch? Być może prognozowanie „trudnych lat", proszenie obywateli o zaciśnięcie pasa i obietnica poprawy po tym delikatnym etapie „oczyszczania", „oczyszczania" i „restrukturyzacji", pozostawiając otwartą kwestię, jak długi i dotkliwy może ten okres trwać?

Chrześcijaństwo jest ostatecznym świadectwem skuteczności tej strategii: jego wyznawcy wierzą, że zanim świat doświadczy raju na ziemi, musi najpierw zostać zniszczony w wyniku kataklizmów, takich jak powodzie, pożary i śmierć – wszystko to stanowi część większego planu Boga – wszelkie pogorszenie warunków, w miarę wskazówka, że ich proroctwo się spełniło; wszelkie ulepszenia postrzegane są jako błogosławieństwo Boże.

Wniosek: Kiedy ktoś mówi: „Zanim będzie lepiej, będzie gorzej", powinno to wywołać sygnał alarmowy. Bądź jednak ostrożny: zdarzają się sytuacje, w których sytuacja najpierw się pogarsza, a potem z czasem ulega poprawie; na przykład zmiana kariery często wiąże się z utratą wynagrodzenia, podczas gdy restrukturyzacja przedsiębiorstwa również może zająć trochę czasu. Jednak we wszystkich tych przypadkach stosunkowo szybko możemy sprawdzić, czy podjęte środki przynoszą skutek; kamienie milowe zapewniają jasne wskaźniki. Zamiast tego skup się na nich, zamiast szukać ulgi w magicznych rozwiązaniach.

Zobacz także błąd w działaniu (rozdz. 43); Błąd utopionych kosztów (rozdz. 5); Regresja do średniej (rozdz. 19) w celu uzyskania dalszych wyjaśnień.

Życie może być mylące. Wyobraź sobie niewidzialnego Marsjanina, który podąża za tobą z równie niewidzialnym notatnikiem, w którym dokumentuje wszystko, co robisz, myślisz i marzysz. Twoje życie wyglądałoby tak: „Wypiłeś kawę z dwoma cukrami"; „Nadepnąłem pinezkę i przekląłem jak marynarz", „śniło mi się, że pocałowałem sąsiada", „zarezerwowałem wakacje na Malediwach, ale teraz prawie skończyły mi się pieniądze" lub „zauważyłem, że spod ucha wystają mi włosy – natychmiast je wyrwałem". To wszystko będą wpisy w twoim dzienniku, które będą kroniką tego, co dzieje się każdego dnia – wpisy będą pojawiać się stale. Ludzie lubią wplatać fragmenty swojego życia w spójną opowieść, tworząc historie z rozproszonych szczegółów, które nazywamy odpowiednio znaczeniem i tożsamością. Max Frisch, ceniony szwajcarski pisarz, zauważył kiedyś: „Przymierzamy historie jak ubrania.

Jako ludzie używamy narracji, aby nadać sens globalnej historii, kondensując odmienne wydarzenia w spójną fabułę. Przez tę soczewkę zaczynamy rozumieć pewne kwestie; na przykład, dlaczego traktat wersalski przyczynił się do drugiej wojny światowej lub dlaczego luźna polityka pieniężna Alana Greenspana spowodowała upadek Lehman Brothers. Zrozumienie może się różnić; tutaj rozumienia nazywamy rozumieniem, ale rzeczy tych nie da się ogarnąć w ich pierwotnym stanie – dopiero później tworzymy z nich znaczenie. Historie są wysoce subiektywnymi bytami. Często zniekształcają rzeczywistość i odfiltrowują wszystko, co nie pasuje, a mimo to jesteśmy bez nich bezsilni. Dlaczego to jest nadal niejasne. Wiemy na pewno, że ludzie najpierw używali historii jako sposobów wyjaśnienia świata, zanim zajęli się nauką; czyniąc mitologię starszą od filozofii i powodując stronniczość opowieści.

W doniesieniach medialnych szerzy się stronniczość fabuły. Podam przykład: kiedy samochód przejedzie przez most i nagle się zawali, co czytamy następnego dnia? Opowieść o nieszczęsnym kierowcy; skąd przybyli i dokąd zmierzali; czytamy jego biografię (gdzieś się urodził, gdzie indziej wychował, gdzie indziej zarabiał na życie); jeśli przeżyje i będzie mógł udzielić wywiadów, otrzymamy szczegółowe informacje na temat tego, co dokładnie czuł, gdy most się zawalił – ale żadna z tych opowieści nie wyjaśnia przyczyny – po prostu pomińcie je wszystkie
Należy również wziąć pod uwagę sam most: gdzie był jego słaby punkt, czy spowodowało to zmęczenie i czy doszło do uszkodzeń; czy zastosowano odpowiedni projekt i czy istniały podobne mosty podobne do tego. Chociaż wszystkie te pytania są uzasadnione, odpowiedzi na nie nie tworzą wciągających historii; lubimy historie ponad abstrakcyjnymi szczegółami. Dlatego też zabawne historie poboczne mają pierwszeństwo przed istotnymi faktami (co z drugiej strony oznaczałoby, że czytalibyśmy tylko książki non-fiction!).

Oto dwie opowieści angielskiego pisarza E. M. Forstera, które warto rozważyć; które zapamiętasz najlepiej? A) „Król umarł, a królowa zmarła ze smutku". B) „Król umarł, a królowa zmarła ze smutku". Większość prawdopodobnie łatwiej przypomni sobie historię B, ponieważ jej dwie śmierci nie następują po sobie, ale są ze sobą powiązane emocjonalnie; A jest bardziej oparte na faktach, podczas gdy B ma głębsze znaczenie - teoria informacji sugeruje, że powinniśmy łatwiej zapamiętać A, ponieważ jest krótsze, ale nasze mózgi nie działają w ten sposób!

Reklamodawcy również nauczyli się wykorzystywać ten fakt, tworząc atrakcyjne narracje na temat produktów, a nie tylko ich zalet. Google doskonale zilustrował tę technikę w reklamie na Super Bowl w 2010 roku zatytułowanej „Google Parisian Love" na YouTube – spójrz tutaj.

Redukowanie rzeczywistości do znaczących historii zniekształca rzeczywistość i wpływa na nasze decyzje; Aby skorygować to zniekształcenie, istnieje jedno lekarstwo. Rozbierz te narracje. Zadaj sobie pytanie: co chcą ukryć? Odwiedź bibliotekę i spędź pół dnia czytając stare gazety; zobaczysz, że zdarzenia, które teraz wydają się powiązane, nie miały miejsca w tamtym czasie; dodatkowo spróbuj spojrzeć na swoją historię życia wyrwaną z kontekstu: przeszukaj stare dzienniki i notatki, aby odkryć, że życie nie podążało prostą ścieżką prowadzącą bezpośrednio do dnia dzisiejszego; zamiast tego była to niezaplanowana, nieprzewidywalna seria doświadczeń i wydarzeń – czemu przyjrzymy się bliżej w rozdziale 5.

Gdy tylko usłyszysz jakąś opowieść, zastanów się, od kogo pochodzi i jakie ma intencje; to, co pozostało niedopowiedziane; jakie szczegóły mogły zostać pominięte, a które mogłyby być nawet bardziej istotne niż to, co zostało przedstawione, na przykład podczas omawiania kryzysów finansowych lub wojny. Z opowieściami jest jeden problem: dają nam fałszywe poczucie bezpieczeństwa.
Zrozumienie nieuchronnie skłania nas do podejmowania większego ryzyka i ostrożnego stąpania po niezbadanych wodach.

Zobacz fałszywą przyczynowość (rozdz. 37); Uzasadnienie „Ponieważ" (rozdz. 52); Personifikacja (rozdz. 87); Stronniczość z perspektywy czasu (rozdz. 14); Podstawowy błąd atrybucji (rozdz. 36); Błąd koniunkcji (rozdz. 41); Fałszowanie historii (rozdz. 78); Cherry Picking (rozdz. 96) i News Illusion (rozdz. 99) jako dodatkowe kwestie do rozważenia.

Opinia z perspektywy czasu Niedawno natknąłem się na pamiętniki mojego dziadka. W 1932 roku przeniósł się ze szwajcarskiej wioski do Paryża w poszukiwaniu możliwości kręcenia filmów i zaledwie dwa miesiące po inwazji na Francję dokonał następującego wpisu: „Wszyscy wierzą, że siły niemieckie wyjdą do grudnia, a Anglia szybko potem upadnie; wtedy nasze życie w Paryżu będzie mogło wreszcie zostać wznowione pod rządami Niemiec. Niestety okupacja ta trwała cztery lata.

Dzisiejsze podręczniki historii przedstawiają niemiecką okupację Francji jako część zorganizowanej strategii wojskowej; dlatego z perspektywy czasu wydaje się to prawdopodobne. Niestety, padliśmy ofiarą uprzedzeń, które wynikają z perspektywy czasu.

Rozważmy teraz przykład z 2007 r.: eksperci ekonomiczni przewidywali dobre perspektywy na kolejne lata, jednak w ciągu jednego roku doszło do implozji na rynkach finansowych. Poproszeni przez reporterów o wyjaśnienie kryzysu eksperci wymienili jego przyczyny: ekspansję monetarną Greenspana; luźne standardy walidacji kredytu hipotecznego; skorumpowane agencje ratingowe; niskie wymogi kapitałowe i tak dalej – z perspektywy czasu te wyjaśnienia wydają się coraz bardziej oczywiste.

Błędy wynikające z perspektywy czasu to jeden z najbardziej rozpowszechnionych błędów. Można to nazwać zjawiskiem „a nie mówiłem”: patrząc wstecz, wszystko staje się oczywiste i przewidywalne. Jeśli dyrektor generalny odniesie sukces dzięki samej ciężkiej pracy i szczęściu, jego postrzeganie prawdopodobieństwa sukcesu jest często znacznie wyższe niż w rzeczywistości. Po triumfalnym zwycięstwie wyborczym Ronalda Reagana nad Jimmym Carterem w 1980 r. komentatorzy przewidywali jego nominację, mimo że była bliska, aż do kilku dni przed ostatecznym dniem głosowania. Dzisiejsi dziennikarze biznesowi wydają się przekonani o ostatecznej dominacji Google'a, mimo że takie przewidywania wywołałyby śmiech, gdyby zostały sformułowane jeszcze w 1998 r. Jeden zaskakujący fakt: dziś wydaje się rozdzierająco prawdopodobne, że jeden strzał oddany w Sarajewie w 1914 r. doprowadzi do 30 lat kryzysu konflikt i kosztował życie 50 milionów ludzi – coś, czego uczy się w szkole każde dziecko w wieku szkolnym – ale wtedy nikomu się to nie śniło.
Eskalacja wydawałaby się zbyt absurdalna.

Dlaczego uprzedzenia wynikające z perspektywy czasu są tak niebezpieczne? Po prostu prowadzi nas do przekonania, że jesteśmy lepszymi prognostykami, niż jesteśmy w rzeczywistości, i powoduje arogancką, nadmierną pewność co do naszej wiedzy, co prowadzi nas do podejmowania zbyt dużego ryzyka w kwestiach globalnych i lokalnych: „Słyszałeś? Sylvia i Chris rozstali się. Zawsze wszystko szło źle, ponieważ mieli tak różne osobowości –

albo po prostu byli do siebie podobni – a może spędzali razem zbyt dużo czasu lub prawie się nie widywali".

Przezwyciężenie uprzedzeń wynikających z perspektywy czasu może być trudne. Badania wykazały, że nawet ludzie świadomi tego często dają się na to nabrać, dlatego szczerze żałuję, że zmarnowałeś czas na czytanie tego rozdziału.

Jeśli dotarłeś tak daleko, mam dla ciebie ostatnią wskazówkę opartą na doświadczeniu osobistym, a nie zawodowym: prowadź dziennik. Zapisuj wszelkie prognozy związane ze zmianami politycznymi, rozwojem kariery, problemami z wagą lub rynkiem akcji. Po pewnym czasie porównaj te przewidywania z rzeczywistym rozwojem sytuacji, aby ocenić ewentualne rozbieżności. Zdziw się, jak kiepskie są Twoje umiejętności prognozowania! Nie czytaj też tylko podręczników do historii – nie polegaj wyłącznie na retrospektywnych teoriach z perspektywy czasu! Pamiętniki, przekazy ustne i dokumenty historyczne z tego okresu dostarczają bezcennych informacji, które umykają nawet ekspertom! Ci, którzy nie mogą obejść się bez wiadomości, powinni przeczytać gazety sprzed pięciu, dziesięciu, dwudziestu lat – to da jeszcze głębsze poczucie tego, jak nieprzewidywalny potrafi być nasz świat. Spoglądanie wstecz może zapewnić chwilową pociechę; ale jeśli będziemy szukać głębszych informacji na temat tego, jak wszystko działa, więcej skorzystamy, patrząc w przyszłość.

Zobacz także: Błąd jednej przyczyny (rozdz. 97); Fałszowanie historii (rozdz. 78); Stronniczość opowieści (rozdz. 13); Iluzja prognozy (rozdz. 40); Stronniczość wyniku (rozdz. 20) i egoizm (rozdz. 45) jako dodatkowe perspektywy do rozważenia w przypadku przeceniania wiedzy i umiejętności.

DLACZEGO CIĄGLE PRZECIĄGAMY SWOJĄ WIEDZĘ I MOŻLIWOŚCI?

Johann Sebastian Bach był nie tylko cudem jednego przeboju; jego prace są liczne i zostaną omówione szerzej pod koniec tego rozdziału. Na razie mam dla Was proste zadanie polegające na oszacowaniu, ile koncertów skomponował; wybierz zakres od 100 do 500, najlepiej z 98% dokładnymi szacunkami i tylko 2-2% rozbieżnościami między szacunkami.

Jak pewni powinniśmy być własnej wiedzy? Psychologowie Howard Raiffa i Marc Alpert zadali to samo pytanie setkom osób, z którymi rozmawiali w ramach wywiadów i grup fokusowych. Poprosili uczestników o oszacowanie całkowitej produkcji jaj w USA lub oszacowanie liczby lekarzy i chirurgów wymienionych w bostońskim katalogu Yellow Pages, oszacowanie importu zagranicznych samochodów do USA, a nawet oszacowanie poboru opłat za przejazd Kanałem Panamskim w milionach dolarów. Badani zostali poproszeni o wybranie dowolnego zakresu, tak aby nie popełniać błędów w więcej niż 2% przypadków, choć w rzeczywistości błądził o 40%! Naukowcy nazwali to niesamowite zjawisko zbytnią pewnością siebie.

Nadmierna pewność dotyczy prognozowania wyników giełdowych w ciągu roku lub zysków w ciągu trzech lat, a także prognoz dotyczących naszej wiedzy i zdolności przewidywania. Ludzie często nie doceniają zarówno naszej wiedzy, jak i umiejętności prognozowania, a także naszej pewności, że poszczególne szacunki są prawidłowe lub błędne; mierzy raczej to, co ludzie wiedzą, w porównaniu z tym, jak pewnie się czują przy formułowaniu przewidywań. Niektórych może zdziwić, że eksperci cierpią z powodu nadmiernej pewności siebie nawet bardziej niż laicy; profesor ekonomii poproszony o przewidzenie cen ropy za pięć lat może przedstawić swoje przewidywania z większym przekonaniem niż zrobiłby to jego odpowiednik; jednak gdy poproszono go o przewidzenie cen ropy za pięć lat, z jeszcze większą pewnością, niż podałby jego odpowiednik!

Nadmierna pewność siebie wykracza poza kwestie ekonomiczne: badania pokazują, że 84% Francuzów uważa się za kochanków ponadprzeciętnych; bez skutków nadmiernej pewności siebie liczba ta powinna wynosić dokładnie 50%; mediana statystyczna oznacza, że 50% powinno zająć odpowiednio wyższą pozycję, a 50% niższą. Inne badanie pokazuje, że 93% uważa, że pomimo efektu nadmiernej pewności siebie są ponadprzeciętnymi kochankami. Ankietowani studenci z USA oceniali siebie jako kierowców „ponadprzeciętnych", a 68% wykładowców Uniwersytetu Nebraski oceniło siebie wśród 25% najlepszych pod względem umiejętności nauczania. Przedsiębiorcy i osoby pragnące zawrzeć związek małżeński również postrzegali siebie jako lepszych: wierzyli, że mogą pokonać wszelkie przeciwności losu. Bez nadmiernej pewności działalność przedsiębiorcza prawdopodobnie drastycznie spadłaby; na przykład każdy restaurator ma nadzieję, że jego restauracja zostanie kolejną restauracją wyróżnioną gwiazdką Michelin, ale wiele z nich upada w ciągu trzech lat z powodu niskich zwrotów z inwestycji, które stale utrzymują się poniżej zera.

Prawie żaden większy projekt nie został ukończony na czas i przy niższych kosztach niż przewidywano. Godne uwagi przykłady obejmują Airbus A400M, Opera w Sydney i Big Dig w Bostonie. Aby zrozumieć dlaczego, w grę wchodzą jednocześnie dwie siły: jednym z czynników jest nadmierna pewność siebie; po drugie, osoby bezpośrednio zainteresowane projektem często mają motywację do zaniżania kosztów: konsultanci, wykonawcy i dostawcy poszukują większej liczby klientów. Budowlańcy czują się zachęceni optymistycznymi danymi, a politycy zyskują dzięki tym działaniom większe wsparcie – omówimy strategiczne wprowadzanie w błąd (rozdział 89).

Tym, co sprawia, że nadmierna pewność siebie jest tak wszechobecna, a jej skutki tak niepokojące, jest jej nieubłaganie: nie reaguje ona na bodźce, jest raczej cechą instynktowną niż motywowaną bodźcami; nie ma też jego odpowiednika, „niedostatecznej pewności". Nie jest to zaskoczeniem dla niektórych czytelników: nadmierna pewność siebie mężczyzn jest bardziej widoczna, podczas gdy kobiety nie mają tendencji do wyolbrzymiania swojej wiedzy i umiejętności w tak dużym stopniu; co więcej, optymiści nie są osamotnieni, jeśli chodzi o przecenianie siebie – nawet samozwańczy pesymiści nadal przeceniają się, choć w mniej ekstremalny sposób.

Wniosek: Pamiętaj, aby mieć świadomość, że łatwo jest nam przecenić swoją wiedzę. Uważaj na przewidywania ekspertów; we wszystkich planach preferuj scenariusz pesymistyczny, ponieważ daje to szansę na trafniejszą i bardziej realistyczną ocenę sytuacji.

Wracając do naszego pytania: Jan Sebastian Bach pozostawił po sobie 1127 dzieł, które przetrwały do dziś, choć wiele z nich mogło z czasem zaginąć. Więcej informacji można znaleźć w: Iluzja umiejętności (rozdz. 94); Iluzja prognostyczna (rozdz. 40) i strategiczne wprowadzenie w błąd.
(rozdz. 89); Tendencja do superreakcji motywacyjnej (rozdz. 18); Uprzedzenie egoistyczne (rozdz. 45).

Po otrzymaniu Nagrody Nobla w dziedzinie fizyki w 1918 r. Max Planck odbył ogólnokrajowe tournée z wykładami po Niemczech, aby przedstawić nowe teorie mechaniki kwantowej. Gdziekolwiek się udał, wygłaszał ten sam wykład. Z biegiem czasu szofer zapoznał się z jego przemówieniem: „Profesorowi Planckowi powtarzanie się musi wydawać się monotonne; pozwól, że zrobię to za ciebie w Monachium? Usiądź w pierwszym rzędzie w czapce szofera i noś moją czapkę szofera, bo to zapewni nam obojgu trochę różnorodności! Planck był zachwycony tym pomysłem, dlatego kierowca wygłosił wieczorny wykład na temat mechaniki kwantowej przed elitarną publicznością. Kiedy jeden z monachijskich profesorów fizyki wstał i zadał mu pytanie, jego kierowca był zaskoczony: „Nigdy nie spodziewałbym się, że ktoś z tak rozwiniętego miasta jak Monachium zada tak proste pytanie! Mój szofer z radością udzieli odpowiedzi.

Charlie Munger, jeden z czołowych inwestorów na świecie (od którego wziąłem tę historię), zidentyfikował dwa rodzaje wiedzy. Prawdziwą wiedzę można dostrzec wśród tych, którzy poświęcili dużo czasu i wysiłku na zrozumienie tematu; wiedza szofera to wiedza osób, które wiedzą, jak zrobić show, prezentując imponujące głosy lub oszałamiające fryzury; jednak ich słowa brzmią, jakby czytali ze scenariusza.

Niestety, odróżnienie prawdziwej wiedzy od wiedzy szofera stało się trudniejsze niż kiedykolwiek wcześniej. Prezenterzy wiadomości stanowią dobry przykład tej dychotomii; wszyscy wiedzą, że ci aktorzy po prostu odgrywają role – a mimo to nadal jestem zdumiony szacunkiem, jakim cieszą się ci dopracowani czytelnicy scenariusza, a także moderowaniem paneli na tematy, które sami ledwo rozumieją.

Dziennikarze stawiają kolejne wyzwania. Niektórzy dziennikarze posiadają prawdziwą wiedzę specjalistyczną; ci reporterzy-weterani zwykle specjalizują się w jednej dziedzinie przez lata. Reporterzy ci starają się zrozumieć złożoność tematu, a następnie skutecznie wyjaśniają go w długich artykułach szczegółowo opisujących przypadki i wyjątki. Większość dziennikarzy przypomina jednak szoferów: piszą szybko jednostronne teksty, korzystając z wyszukiwarek Google, bez konieczności szukania zbyt wiele w celu uzyskania odszkodowania; ich teksty są zazwyczaj jednostronne, krótkie i jednowymiarowe w treści.
Osoby te zwykle wykazują niewielką wiedzę, a jednocześnie emanują atmosferą wyższości.

Biznes często może wykazywać powierzchowność. W miarę jak firmy stają się większe, od dyrektorów generalnych oczekuje się „gwiazdorskiej jakości". Niestety, poświęcenie, powaga i niezawodność często są niedoceniane na szczycie. Czasami akcjonariusze i dziennikarze błędnie wierzą, że showman przyniesie lepsze rezultaty, co z pewnością nie jest prawdą.

Warren Buffett, partner biznesowy Mungera, wpadł na doskonałe rozwiązanie: swój „krąg kompetencji". To, co mieści się w tym kręgu, można zrozumieć intuicyjnie, natomiast to, co znajduje się poza nim, może mieć sens tylko częściowo. Munger radzi ludziom, aby pozostawali w obrębie tego, co nazywa swoim kręgiem kompetencji: rozumienia tego, co się rozumie, a czego nie. Rozmiar nie ma znaczenia, jeśli wiedzą, gdzie leży ich obwód. Munger podkreśla tę kwestię. Aby odnieść sukces w jakimkolwiek przedsięwzięciu, należy zrozumieć swoje własne uzdolnienia. Jeśli gra przeciwko osobom o większych umiejętnościach niż oni sami działa na twoją szkodę, a ty tego nie robisz, prawdopodobnie zakończy się stratą – to można zagwarantować. Dlatego znalezienie przewagi i pozostanie w kręgu kompetencji jest sprawą najwyższej wagi.

Wniosek: zwracaj uwagę na wiedzę szofera. Nie traktuj rzeczników firm, ringmasterów, prezenterów wiadomości, plotkarzy lub sprzedawców słownictwa jako ekspertów posiadających prawdziwą wiedzę. Jeden wyraźny wskaźnik: prawdziwi eksperci wiedzą, kiedy kończy się ich wiedza specjalistyczna, a kiedy zaczyna od nowa; prawdziwi eksperci również rozpoznają, kiedy coś wykracza poza ich krąg specjalizacji i milczą lub wypowiadają się swobodnie, aby wskazać takie luki w wiedzy; kierowcy rzadko robią to w odniesieniu do siebie!

Zobacz także stronniczość władzy (rozdz. 9); Zależność domeny (rozdz. 76); Twaddle Tendency (rozdz. 57) do dalszych badań.

Każdej nocy około dziewiątej, około dziewiątej trzydzieści, osoba w czerwonym kapeluszu staje na placu i zaczyna dziko machać czapką. Po pięciu minutach znika, a dzień później, gdy do niego podchodzi policjant, ten osobnik odpowiedział, że trzyma żyrafy z daleka, ale żadnej tu nie widać, więc musi robić to naprawdę skutecznie! Na to policjant odpowiedział: „No cóż, w takim razie muszę mieć się dobrze!"

Któregoś dnia, kiedy mój przyjaciel ze złamaną nogą nie wychodził z domu i poprosił mnie, żebym kupił mu losy na loterię, pojechałem do miasta, sprawdziłem kilka pudełek, napisałem na nich jego imię i nazwisko i zapłaciłem. Jednak gdy tylko mu to dałem, sprzeciwił się: „Dlaczego to zrobiłeś? Chciałem to sam wypełnić; te liczby nic mi nie przyniosą!"

„Czy naprawdę myślisz, że wybieranie liczb będzie miało jakiś wpływ na losowanie?" – zapytałem. Jego twarz pustym wzrokiem napotkała mój wzrok.
Gracze w kasynie często rzucają kostką tak mocno, jak to możliwe, jeśli potrzebują dużej liczby, i ostrożniej, gdy liczą na niskie – jest to absurdalna praktyka, podobnie jak kibice futbolowi, którzy mają nadzieję, że mogą wpłynąć na grę poprzez gestykulację przed telewizorem. Niestety, podzielają tę iluzję z innymi, którzy również starają się wpływać na sprawy światowe, wysyłając pozytywne wibracje, czyli „karmę".

Jenkins i Ward odkryli w 1965 roku iluzję kontroli, tendencję do wiary, że możemy wpłynąć na coś, na co nie mamy wpływu, poprzez eksperyment z użyciem dwóch przełączników i światła. Naciskając przełączniki, mogli wpływać na to, kiedy i czy światło włączało się losowo; badani nadal wierzyli, że mogą wpłynąć na jego jasność poprzez przełączanie przełączników.

Rozważmy następujący przykład: amerykański badacz przeprowadził testy w celu zbadania wrażliwości akustycznej na ból, umieszczając ludzi w kabinach dźwiękowych i stopniowo zwiększając głośność, aż badani zasygnalizowali mu, aby przestał. Jego dwa pokoje (A i B) były identyczne, z tą różnicą, że B miał na ścianie czerwony przycisk alarmowy.
Przycisk miał jedynie służyć jako iluzja kontroli; jednakże jego obecność dała uczestnikom poczucie, że mogą kształtować swoją sytuację, a tym samym umożliwić im tolerowanie znacznie większego poziomu hałasu. Jeśli kiedykolwiek czytaliście Aleksandra Sołżenicyna, Primo Leviego czy Wiktora Frankla, to odkrycie nie powinno być zaskoczeniem; w ich książkach opisano, jak nawet niewielki wpływ na los zachęcał więźniów, aby nie tracili nadziei.

Przechodzenie przez ulice w Los Angeles może być trudne, ale za naciśnięciem przycisku możemy zatrzymać ruch – czy możemy? Celem przycisku jest utwierdzenie nas w przekonaniu, że mamy pewną kontrolę nad sygnalizacją świetlną, abyśmy mogli wytrzymać dłuższe oczekiwanie, nie tracąc cierpliwości ani nie tracąc cierpliwości w oczekiwaniu na zmianę sygnalizacji świetlnej. Podobne sztuczki stosuje się w przypadku przycisków otwierania/zamykania drzwi windy: wiele z nich nie jest nawet podłączonych do panelu elektrycznego! Podobne rozwiązania wprowadzono także w biurach na planie otwartym: dla niektórych zawsze może być za gorąco, a dla innych za zimno. Sprytni technicy tworzą iluzję kontroli, instalując fałszywe wskaźniki temperatury; zmniejsza to rachunki za energię i skargi. Takie strategie zaczęto nazywać przyciskami placebo i stosuje się je wszędzie, od wind i biur po sklepy z kasami.

Bankierzy centralni i urzędnicy rządowi fachowo wykorzystują przyciski placebo. Przykładem może być stopa funduszy federalnych – niezwykle krótkoterminowa stopa procentowa jednodniowa. Choć stopa ta nie ma wpływu na długoterminowe stopy procentowe (które zależą od podaży i popytu i dlatego mają kluczowe znaczenie przy podejmowaniu decyzji inwestycyjnych), każda jej zmiana wywołuje ostre reakcje na rynku akcji. Nikt nie rozumie, dlaczego jednodniowe stopy procentowe mają taki wpływ na rynki, ale wszyscy myślą, że tak jest i tak się dzieje. Oświadczenia Prezesa Rezerwy Federalnej mogą mieć ten sam skutek: rynki poruszają się, mimo że jego słowa przynoszą niewiele rzeczywistych, wymiernych korzyści dla realnej gospodarki; tworzą jedynie fale dźwiękowe. Jednak pozwalamy, aby głowy ekonomiczne nadal bawiły się iluzorczymi wskaźnikami. Prawdziwy sygnał alarmowy nadejdzie, jeśli wszystkie zaangażowane strony zrozumieją, że gospodarka światowa ostatecznie wymknęła się spod naszych rąk i nie można nią skutecznie zarządzać.

Czy masz pewność, że wszystko jest pod kontrolą? Prawdopodobnie mniej niż myślisz Zobacz także Zbieg okoliczności (rozdz. 24); Zaniedbanie prawdopodobieństwa (rozdz. 26); Iluzja prognozy (rozdz. 40); Iluzja umiejętności (rozdz. 94); Iluzja grupowania (rozdz. 3); Iluzja introspekcji (rozdz. 67) w tym rozdziale.

Tendencja do superreakcji

Francuscy władcy kolonialni w Hanoi w XIX wieku uchwalili prawo mające na celu kontrolę plagi szczurów: za każdego martwego osobnika przyniesionego władzom, jego łapacze otrzymywali nagrodę. W ramach tej inicjatywy zniszczono wiele szczurów, ale także wiele innych zostało wyhodowanych specjalnie w tym celu.

Archeolodzy, którzy odkryli zwoje znad Morza Martwego w 1947 r., ustalili wynagrodzenie znalazcy za każdy pergamin; zamiast odkrywać znacznie więcej zwojów, archeolodzy po prostu podarli istniejące pergaminy, aby zwiększyć wynagrodzenie znalazcy. Podobne zachęty oferowano w XIX wieku w Chinach: rolnicy znaleźli na swojej ziemi kilka kości dinozaurów, a następnie rozbili je na kawałki, aby zarobić na nagrodę. Nowoczesne zarządy firm oferują premie za osiągnięcie celów, a menedżerowie poświęcają energię na obniżanie celów, zamiast na rozwój firmy.

Przypadki te ilustrują słynną obserwację Charliego Mungera na temat bodźców wywołujących tendencje do superreakcji. Ludzie reagują na zachęty, robiąc to, co leży w ich najlepszym interesie. Godne uwagi jest jednak to, jak szybko i znacząco zmienia się zachowanie ludzi, gdy pojawiają się nowe bodźce lub zmienia się istniejące; co więcej, wydaje się, że ludzie reagują bezpośrednio na zachęty, a nie na stojące za nimi większe intencje.

Dobre systemy motywacyjne łączą zamiar i nagrodę; na przykład w starożytnym Rzymie inżynierów zapraszano do stania pod konstrukcją mostu podczas ceremonii otwarcia. Z drugiej strony słabe systemy motywacyjne często przesłaniają lub nawet wypaczają zamierzony cel; cenzurowanie książki może jedynie sprawić, że jej treść stanie się bardziej znana, nagradzanie pracowników banku za każdy sprzedany kredyt może jeszcze bardziej zaszkodzić portfelom kredytowym, a upublicznienie wynagrodzeń dyrektorów generalnych nie tylko je zwiększyło; nikt nie chciał być postrzegany jako „dyrektor generalny-przegrany".

Czy chcesz zmienić zachowanie osób lub organizacji? Głoszenie o wartościach i wizjach lub odwoływanie się do rozsądku może działać, ale zachęty często działają lepiej – nie muszą nawet mieć charakteru finansowego!
Wszystko, czego się nauczysz, można dobrze wykorzystać – od dobrych ocen i nagród Nobla po specjalne traktowanie w zaświatach.

Na długo zanim zrozumiałem, dlaczego wykształceni średniowieczni szlachcice porzucili swoje luksusowe życie, aby wziąć udział w wyprawach krzyżowych, starałem się zrozumieć, co mogło spowodować, że dobrze wykształceni szlachcice z tego okresu porzucili wygodny tryb życia i wsiedli na konie, doskonale znając podróż trwała co najmniej sześć miesięcy i przebiegała bezpośrednio przez terytorium wroga, a mimo to podjęli ryzyko. Po chwili namysłu i refleksji zdałem sobie sprawę: systemy motywacyjne odegrały zasadniczą rolę. Jeśli przeżyją, będą mogli zachować wszystkie swoje łupy wojenne, stając się jednocześnie bogatymi ludźmi, podczas gdy ci, którzy zginą, automatycznie staną się męczennikami ze wszystkimi korzyściami dla nich, albo też pójdą prosto do nieba jako męczennicy – dzięki czemu rozwiązanie korzystne dla obu stron stanie się możliwe dla wszystkich zaangażowanych uczestników – dzięki czemu przedsięwzięcie to będzie opłacalne od pierwszego dnia dla obu zaangażowanych stron, jeśli obie wrócą do domu żywe; tak czy inaczej, była to sytuacja wygrana/wygrana

Wyobraźcie sobie przez chwilę, że wojownicy i żołnierze zamiast tego pobieraliby od wrogów opłaty za godzinę za wyświadczone usługi – skutecznie zachęcalibyśmy ich, aby poświęcali temu tak długo, jak to możliwe, prawda? Dlaczego więc zatrudniając prawników, architektów, konsultantów, księgowych czy instruktorów nauki jazdy, płacimy stawki godzinowe? Moja rada: zamiast tego negocjuj umowy o stałych cenach przed skorzystaniem z ich usług.

Uważaj na doradców inwestycyjnych polecających określone produkty finansowe; ich celem może nie być Twoja dobra sytuacja finansowa, ale zarobienie prowizji. Biznesplany przedsiębiorców i bankierów inwestycyjnych często okazują się bezwartościowe, ponieważ sprzedawcom zależy wyłącznie na ich własnym interesie; jak mówi stare powiedzenie: „Nigdy nie pytaj fryzjera, czy potrzebujesz strzyżenia".

Zwróć uwagę na tendencje do superreakcji motywacyjnych; gdy zachowanie kogoś lub organizacji Cię zaskakuje, zapytaj, jakie bodźce mogą się za tym kryć, a prawdopodobnie będziesz w stanie z łatwością wyjaśnić 90% przypadków; pozostałe 10% może być pasją, idiotyzmem, psychozą lub złośliwością.

Zobacz także Motywacja Zagęszczenie (rozdz. 56); Wzajemność (rozdz. 6); Efekt nadmiernej pewności siebie (rozdz. 15) – dodatkowe materiały na temat stłoczenia motywacji.

Regresja do średniej

Jego ból pleców wahał się od nasilenia do nasilenia. Niektóre dni były lepsze od innych; bywały dni, w których miał ochotę przenosić góry, a kiedy indziej nawet minimalny ruch był niemożliwy. Kiedy stawało się to problematyczne – co na szczęście zdarzało się rzadko – żona zabierała go do kręgarza; gdy tam dotrze, następnego dnia okaże się, że jest bardziej mobilny i gorąco poleciłby go wszystkim swoim kontaktom.

Inny, młodszy mężczyzna z handicapem golfowym wynoszącym 12, z entuzjazmem zachwycał się swoim instruktorem, u którego rezerwował godzinę za każdym razem, gdy jego gra się pogarszała, a wkrótce potem jego wyniki znacznie się poprawiły.

Doradca inwestycyjny z dużego banku stworzył dziwaczny „taniec deszczu", wykonując go za każdym razem, gdy jego akcje źle radziły sobie w toalecie. Chociaż wówczas wydawało się to absurdalne, czuł się zmuszony to zrobić; i potem zawsze było lepiej.

Tym, co łączy tych trzech mężczyzn, jest błąd znany jako złudzenie regresji do średniej.

Załóżmy, że w Twoim regionie nastąpił niezwykle zimny okres; jest prawdopodobne, że w nadchodzących dniach temperatury będą stopniowo powracać do średniej miesięcznej. To samo prawdopodobnie dotyczy ekstremalnych upałów, suszy lub deszczu: pogoda waha się wokół średniej. Pogoda to tylko jeden ze wskaźników; podobnie jak chroniczny ból, trudności w grze w golfa, wyniki na giełdzie, szczęście w miłości, subiektywny poziom szczęścia i wyniki testów – wszystkie one oscylują wokół pewnego rodzaju średniej. I podobnie w przypadku przewlekłego bólu pleców bez wizyt chiropraktycznych; powrót handicapów do 12 bez dodawania lekcji; Wyniki doradcy inwestycyjnego powracają do przeciętnych wyników rynkowych – niezależnie od tańca w toalecie!

Ekstremalne występy przeplatają się z mniej ekstremalnymi. Nawet najbardziej udane wybory akcji sprzed trzech lat prawdopodobnie nie utrzymają się przez kolejne trzy lata. Można zrozumieć, dlaczego niektórzy sportowcy woleliby unikać trafiania na pierwsze strony gazet. Gazety często donoszą o najlepszych wynikach, jednak podświadomie wiedzą, że następnym razem mogą nie osiągnąć podobnych najlepszych wyników – coś, co nie ma nic wspólnego z uwagą mediów; ale wynika to z naturalnych różnic w wydajności.

Można też rozważyć przypadek kierownika oddziału, który chce podnieść morale pracowników, wysyłając na kurs najmniej zmotywowanych 3% swojej siły roboczej, tylko po to, aby poziom motywacji nie powrócił jak poprzednio (osoby, które uczestniczyły, nie stanowią już tego odsetka – będzie prawdopodobnie będą to inni, a nie oni sami na dole). Czy kurs był tego wart? Trudno powiedzieć, ponieważ poziom motywacji prawdopodobnie powróci do normy nawet bez szkolenia; podobnie jak u pacjentów hospitalizowanych z powodu depresji, którzy często wychodzą z nieco lepszym samopoczuciem, ale równie dobrze mogło to nie mieć żadnego wpływu!

Przykład 2: W Bostonie szkoły osiągające słabe wyniki zostały objęte programem intensywnego wsparcia. W ciągu jednego roku ich wyniki uległy poprawie, co władze przypisały bezpośrednio temu wysiłkowi, a nie naturalnemu regresowi w kierunku średniej.

Cofanie się do średnich może mieć destrukcyjne konsekwencje, prowadząc nauczycieli (lub menedżerów) do przekonania, że dyscyplina jest lepsza od pochwały, na przykład poprzez nagradzanie osób osiągających dobre wyniki i karanie po testach tych, którzy osiągają słabe wyniki. W rezultacie nauczyciele mogą dojść do wniosku, że wyrzuty pomagają, a pochwały przeszkadzają – tworząc powtarzający się cykl, w którym kara pomaga, a pochwała utrudnia wykonanie zadań – zatem ich przekonanie staje się „wyrzut pomaga, a pochwała przeszkadza", co rodzi kolejny błąd, którego nie można uniknąć.

Wnioski: Kiedy słyszę historie typu: „Zachorowałem, odwiedziłem lekarza i stopniowo poczułem poprawę" lub „Nasza firma doświadczyła przez cały rok trudności; dlatego zatrudniliśmy konsultanta i teraz wyniki wróciły do normy", może to wskazywać na regresję do błędu średniego.

Zobacz także Problem ze średnimi (rozdz. 55); Efekt kontrastu (rozdz. 10); Będzie gorzej, zanim będzie lepiej Błąd (rozdz. 12); Przypadek (rozdz. 24); Błąd hazardzisty (rozdz. 29)

Błąd wyniku

Wyobraź sobie milion małp inwestujących na giełdzie; kupowanie i sprzedawanie akcji pozornie losowo – co się dzieje? Po tygodniu około połowa odniesie zysk, a połowa odnotuje straty. Mogą pozostać tylko te małpy, które zarobiły; każdy, kto poniósł straty, powinien zostać odesłany do domu. Po tygodniu połowa nadal będzie na wysokich pozycjach, a połowa doświadczyła strat i będzie musiała zostać odesłana. ten cykl trwa przez cały czas. Po 10 tygodniach pozostanie około 1000 małp, które konsekwentnie mądrze inwestowały swoje fundusze. Po 20 tygodniach pozostanie tylko jedna i ta małpa – będziemy nazywać ją Małpą Sukcesu – konsekwentnie wybierała akcje, na których mogła zarobić i jest teraz miliarderem! Zadzwońmy do niego.

Jak zareagują media? Rzucą się na to zwierzę w poszukiwaniu jego „zasad sukcesu" i bez wątpienia je znajdą: być może małpa je więcej bananów niż inne naczelne; może siedzi w innym kącie swojej klatki; może skacze między gałęziami na oślep, robiąc długie, zamyślone przerwy podczas pielęgnacji; z pewnością musi istnieć jakiś tajemny składnik, który pozwala temu genialnemu wykonawcy przetrwać dwadzieścia tygodni bez wahania? Niemożliwe!

Historia małpy ilustruje stronniczość wyników: mamy tendencję do oceniania decyzji na podstawie ich wyników, a nie procesów, co często nazywa się błędem historyka. Klasycznym przykładem tego błędu byłby atak Japonii na Pearl Harbor; czy jego baza wojskowa powinna zostać ewakuowana przed atakiem? Dzisiaj: Tak. Dowody na nieuchronny atak były przytłaczające; jednakże dopiero z perspektywy czasu sygnały są widoczne. Rok 1941 dostarczył wówczas wielu sprzecznych sygnałów wskazujących na atak; niektórzy to wskazali, inni nie. Aby ocenić jakość tej decyzji na jej początku (tj. przed jej podjęciem), należy wziąć pod uwagę jedynie informacje dostępne w tym momencie; Wszystko, czego dowiemy się po ataku, również musi zostać uwzględnione.

Inny eksperyment wymaga oceny trzech kardiochirurgów. W tym celu każdy jest proszony o wykonanie na sobie pięciu trudnych operacji po kolei.
Z biegiem czasu prawdopodobieństwo śmierci w wyniku tych zabiegów ustabilizowało się na poziomie 20%. Chirurg A nie traci nikogo podczas operacji, chirurg B traci jednego pacjenta, a chirurg C traci dwóch. Jak należy oceniać tych trzech chirurgów względem siebie? Jeśli podobnie jak większość ludzi, ocenianie A jako najlepszego, B jako drugiego najlepszego, a C jako najgorszego, po prostu padasz ofiarą błędu systematycznego wyniku – prawdopodobnie z powodu zbyt małej liczby badanych próbek – co czyni wyniki bezsensownymi. Dokładna ocena chirurga wymaga najpierw zrozumienia jego dziedziny, a następnie uważnej obserwacji podczas przygotowania i wykonywania operacji – innymi słowy, podczas dokonywania takiej

oceny należy ocenić zarówno proces, jak i wynik. Alternatywnie, jeśli jest wystarczająca liczba pacjentów wymagających tej konkretnej operacji – 100 lub 1000 operacji – można zastosować większą próbkę. W chwili obecnej wystarczy zrozumieć, że dla przeciętnego chirurga szansa, że nikt nie umrze, wynosi 33%, szansa, że umrze jedna osoba 41%, a szansa, że umrą dwie osoby, wynosi 20%. jest to proste obliczenie prawdopodobieństwa i nie wykazuje dużej rozbieżności między zerem martwych a dwoma martwymi; ocenianie tych trzech chirurgów wyłącznie na podstawie tych wyników byłoby zarówno zaniedbaniem, jak i nieetycznym.

Wniosek: mądrze jest nie oceniać decyzji wyłącznie na podstawie wyniku, szczególnie gdy rolę odgrywa losowość lub wpływy zewnętrzne. Zły wynik nie oznacza automatycznie złej decyzji i odwrotnie. Dlatego zamiast lamentować nad złymi wyborami lub chwalić się za te, które przyniosły sukces przypadkowo lub przez przypadek, pamiętaj, dlaczego wybrałeś to, co zrobiłeś; czy Twoje powody były racjonalne i zrozumiałe? Jeśli ta metoda działała wcześniej, ale tym razem nie przyniosła rezultatów – trzymaj się jej i zobacz, dokąd jeszcze może prowadzić!

Zobacz także błąd utraconych kosztów (rozdz. 5); Iluzja ciała pływaka (rozdz. 2), błąd widzenia z perspektywy czasu (rozdz. 14) i iluzja umiejętności (rozdz. 94) jako pojęcia pokrewne.

DLACZEGO MNIEJ ZNACZY WIĘCEJ

Ponieważ moja siostra wraz z mężem kupiła niedawno niewykończony dom, możemy mówić jedynie o płytkach łazienkowych: ceramicznych, granitowych, marmurowych, metalowych, kamiennych, laminowanych drewnie i szkle. Moja siostra często wykrzykuje: „Jest po prostu zbyt wiele do wyboru", podnosząc ręce ze złości, po czym wraca do katalogu jako głównego źródła wiedzy.

Z moich badań wynika, że w moim lokalnym sklepie spożywczym dostępnych jest 48 rodzajów jogurtów, 134 rodzaje czerwonego wina i 64 środki czyszczące, co daje w sumie 30 000 artykułów; Amazon może się obecnie pochwalić dwoma milionami tytułów dostępnych dla nich w księgarni internetowej. Obecnie ludzie stoją przed wieloma możliwościami, od zaburzeń psychicznych po karierę, miejsca na wakacje i wybór stylu życia – nigdy wcześniej nie mieli tak dużego wyboru!

W moim rodzinnym domu w Szwajcarii były tylko trzy rodzaje jogurtów, trzy kanały telewizyjne, dwa kościoły, dwa rodzaje sera (łagodny i mocny), pstrąg jako jedyna dostępna ryba i jeden telefon dostarczony przez Pocztę Szwajcarską – z pojedynczą tarczą służąca wyłącznie do wykonywania połączeń telefonicznych - czyniąc życie prostszym dla nas niż dzisiejsze witryny sklepowe wypełnione markami, modelami i opcjami kontraktowymi!

Ale selekcja jest miarą postępu; odróżnia nas to od gospodarek planowych i epoki kamienia. O ile obfitość może uszczęśliwić, przekroczenie jej może zrujnować jakość życia – zjawisko to znane jest jako paradoks wyboru.

Psychoterapeuta Barry Schwartz szczegółowo opisuje w swojej książce pod tym samym tytułem, dlaczego jest to prawdą. Duży wybór może prowadzić do wewnętrznego paraliżu; aby zademonstrować ten efekt, jeden z supermarketów utworzył stoisko, na którym klienci mogli spróbować 24 rodzajów galaretek, które mogli wypróbować przed zakupem po obniżonej cenie. Drugiego dnia eksperymentu, w którym zamiast tego wykorzystano sześć smaków, sprzedaż wzrosła dziesięciokrotnie. Dlaczego? Być może tak duża różnorodność sprawia, że proces decyzyjny jest przytłaczający?
Klienci nie mogli się zdecydować, więc wyszli, nic nie kupując. Eksperyment ten powtórzono kilka razy z różnymi produktami; za każdym razem jednak dawało podobne rezultaty.

Po drugie, szeroki wybór może prowadzić do złych decyzji. Na pytanie młodych ludzi, jakie cechy charakteryzują idealnego partnera życiowego, wielu jako priorytety wymienia inteligencję, dobre maniery, ciepło, umiejętność słuchania, poczucie humoru i atrakcyjność fizyczną. Ale czy te kryteria rzeczywiście są brane pod uwagę przy wyborze kogoś? W przeszłości młodzi mężczyźni ze średniej wielkości wiosek mogli wybierać spośród około dwudziestu dziewcząt w swoim wieku szkolnym, które mógłby rozważyć zamążpójście. Znał ich rodziny, co skłoniło go do podjęcia decyzji w oparciu o szereg wspólnych cech. W dobie randek internetowych każdy z nas ma miliony potencjalnych partnerów. Badania wykazały, że męskie mózgi są przytłoczone przytłaczającą selekcją potencjalnych partnerów, przez co ich proces selekcji zawęża się tylko do jednego kryterium: atrakcyjności fizycznej. Prawdopodobnie dobrze znasz ten proces selekcji z osobistych doświadczeń lub z doniesień medialnych.

Duży wybór może prowadzić do niezadowolenia. Jak możesz mieć pewność, że dokonujesz właściwego wyboru, gdy bombarduje Cię i wprawia w zakłopotanie 200 opcji? Po prostu nie możesz. Większy wybór na wyciągnięcie ręki wiąże się z większą niepewnością i ostatecznie niezadowoleniem.

Co więc powinieneś zrobić? Zanim zaczniesz szukać dostępnych ofert, dokładnie przemyśl kryteria, które Cię interesują, a następnie trzymaj się ich mocno. Należy również pamiętać, że idealne decyzje nie mogą istnieć, biorąc pod uwagę ogrom możliwości wyboru; Zamiast tego dąż do wystarczająco dobrego, a nie perfekcjonizmu! Raczej doceń „wystarczająco dobre" wybory – które mogą obejmować partnerów życiowych (ale tylko ty i ja możemy wybrać dokładnie tych, których chcemy!).

Zobacz zmęczenie decyzją (rozdz. 53); Alternatywna ślepota (rozdz. 71) i efekt domyślny (rozdz. 81) do dalszej lektury.

BARDZO MNIE LUBISZ; NIE CHCESZ MI TEGO POWIEDZIEĆ??!!

Kevin niedawno dokonał impulsywnego zakupu dwóch pudełek doskonałego wina Margaux. Choć zazwyczaj nie pije win z Bordeaux, był oczarowany ich sprzedawcą; nie fałszywy ani nachalny, ale naprawdę przystępny, że zdecydował się kupić dwa etui jako prezenty dla kogoś wyjątkowego.

Joe Girard jest powszechnie uważany za najlepszego sprzedawcę samochodów na świecie. Jego mantra sukcesu: „Nie ma nic bardziej skutecznego w sprzedawaniu czegokolwiek niż przekonanie klientów, że są ważni i że naprawdę doceniasz ich jako ludzi". Zamiast po prostu rozmawiać, Girard używa kart z jednym zdaniem czytanym na głos co miesiąc, aby pokazać swoje uczucie: lubię cię"

Zjawisko tendencji do sympatii jest zdumiewająco proste do uchwycenia, a mimo to często stajemy się jego ofiarą. Mówiąc najprościej, oznacza to, że im bardziej kogoś lubimy, tym większe jest prawdopodobieństwo, że kupimy lub pomożemy tej osobie. Można jednak zapytać, co dokładnie oznacza „sympatyczny". Według badań postrzegamy ludzi jako przyjemnych, jeśli A) mają atrakcyjne cechy, B) mają podobne pochodzenie lub zainteresowania jak my i C) podzielają nasze zainteresowania. W reklamach często pojawiają się atrakcyjni ludzie. Brzydcy ludzie wydają się nieprzyjaźni i nawet nie dają sobie rady (patrz A). W reklamie zatrudniani są także „ludzie tacy jak my", czyli tacy, którzy mają podobny wygląd, akcent czy pochodzenie – im bardziej podobni, tym lepiej! Mirroring to skuteczna technika sprzedaży, która pozwala osiągnąć dokładnie taki efekt. Tutaj sprzedawca stara się odzwierciedlić gesty, język i mimikę swojego potencjalnego klienta, aby osiągnąć maksymalny efekt. Jeśli kupujący mówi powoli i cicho, często drapiąc się po głowie, rozsądne byłoby, aby sprzedawca zrobił to samo, zwiększając w ten sposób swoje szanse na zawarcie transakcji biznesowej. Reklamodawcy często w ramach swojej oferty sprzedażowej wykorzystują komplementy: jak często słyszałeś, jak reklamy mówiły coś w stylu: „Zasługujesz na to!"? Ponownie w grę wchodzi czynnik C – ludzie uważają nas za bardziej atrakcyjnych, jeśli nas lubią; komplementy działają magicznie, nawet jeśli brzmią fałszywie.

Marketing wielopoziomowy (sprzedaż za pośrednictwem sieci osobistych) opiera się wyłącznie na zdolności przyciągania sympatii. Mimo że na rynku dostępne są doskonałe pojemniki plastikowe, marketing wielopoziomowy nadal działa w oparciu o sympatię. Tupperware może poszczycić się rocznym obrotem na poziomie dwóch miliardów dolarów, dzięki przystępnym cenom detalicznym i przyjaznym przyjęciom organizowanym przez przyjaciół, którzy doskonale spełniają oba standardy życzliwości.

Agencje pomocowe wykorzystują skłonność do sympatii na swoją korzyść. W kampaniach prawie wyłącznie biorą udział uśmiechnięte dzieci i kobiety; nigdy nie zobaczysz rannego partyzanta o kamiennej twarzy, spoglądającego znad billboardów, mimo że on również potrzebuje twojego wsparcia. Organizacje zajmujące się ochroną przyrody stosują podobne techniki; nie szukaj dalej niż jakakolwiek broszura World Wildlife Fund przedstawiająca pająki, robaki, algi lub bakterie w roli gwiazd – mimo że te zagrożone stworzenia mogą być tak samo istotne dla ekosystemu jak pandy, goryle, koale czy foki! Ale nic nie czujemy do tych stworzeń - zamiast tego łączymy się silniej ze stworzeniami, które zachowują się podobnie i zachowują się podobnie do nas, niż coś wymarłego, jak wymarła mucha szypera kości... a szkoda!

Politycy są mistrzami w tworzeniu atmosfery sympatii wśród swoich odbiorców. Na podstawie analizy demograficznej i zainteresowań dopasowują komunikaty do obszaru zamieszkania, pochodzenia społecznego lub kwestii ekonomicznych i schlebiają nam: każdy potencjalny wyborca czuje się niezastąpiony, słysząc słowa takie jak: „Twój głos się liczy!" i nawet wtedy tylko w najmniejszym ułamku – czasami na granicy nieistotności!

Jeden z moich znajomych, który zajmuje się pompami ropy związanymi z rurociągami, opowiedział mi, jak skutecznie sfinalizował ośmiocyfrowy kontrakt na rurociąg w Rosji, nie korzystając przy tym z łapówek. "Łapówkarstwo?" Zapytałem, na co mój przyjaciel odpowiedział, że nie: zaczęli rozmawiać o żeglowaniu i nagle odkryli, że oboje uwielbiamy żeglować na pontonie 470! Od tego momentu ich umowa była kompletna, a polubowność była znacznie lepsza niż przekupstwo".

Jeśli więc jesteś sprzedawcą, spraw, by kupujący pomyśleli, że ich lubisz, pochlebstwami lub w inny sposób. Jeśli chodzi o konsumenta, zawsze oceniaj produkty obiektywnie, niezależnie od tego, kto im je sprzedał – wyrzuć z głowy sprzedawców, udając, że ich nie lubisz!
Zobacz Wzajemność (rozdz. 6); Personifikacja (rozdz. 87) do dalszej lektury na te tematy.

Efekt wyposażenia Byłem oszołomiony, gdy zobaczyłem BMW, które stało dumnie na parkingu salonu samochodów używanych, lśniące jak nowe, mając zaledwie kilka mil na liczniku i wyglądające jak nowe. Według mnie był wart około 40 000 dolarów. Niestety, sprzedawca chciał 50 tys. dolarów i nie ustąpił ani o krok z ceny. Zdecydowałem się na to, kiedy zadzwonił w następnym tygodniu i powiedział, że zamiast tego przyjmie 40 000 dolarów, wyjedzie nim po raz pierwszy tego dnia i zatrzyma się na stacji benzynowej, gdzie właściciel wyszedł i podziwiał mój samochód – tylko po to, żeby mógł zaoferuj mi 53 000 dolarów w gotówce od razu! Nie trzeba dodawać, że grzecznie odmówiłem. W drodze do domu stało się dla mnie jasne, jak absurdalna była moja decyzja: w moim posiadaniu znalazł się przedmiot wart 40 000 dolarów, który natychmiast stał się wart ponad 53 000 dolarów! Gdyby jednak moje myślenie kierowało się wyłącznie racjonalnością, samochód zostałby natychmiast sprzedany – ale niestety dla mnie z powodu czegoś, co nazywa się efektem wyposażenia (kiedy przedmioty stają się cenniejsze, gdy już je posiadamy), w związku z czym mamy tendencję do pobierania wyższych opłat podczas sprzedaży przedmiotu niż w przypadku bezpośredniego zakupu.

Psychoterapeuta Dan Ariely przeprowadził eksperyment, aby sprawdzić tę teorię: na jednych ze swoich zajęć rozlosował bilety na ważny mecz koszykówki i przeprowadził wśród uczniów ankietę, aby ocenić, jak je oceniają; szacunkowa wartość studentów z pustymi rękami wynosi około 170 dolarów; jednakże zwycięscy uczniowie nigdy nie sprzedaliby swoich biletów poniżej średniej ceny sprzedaży wynoszącej 2400 dolarów – posiadanie wiąże się z wyższymi cenami sprzedaży niż oczekiwano.

Nieruchomości od dawna wykazują efekt wyposażenia. Sprzedający przywiązują się emocjonalnie do swoich domów, co często powoduje, że przeceniają ich wartość i oczekują, że kupujący zapłacą więcej, niż pozwala na to cena rynkowa – co po prostu nie może mieć miejsca, ponieważ ta nadwyżka reprezentuje wyłącznie wartość sentymentalną.

Richard Thaler przeprowadził otwierający oczy eksperyment w klasie na Uniwersytecie Cornell, aby zmierzyć efekt wyposażenia. Rozdał losowo kubki do kawy połowie swoich uczniów, mówiąc im, że mogą je zabrać lub sprzedać po żądanej cenie; następnie zapytano osoby nieposiadające takiego urządzenia, ile byłyby skłonne za nie zapłacić; w skrócie, Thaler zmierzył tak zwany efekt wyposażenia.
Stwórz rynek kubków do kawy. Można założyć, że około 50% studentów dokonałoby handlu, sprzedając lub kupując. Ale wynik był znacznie niższy; tylko 1 na 4 właścicieli sprzedawał poniżej 5,25 dolara, podczas gdy kupujący zazwyczaj nie płacili więcej niż 2,25 dolara za kubek.

Można śmiało powiedzieć, że ludzie lepiej zbierają rzeczy, niż je wyrzucają, co wyjaśnia zarówno, dlaczego gromadzimy w domach tyle bałaganu, jak i to, dlaczego kolekcjonerzy znaczków, zegarków i dzieł sztuki rzadko rozstają się ze swoim cennym dobytkiem.

Co zaskakujące, efekt obdarowania rozciąga się nie tylko na posiadanie, ale także na prawie posiadanie. Domy aukcyjne, takie jak Christie's i Sotheby's, czerpią korzyści z tego zjawiska: ludzie licytujący do ostatniej chwili czują, że przedmiot jest praktycznie ich własnością i są gotowi zapłacić znacznie więcej, niż planowali; wbrew wszelkiej logice wszelkie wycofanie się z licytacji jest postrzegane jako strata. Duże aukcje, takie jak aukcje dotyczące praw do wydobycia lub częstotliwości radiowe, często charakteryzują się „przekleństwem zwycięzcy", w wyniku którego początkowy zwycięzca w rzeczywistości ponosi straty ekonomiczne, gdy zostaje złapany przez zawziętość licytacyjną i przebijanie ofert. Więcej informacji na ten temat można znaleźć w rozdziale 35!

Analogiczne zjawisko można zaobserwować na rynku pracy. Jeśli ubiegasz się o pracę i nie otrzymasz żadnej informacji zwrotnej lub zostaniesz odrzucony na etapie rozmowy kwalifikacyjnej, Twoje rozczarowanie może się jeszcze bardziej spotęgować, jeśli zaangażujesz się emocjonalnie w coś, co w przeciwnym razie mogłoby być rutynowym procesem selekcji. Albo dostaniesz tę pracę, albo nie; nic innego nie powinno mieć znaczenia.

Wniosek: nie przywiązuj się do obiektów fizycznych; postrzegaj je jako tymczasowe dary od wszechświata, które mogą szybko zniknąć bez uprzedzenia. Pamiętaj o tym i ciesz się tą małą ilością czasu, która Ci pozostała.
Zobacz także Efekt pieniądza domowego (rozdz. 84); Błąd utopionych kosztów (rozdz. 5); Klątwa zwycięzcy (rozdz. 35); Efekt kontrastu (rozdz. 10); Niechęć do straty (rozdz. 32); Dysonans poznawczy (rozdz. 50); Syndrom „Nie tu wymyślono" (rozdz. 74) i strach przed żalem (rozdz. 82)

Nieuchronność nieprawdopodobnych zdarzeń

Zbieg okoliczności

W dniu 1 marca 1950 r. o godzinie 19:15 w Beatrice w Nebrasce zaplanowano próbę 15 członków chóru kościelnego. Z różnych powodów wszyscy spóźnili się z harmonogramem; zwłaszcza, że rodzina pastora zwlekała z prasowaniem sukienki córki. O 19:25 kościół eksplodował, wywołując falę uderzeniową w wiosce i niszcząc ściany i dach. Cudem nikt nie zginął w wyniku wybuchu, który komendant straży pożarnej przypisał wyciekowi gazu, nawet jeśli członkowie chóru wierzyli, że była to boska interwencja lub zwykły zbieg okoliczności.

Coś w zeszłym tygodniu przypomniało mi Andy'ego, starego przyjaciela ze szkoły, z którym nie rozmawiałem od jakiegoś czasu. Ku mojemu zdumieniu i zaskoczeniu, właśnie wtedy zadzwonił mój telefon, a nie rozmawiał z nim nikt inny jak Andy! — Musisz mieć telepatię! Czy mój okrzyk był pełen podniecenia, gdy podniosłem słuchawkę, żeby odpowiedzieć... Ale czy to był zbieg okoliczności, czy telepatia?

5 października 1990 r. The San Francisco Examiner doniósł, że Intel pozwie do sądu swojego rywala AMD po odkryciu, że planuje wypuścić chip komputerowy o akronimie znanym jako AM386, wyraźnie nawiązującym do chipa Intel 386. Intel dowiedział się o zamiarach AMD tylko przez przypadek: obie firmy zatrudniały osobę o nazwisku Mike Webb; obaj mężczyźni wymeldowali się z tego samego hotelu tego samego dnia po wspólnym pobycie; recepcja otrzymała paczkę przeznaczoną dla Mike'a Webba, ale zamiast tego wysłała ją do firmy Intel, gdzie została natychmiast przekazana do analizy prawnej i natychmiastowych podjęcia działań przeciwko AMD przez prawników działu prawnego z działów prawnych obu firm.

Jak prawdopodobne są takie opowieści? Szwajcarski psychiatra C.G. Jung widział w nich dowód niewidzialnej siły, którą nazwał synchronicznością; Jak racjonalnie myślący powinni podejść do takich historii? Najlepiej papierem i ołówkiem; na przykład w przypadku eksplozji kościoła rozważ narysowanie czterech ramek przedstawiających potencjalne skutki, z których pierwsza przedstawia to, co faktycznie miało miejsce: opóźnienie chóru i eksplozja kościoła (w rzeczywistości); te cztery ramki mogą zatem przedstawiać cztery możliwe zdarzenia: (1) opóźnienie chóru przed eksplozją kościoła (2) możliwe opóźnienia chóru bez wystąpienia eksplozji (3) możliwe zdarzenia odwołania chóru mające miejsce pomiędzy opóźnieniami chóru przed eksplozją kościoła (w rzeczywistości dokładnie to miało miejsce) miejsce) przed jego zniszczeniem (opóźnienie próby chóru, eksplozja kościoła). Istnieją cztery możliwości podejścia do takich relacji za pomocą papieru i ołówka: 1) Chór opóźnił próbę, po czym nastąpił wybuch w kościele (tj.

Oszacuj częstotliwość tych wydarzeń i wpisz je w odpowiednie pola, zwracając szczególną uwagę na to, jak często zdarzało się, że „chór na czas, a kościół nie eksplodował"; zwróć uwagę, jak często miliony chórów spotykają się na próbach i nie spotykają się z podobnymi okolicznościami, jak te, które miały miejsce w Beatrice w Nebrasce (co może się zdarzyć raz na sto lat lub częściej w oparciu o statystyczne prawdopodobieństwo), więc nie może być żadnej boskiej interwencji (poza tym wydaje się raczej głupie, że Bóg chce wysadzić kościół w powietrze!)

Zastosuj to myślenie do rozmów telefonicznych: pomyśl o wszystkich sytuacjach, w których „Andy" myśli o Tobie, ale nie dzwoni; kiedy o nim myślisz, ale on nie dzwoni; lub gdy żadne z was o nich nie myśli, a oni mimo to dzwonią?... Może się zdarzyć wiele sytuacji, gdy żadne z nich w ogóle o sobie nie myśli - a jednak w końcu ktoś odbiera i dzwoni, zwłaszcza gdy ma do wyboru 100 znajomych!

Oszacowanie prawdopodobieństwa może być trudne. Kiedy ktoś mówi „nigdy", zwykle rejestruję to jako szacunkową wartość wyższą od zera, ponieważ „nigdy" nigdy nie może zostać zrekompensowane ujemnym prawdopodobieństwem.

Nie dajmy się więc ponieść emocjom: mało prawdopodobne zbiegi okoliczności są rzeczywiście zdarzeniami mało prawdopodobnymi, ale całkowicie możliwymi; ich wygląd nie powinien być zaskoczeniem; co byłoby zaskakujące, gdyby nigdy się nie zmaterializowały.

Zobacz także: Fałszywa przyczynowość (rozdz. 37); Błąd potwierdzenia (rozdziały 7-8); Regresja do średniej (rozdz. 19); Iluzja kontroli (rozdz. 17) i Iluzje grupujące (rozdz. 3).

Czy kiedykolwiek doświadczyłeś myślenia grupowego podczas spotkania? Z pewnością. Siedzenie tam, cicho kiwanie głową i nadzieja, że nie będziesz ciągłym głosem sprzeciwu, jest trudne, gdy wszyscy wokół się zgadzają, więc decydujesz się nie zabierać głosu. Niestety, w grę wchodzi myślenie grupowe: kiedy wszyscy członkowie zachowują się w ten sposób, podejmują lekkomyślne decyzje, ponieważ wszyscy zgadzają się ze swoimi opiniami, co wydaje się być konsensusem, mimo że poszczególni członkowie wiedzą lepiej; z kolei skutkuje to przyjęciem wniosków, które w przeciwnym razie nie zostałyby przyjęte bez wywierania presji ze strony rówieśników – efekt ten obszernie omówiliśmy w Rozdziale 4.

W marcu 1960 roku tajne służby USA rozpoczęły rekrutację antykomunistycznych uchodźców z Kuby mieszkających w Miami jako broni przeciwko reżimowi Fidela Castro. Zaledwie kilka dni po objęciu urzędu prezydent Kennedy został poinformowany o tajnym planie inwazji na Kubę. Trzy miesiące później na kluczowym spotkaniu w Białym Domu, w którym uczestniczył Kennedy i jego doradcy, wszyscy głosowali za inwazją. 17 kwietnia 1961 r. 1400 Kubańczyków na wygnaniu wylądowało w Zatoce Świń na południowym wybrzeżu Kuby przy wsparciu Marynarki Wojennej Stanów Zjednoczonych, Sił Powietrznych i sił CIA. Początkowo wszystko szło zgodnie z planem, gdy próbowali obalić rząd Castro. Jednak pierwszego dnia żaden statek zaopatrzeniowy nie dotarł na Kubę; dwa zostały zatopione przez kubańskie siły powietrzne, zanim dwa kolejne wróciły do domu – wszyscy zawrócili, zawrócili lub w ogóle uciekli z powrotem do Ameryki. Drugiego dnia Castro otoczył i całkowicie zniszczył ich brygadę. Trzeciego dnia wszystkich 1200 ocalałych schwytano i przetrzymywano w więzieniach wojskowych. Inwazja prezydenta Kennedy'ego na Zatokę Świń jest powszechnie uważana za jeden z najgorszych błędów amerykańskiej polityki zagranicznej; jego koncepcja i realizacja wydają się absurdalne nawet teraz. Wszystkie założenia na rzecz inwazji były fałszywe; na przykład Kennedy i jego zespół znacznie nie docenili sił powietrznych Kuby. W ramach strategii awaryjnej planowano również, że w przypadku wybuchu epidemii brygada będzie mogła uciec do gór Escambray i stamtąd prowadzić podziemną wojnę przeciwko Castro. Szybkie spojrzenie na mapę pokazuje, że ta potencjalna bezpieczna przystań znajdowała się 160 km od Zatoki Świń, co zapewniało dużą osłonę.
Ale Kennedy i jego doradcy posiadali niezwykłą inteligencję jak na kierownictwo amerykańskiego rządu. Co zatem poszło nie tak pomiędzy styczniem a kwietniem 1961 roku?

Profesor psychologii Irving Janis przeprowadził szeroko zakrojone badania licznych niepowodzeń. Znalazł wspólny temat: zgrane grupy rozwijają ducha zespołowego poprzez (nieświadome) tworzenie iluzji. Jednym z takich złudzeń jest poczucie niezwyciężoności: jeśli zarówno nasz przywódca [Kennedy], jak i grupa są pewni, że nasz plan zadziała, szczęście powinno nam się przytrafić. Jednomyślność pomaga również stworzyć to złudzenie: jeśli wszyscy się w czymś zgadzają, wszelkie rozbieżne poglądy muszą być nieważne. Nikt nie lubi być osobą, która zakłóca jedność zespołu. Poszczególne osoby na ogół cenią sobie fakt, że są włączane, więc wyrażenie sprzeciwu może oznaczać wykluczenie; takie wygnanie prawdopodobnie oznaczałoby śmierć naszego gatunku, stąd nasz silny instynkt pozostania częścią grupy.

Myślenie grupowe w biznesie nie jest niczym nowym, o czym świadczy Swissair. W tym przypadku grupa wysoko opłacanych konsultantów poparła swojego byłego dyrektora generalnego i opracowała strategię ekspansji obarczoną wysokim ryzykiem (która obejmowała zakup kilku europejskich linii lotniczych). Ponieważ ich gorliwość doprowadziła do przytłaczającego konsensusu w zespole, tłumiono nawet racjonalne zastrzeżenia aż do jego upadku w 2001 roku.

Jeżeli kiedykolwiek znajdziesz się w środowisku, w którym wszyscy zgadzają się we wszystkim, zabieranie głosu powinno być nie tylko tolerowane, ale wręcz mile widziane; kwestionowanie milczących założeń nawet pod groźbą wydalenia może również pomóc przełamać stagnację myślenia i nawiązać znaczący dialog. Jako lider rozważ wyznaczenie kogoś na adwokata diabła. Chociaż może nie jest najpopularniejszym członkiem, ale może okazać się najbardziej korzystna.

Zobacz też: Dowód społeczny (rozdz. 4); Próżniactwo społeczne (rozdz. 33); Błąd w grupie zewnętrznej (rozdz. 79) i błąd planowania (rozdz. 91).

DLACZEGO WKRÓTCE BĘDZIESZ GRAĆ W MEGATRYLIONY

ZANIEDBANIE PRAWDOPODOBIEŃSTWA

Wyobraź sobie dwie gry losowe, z których każda oferuje Ci równe szanse na wygranie 10 milionów dolarów; który byś wybrał? Zwycięstwo w pierwszym odmieniłoby Twoje życie; możesz rzucić pracę, zwolnić szefa i żyć ze swoich wygranych; dla kontrastu, wygrana 10 000 dolarów zapewniłaby ci zwolnienie z pracy podczas niezapomnianego urlopu na Karaibach bez obawy, że wkrótce potem twoja pocztówka wróci do pracy – prawdopodobieństwo, że w obu przypadkach będzie to jeden do 100 milionów, więc co byś wybrał? Prawdopodobieństwo każdego z nich wynosi 1/10000! Którą grę wybierasz?

Emocje często powodują, że wybieramy jedną grę zamiast drugiej, pomimo obiektywnej oceny ich szans (oczekiwane prawdopodobieństwo wygranej razy). Zatem trend zmierza w stronę coraz większych jackpotów, takich jak Mega Millions, Mega Billions lub Mega Trillions, niezależnie od małych szans.

W eksperymencie przeprowadzonym w 1972 roku uczestników podzielono na dwie grupy; osoby przydzielone do jednej zostały poinformowane, że mogą doświadczyć porażenia prądem elektrycznym, natomiast osoby przydzielone do drugiej zostały poinformowane, że ryzyko takiego zdarzenia wynosi tylko 50%. Na krótko przed rozpoczęciem badacze mierzyli niepokój fizyczny (tętno, nerwowość i pocenie się). To, co odkryli, było zdumiewające: nie było absolutnie żadnej różnicy w poziomie stresu w żadnej z grup – wszyscy uczestnicy obu byli równie przytłoczeni zmartwieniami. Następnie badacze ogłosili serię spadków prawdopodobieństwa szoku dla drugiej grupy: z 50% do 20%, a następnie 10% i ostatecznie 5%. Jednak nie można było zauważyć żadnej różnicy! Kiedy jednak obu grupom powiedziano, że zamierzają zwiększyć siłę oczekiwanego prądu, poziom niepokoju ponownie wzrósł – mniej więcej w tym samym stopniu. Pokazuje to, jak reagujemy na zdarzenia w oparciu o oczekiwaną wielkość, a nie ich prawdopodobieństwo; brakuje nam intuicyjnego zrozumienia prawdopodobieństwa.

Zaniedbanie prawdopodobieństwa prowadzi do błędów w podejmowaniu decyzji. Inwestujemy w start-upy, bo ich potencjalne zyski nas interesują, a zaniedbujemy (lub jesteśmy zbyt leniwi) sprawdzania, czy nowe firmy rzeczywiście osiągają taki wzrost. Lub po obszernych doniesieniach medialnych na temat katastrofy lotniczej odwołujemy loty, nie biorąc pod uwagę w pełni naszych możliwości.
Ponieważ krach jest mało prawdopodobny (i dlatego nie powoduje zmiany ich zysków), inwestorzy-amatorzy często porównują inwestycje wyłącznie na podstawie rentowności – na przykład akcje Google z oczekiwaną stopą zwrotu na poziomie 20% są postrzegane jako dwa razy bardziej pożądane niż nieruchomości z stopą zwrotu na poziomie 10% ich umysły.

Niestety, takie podejście pomija ryzyko, którego nasza naturalna intuicja nie podpowiada nam, abyśmy go właściwie rozważyli.

Wracając do eksperymentu z porażeniem prądem: w grupie B prawdopodobieństwo otrzymania porażenia prądem stopniowo zmniejszało się z 5% do 4% do 3%, aż prawdopodobieństwo osiągnęło zero; dopiero wtedy grupa B zareagowała inaczej niż grupa A; wydawało się to nieskończenie lepsze niż ryzykowanie nawet 1%!

Przetestujmy to, rozważając dwa podejścia do uzdatniania wody pitnej. Załóżmy, że rzeka ma dwa równie duże dopływy, oba uzdatniane metodami A i B, które zmniejszają ryzyko wymarcia w wyniku skażenia odpowiednio o 5 do 2 punktów procentowych; oraz B, który zmniejsza je z 1 punktu procentowego do zera, eliminując je całkowicie, tj. całkowicie eliminując zagrożenie. Dla większości ludzi rozsądne wydaje się wybranie opcji B; byłoby to jednak głupie, biorąc pod uwagę, że w przypadku środka A umiera trzy razy mniej ludzi niż w przypadku środka B; natomiast metoda A jest trzy razy lepsza! Ten błąd jest znany jako błąd zerowego ryzyka

Charakterystycznym przykładem jest amerykańska ustawa o żywności z 1958 r., która zakazała żywności zawierającej czynniki rakotwórcze, aby osiągnąć zerowe ryzyko raka. Choć początkowo skuteczny, zakaz ten doprowadził do wprowadzenia bardziej niebezpiecznych (ale nierakotwórczych) dodatków do żywności. Paracelsus wykazał w XVI wieku, że zatrucie jest zawsze kwestią dawkowania, co sprawia, że jakiekolwiek prawo zabraniające zatrucia jest w zasadzie nieskuteczne, ponieważ nie ma możliwości wyeliminowania każdej zakazanej cząsteczki z produktów spożywczych. Każde gospodarstwo musiałoby funkcjonować jak hipersterylna fabryka chipów komputerowych, a koszty żywności poszybowałyby w górę; z ekonomicznego punktu widzenia zerowe ryzyko rzadko ma sens; z wyjątkiem śmiertelnych wirusów uciekających z laboratoriów biotechnologicznych lub silnych burz niszczących uprawy rolne.

Ludziom brakuje intuicyjnego zrozumienia ryzyka i dlatego słabo rozróżniają zagrożenia. Postrzegamy wzrost ryzyka jako mniej uspokajający, gdy mamy do czynienia z tematem emocjonalnym, takim jak radioaktywność; dwóch badaczy z Uniwersytetu w Chicago wykazało to odkrycie.
Strach przed skażeniem toksycznymi chemikaliami jest często irracjonalną reakcją; mimo to pozostaje zrozumiały.

Zobacz także błąd dostępności (rozdz. 11); Zaniedbanie stawki podstawowej (rozdz. 28), Problem ze średnimi (rozdz. 55), Błąd w przeżywaniu (rozdz. 1), Iluzja kontroli (rozdz. 17) Wykładniczy wzrost (rozdz. 34) i niechęć do dwuznaczności (rozdz. 80).

DLACZEGO Z OSTATNIEGO CIASTKA W SŁOIKU WYDAJE SIĘ WODA Z USTA

Któregoś wieczoru u mojej przyjaciółki na kawę trójka jej dzieci zaczęła mocować się na podłodze, a my ze wszystkich sił staraliśmy się nawiązać z nimi rozmowę, podczas gdy ich ciała walczyły o to, kto wyciągnie ostatnią kulkę z mojej torby ze szklanymi kulkami – przypomniałem sobie, że przyniosłem niektórzy i rozłożyli je w nadziei, że będą się razem pokojowo bawić; Ku mojemu niedowierzaniu wybuchła gorąca kłótnia! To, co się wydarzyło, było całkowicie nieoczekiwane: wśród wielu niebieskich kulek była tylko jedna niebieska, za którą dzieci się starały; wszystkie inne kulki miały dokładnie takie same rozmiary i jasność, ale jedna niebieska kulka miała tę zaletę, że była jedyna w swoim rodzaju; rozśmieszyło mnie na głos, jak dziecinne mogą być dzieci!

Gdy tylko usłyszałem, że Google uruchomi swoją usługę e-mail w sierpniu 2005 roku, wiedziałem, że jej chcę (co ostatecznie zrobiłem). Jednak w tamtym czasie liczba nowych kont była bardzo ograniczona i przyznawana tylko na zaproszenie – to jeszcze bardziej potęgowało moje pragnienie! Nie żebym potrzebował kolejnego konta e-mail (miałem już wtedy cztery); nie dlatego, że Gmail był lepszy od konkurencji; tylko, że nie każdy miał do niego dostęp, co jeszcze bardziej spotęgowało moją ochotę na niego! Kiedy patrzę wstecz, uśmiecham się; dorośli czasem potrafią być dziecinni!

Rara sunt cara, jak mówili Rzymianie. Rzadkie jest cenne. Rzeczywiście, ludzkość od dawna cierpiała z powodu błędnego postrzegania niedoboru. Mój przyjaciel z trójką dzieci pracuje na pół etatu jako agent nieruchomości; ilekroć ma potencjalnych nabywców, którzy nie mogą się zdecydować pomiędzy dwiema opcjami nieruchomości, dzwoni i mówi, że „Wczoraj odwiedził ją lekarz z Londynu”. „Bardzo mu się podobało. A co z tobą, nadal jesteś zainteresowany?”. Lekarz z Londynu (czasem może to być także profesor lub bankier) jest oczywiście fikcyjny; jednak jego skutki mogą być bardzo realne: potencjalni klienci dostrzegają znikającą przed nimi szansę i szybko działają, aby sfinalizować transakcję, ponownie ze względu na potencjalny niedobór podaży; tej sytuacji nie da się obiektywnie wytłumaczyć, bo albo chcą ziemię za ustaloną cenę, albo nie; niezależnie od ewentualnych fikcyjnych lekarzy z Londynu, którzy mogliby się pojawić.

Profesor Stephen Worchel podzielił uczestników na dwie grupy w celu sprawdzenia jakości ciastek: jedna otrzymała całe pudełko, a druga tylko trochę.
Podgrupa B obejmowała tylko dwa ciasteczka; osoby te poproszone o ocenę ich jakości znacznie przewyższyły osoby z Grupy 1. Eksperyment powtarzano kilka razy, za każdym razem uzyskując podobne wyniki.

W reklamach często zachwala się: „Tylko do wyczerpania zapasów". Plakaty często ostrzegają nas, abyśmy działali szybko, gdy pojawią się błędy związane z niedoborami. Właściciele galerii korzystają z tego błędu, umieszczając czerwone kropki „sprzedane" pod większością obrazów, dzięki czemu pozostałe rzadkie i pożądane dzieła stają się jeszcze bardziej pożądane, tworząc w ten sposób błędy związane z rzadkością, które należy szybko wyłapać, zanim staną się rzadszymi przedmiotami, które należy złapać szybko. Kolekcjonerzy znaczków, entuzjaści monet i entuzjaści zabytkowych samochodów często zbierają znaczki, monety i samochody, mimo że nie służą one już praktycznemu zastosowaniu - atrakcja wynika raczej z błędów niedoboru niż z czegokolwiek praktycznego! To wszystko się sumuje.

Uczniowie zostali poinstruowani, aby ułożyć 10 plakatów według atrakcyjności – przy założeniu, że później będą mogli zatrzymać jeden w nagrodę za udział. Pięć minut później zostali poinformowani, że jeden nie był dostępny, a trzy były niedostępne z powodu wycofania ich przez personel ochrony. Następnie poproszono ich o przejrzenie od zera wszystkich dziesięciu plakatów, przy czym jeden, który już nie istniał, nagle stał się najpiękniejszym. Psychologowie nazywają to zjawisko reaktancją: w obliczu wyborów, których nie możemy dokonać, nasz mózg często reaguje, przypisując większą atrakcyjność alternatywnym, które już nie istnieją – jest to akt sprzeciwu wobec utraty kontroli nad opcją. Efekt Romea i Julii jest dobrze znany: zakazany romans między nastolatkami szekspirowskimi prowadzi ich do niepohamowanej tęsknoty, która nie zna granic. Niekoniecznie mają one charakter romantyczny – w Ameryce imprezy studenckie są pełne zdesperowanych, pijanych studentów ze względu na zakaz spożywania alkoholu przez nieletnich.

Wniosek: W odpowiedzi na niedostatek większość ludzi podejmuje decyzje, nie myśląc jasno. Dokonując zakupów i podejmując decyzje wyłącznie na podstawie analizy kosztów i korzyści, wszelkie oznaki wskazujące, że dany produkt może szybko zniknąć, nie powinny mieć znaczenia; nie powinni też interesować się londyńscy lekarze.
Uwagi na temat efektu kontrastu (rozdz. 10); Strach przed żalem (rozdz. 82) i efekt pieniędzy domowych (rozdz. 84) Aby uzyskać lepszy wgląd, słysząc tętno kopyt, nie spodziewaj się zebry!

ZANIEDBANIE STAWKI PODSTAWOWEJ

Wyobraź sobie Marka, chudego mężczyznę z Niemiec w okularach, który lubi słuchać Mozarta. Czy najprawdopodobniej jest to: A) kierowca ciężarówki w Niemczech, czy B) profesor literatury we Frankfurcie? Większość zgadnie B, co byłoby błędne, ponieważ w Niemczech jest 10 000 razy więcej kierowców ciężarówek niż profesorów literatury, co oznacza, że raczej powinien być kierowcą ciężarówki! Nasze umysły dały się zwieść szczegółowym opisom, które odwodziły nas od statystycznej rzeczywistości; naukowcy nazywają ten błąd logiczny zaniedbaniem stopy bazowej, co odwodzi nas od uwzględnienia podstawowych poziomów dystrybucji – jest to jeden z najczęstszych błędów w rozumowaniu! Wielu dziennikarzy, ekonomistów i polityków regularnie pada jego ofiarą, co skutkuje podejmowaniem błędnych decyzji przy podejmowaniu założeń dotyczących tego, jaki wynik może nastąpić, z ignorowania naszych założeń dotyczących podstawowych poziomów dystrybucji przy podejmowaniu decyzji, które mogą nas sprowadzić na tę drogę!

Oto inny scenariusz, w którym młody mężczyzna zostaje śmiertelnie pchnięty nożem: która opcja jest bardziej prawdopodobna? A) napastnikiem może być nielegalny rosyjski imigrant importujący nielegalnie noże bojowe lub B) napastnik pochodzi z Ameryki z klasy średniej i importuje te noże nielegalnie – opcja B jest znacznie bardziej prawdopodobna, biorąc pod uwagę, że Amerykanów z klasy średniej jest o wiele więcej niż rosyjskiego noża importerzy.

Zaniedbanie stawki podstawowej odgrywa kluczową rolę w medycynie. Na przykład migrena może wskazywać na wszystko, od infekcji wirusowej lub guza mózgu po problemy z sercem; Aby zapewnić pacjentowi dobre samopoczucie, lekarze zazwyczaj najpierw oceniają go pod kątem infekcji wirusowych, a następnie przeprowadzają badania w kierunku nowotworów. Mieszkańcy szkół medycznych spędzają dużo czasu na oczyszczaniu zaniedbań ze stawki podstawowej; jedno motto często powtarzane przyszłym lekarzom w USA brzmi: „Kiedy usłyszysz tętent kopyt za sobą, nie spodziewaj się, że zobaczysz zebrę!". co oznacza: najpierw zbadaj bardziej prawdopodobne dolegliwości, zanim postawisz diagnozę egzotycznych, nawet jeśli wymaga tego specjalizacja.

Lekarze są jedynymi profesjonalistami mającymi dostęp do tak szeroko zakrojonych szkoleń; niestety niewiele osób w biznesie otrzymuje takie przedstawienie. Często jestem podekscytowany, gdy czytam świetne plany biznesowe przedsiębiorców, którzy mogą stać się drugim Google! Jednak po bliższym przyjrzeniu się zdaję sobie sprawę, że prawdopodobieństwo, że ich firma przetrwa pierwsze pięć lat, wynosi tylko 20%. stąd ich prawdopodobieństwo przeżycia musi również odzwierciedlać tę rzeczywistość.

Warren Buffett wyjaśnił kiedyś, dlaczego nie inwestuje w firmy biotechnologiczne: „Ile z tych firm osiąga obroty rzędu kilkuset milionów dolarów? To się po prostu nie zdarza?...? Najbardziej prawdopodobny scenariusz dla tych firm prawdopodobnie pozostanie gdzieś pośrodku. Jest to jasne myślenie oparte na stawce podstawowej. Zaniedbywanie wskaźnika bazowego większości ludzi można przypisać uprzedzeniu dotyczącemu przeżywalności (rozdział 1): mają oni tendencję do dostrzegania jedynie osób i firm odnoszących sukcesy, ponieważ przypadki zakończone niepowodzeniem zwykle pozostają niezgłaszane (lub niedostatecznie zgłaszane), co prowadzi do pomijania bardziej „niewidocznych" przypadków, które istnieć wewnątrz.

Wyobraź sobie taką sytuację: podczas degustacji wina w restauracji etykieta z każdej butelki zostaje usunięta, pozostawiając jedynie wskazówkę dotyczącą jego pochodzenia: Francja to zazwyczaj trzy czwarte oferowanych win, więc nie wiedząc lepiej, najprawdopodobniej wybrałbyś Francję zamiast Opcje chilijskie lub kalifornijskie.

Czasami mam niefortunną przyjemność przemawiać przed studentami prestiżowych szkół biznesu. Na pytanie o cele zawodowe wielu odpowiada, że w perspektywie średnioterminowej widzi siebie w zarządach globalnych firm – podobnych odpowiedzi udzielali moi koledzy, kiedy uczestniczyliśmy. Po otrzymaniu tej informacji uczniowie zwykle odpowiadają, że z dyplomem tej szkoły szanse na znalezienie się w zarządzie firmy z listy Fortune 500 są mniejsze niż 0,1% – najprawdopodobniej zamiast tego wylądują gdzieś na stanowisku kierowniczym średniego szczebla – co zawsze wywołuje zszokowane spojrzenia ale myślę, że w pewnym stopniu przyczyniłem się do złagodzenia ich przyszłych kryzysów wieku średniego!
Zobacz także:hesitez 1 26 Błąd hazardzisty (rozdz. 29); Błąd koniunkcji (rozdz. 41); Problem ze średnimi (rozdz. 55) Stronniczość informacji (rozdz. 59); Niechęć do dwuznaczności (rozdział 8) (Teoria Baloneya 29 – udowodniony fakt).

Siła Równoważąca

Błąd hazardzisty Coś niezwykłego wydarzyło się w Monte Carlo w 1913 roku: wielkie tłumy zgromadzone wokół stołu do ruletki były zdumione, widząc, jak kula ląduje na czarnym dwadzieścia razy z rzędu! Gracze w pełni wykorzystali to zjawisko, szybko stawiając pieniądze na czerwony, ale po raz kolejny piłka zatrzymała się na czarnym, mimo że więcej osób obstawiało czerwone niż wcześniej – aż w końcu po dwudziestym siódmym obrocie, kiedy kula ostatecznie zatrzymała się na czerwonym – pozostawiając postawione miliony i bankructwo graczy w ciągu kilku minut.

Wyobraź sobie taką sytuację: średni IQ uczniów w dużym mieście wynosi 100. Aby dokładniej to zbadać, bierzesz losową próbę 50 uczniów, z których jedno dziecko ma IQ 150 i obserwujesz ich postępy przez kilka miesięcy. Większość ludzi zgaduje 100; być może myślenie, że superinteligentnemu uczniowi zostanie zrekompensowane albo przez kogoś, kto ma średni IQ 50, albo dwóch uczniów poniżej średniej, mających odpowiednio 75 IQ – jednak ten scenariusz jest bardzo mało prawdopodobny; raczej musimy się spodziewać, że każdy z pozostałych 49 uczniów będzie reprezentował swoją populację, mając średni IQ wynoszący 100, co daje nam średni wynik 101 dla twoich 50 uczniów.

Eksperymenty Monte Carlo i IQ pokazują, że ludzie są skłonni wierzyć w istnienie niewidzialnej „siły równoważącej wszechświat"; jest to znane jako błąd hazardzisty. Jednakże w przypadku wydarzeń niezależnych nie ma takiej siły: piłki nie pamiętają, jak często lądują na czarnym. Jednak jeden z moich znajomych wpisuje swoje cotygodniowe liczby Mega Millions do arkusza kalkulacyjnego Excel, a następnie gra w te, które pojawiają się najrzadziej – wszystko to na nic – on także pada ofiarą błędu hazardzisty!

Zjawisko to ilustruje żart: matematyk, który boi się latania ze względu na ryzyko ataku terrorystycznego, bierze udział w każdym locie z bombą w bagażu podręcznym, na wypadek gdyby coś wydarzyło się na pokładzie; po zastosowaniu tego środka prawdopodobieństwo posiadania takiego pracownika na pokładzie znacznie wzrasta.
„Prawdopodobieństwo, że dwie bomby znajdą się w jednym samolocie, jest niezwykle małe!" Dalej stwierdza.

Wyobraź sobie, że jesteś zmuszony wydać tysiące dolarów z własnych pieniędzy, obstawiając wynik następnego rzutu monetą i za każdym razem lądując reszką. Biorąc pod uwagę ten scenariusz, wiele osób prawdopodobnie wybrałoby reszkę, mimo że prawdopodobieństwo reszki jest równie prawdopodobne. Błąd hazardzisty każe nam wierzyć, że coś musi się zmienić!

Po raz kolejny ktoś zmusza Cię do postawienia zakładu. Czy tym razem wybierasz orła czy reszkę? Teraz, gdy widziałeś kilka przykładów, znasz już grę; wiedząc, że to może pójść w obie strony. Niestety, właśnie natknęliśmy się na kolejną pułapkę związaną z deformacją matematyków professionalnelle (przeoczenie zawodowe); logika podpowiada, że reszki są prawdopodobnie mądrzejszą opcją, ponieważ moneta wygląda na sfałszowaną z reszką.

W ostatnich artykułach badano regresję do średniej. Jako ilustrację rozważ następujący scenariusz: jeśli w Twojej okolicy panuje rekordowo zimno, istnieje prawdopodobieństwo, że w nadchodzących dniach temperatura powróci do normalnej wartości – zupełnie jak w kasynie! Złożone mechanizmy sprzężenia zwrotnego w atmosferze zapewniają, że skrajności równoważą się w czasie, podczas gdy skrajności czasami się nasilają – na przykład gdy bogaci ludzie się bogacą, a eksplodujące akcje tworzą dodatkowy popyt ze względu na wyróżnianie się – tworząc coś w rodzaju odwrotnego efektu kompensacji.

Bądź świadomy zarówno niezależnych, jak i współzależnych wydarzeń w swoim otoczeniu. Całkowicie niezależne wydarzenia istnieją tylko w kasynach, loteriach i ustawieniach teoretycznych - mogą one mieć miejsce w kasynach, loteriach lub na poziomach teoretycznych; prawdziwe życie często przedstawia nam powiązane ze sobą wydarzenia, które na siebie wpływają – jak na przykład rynki finansowe lub zdrowie. Wydarzenia z przeszłości mają wpływ na przyszłe. Choć pomysł może wydawać się pocieszający, po prostu nie ma siły równoważącej, która chroniłaby niezależne wydarzenia przed negatywnymi wpływami; nie istnieje też koncepcja „co się dzieje, to powraca"!
Zobacz też: Średnie (rozdz. 55); Zaniedbanie stawki podstawowej (rozdz. 28); Deformacja Professionnelle (rozdz. 92); Regresja do średniej (rozdz. 19); Simple Logic (rozdz. 63) w celu dodatkowego omówienia tych tematów. 29

DLACZEGO KOŁO FORTUNY CZYNI NAS SPIRALĄ?

Gdzie urodził się Abraham Lincoln? Bez natychmiastowego dostępu do odpowiedzi i kończącej się baterii w smartfonie, jak odpowiedziałbyś na takie pytanie? Być może wystarczy Ci świadomość, że był prezydentem podczas wojny secesyjnej w latach 60. XIX wieku i że został pierwszym zamordowanym prezydentem USA? Oglądanie pomnika Lincolna w Waszyngtonie nie przywodzi na myśl energicznego młodego człowieka, ale bardziej przypomina starszego weterana w wieku 60 lat. Ponieważ został zamordowany gdzieś pomiędzy 1860 a 1864 rokiem (zmarł w 1809), naszym przybliżonym rokiem urodzenia jest 1805 (w rzeczywistości powinien to być 1809). Jak to ustaliliśmy? Wykorzystując punkt kontrolny, taki jak rok 1865, jako punkt wyjścia i cofając się od tego momentu, aby dokonać świadomych szacunków.

Kiedy musimy coś zgadnąć – na przykład długość rzeki Missisipi, gęstość zaludnienia w Rosji lub liczbę elektrowni jądrowych we Francji – używamy kotwic. Zaczynając od czegoś znajomego, eksplorujemy nieznane terytorium. Jaki inny sposób mógłby to zrobić, jeśli nie wybieranie losowych liczb z naszych głów? To byłoby całkowicie irracjonalne!

Niestety, kotwice można również wykorzystać niewłaściwie. Na przykład podczas jednego z wykładów profesor kazał swoim studentom zapisać dwie ostatnie cyfry swojego numeru ubezpieczenia społecznego, zanim na podstawie tych liczb podejmą decyzję o tym, czy licytować butelkę wina na aukcji, co doprowadziło ich do złożenia oferty prawie dwukrotnie wyższej, jeśli ich liczba była większa w porównaniu z niższymi! Pokazujemy w ten sposób, jak numery ubezpieczenia społecznego działają jak kotwica; nawet w sposób pośredni lub zwodniczy.

Psycholog Amos Tversky przeprowadził eksperyment z użyciem koła fortuny. Uczestnicy kręcili nim, a następnie pytano, ile państw członkowskich ma Organizacja Narodów Zjednoczonych; ich domysły potwierdziły efekt kotwicy: osoby, które rzuciły na kole duże liczby, podały wyższe szacunki niż osoby, które nie rzuciły na nim tak dużej liczby.

Russo i Shoemaker przeprowadzili badania mające na celu odkrycie, kiedy Hun Attyla został pokonany w Europie – podobnie jak w przypadku pytania studentów, w którym roku zaczęto wprowadzać zabezpieczenie społeczne.
Następnie uczestnikom przydzielono punkty kontrolne na podstawie kilku ostatnich cyfr ich numeru telefonu, przy czym uczestnicy z wyższymi numerami wybierali późniejsze lata i odwrotnie (Attila zginął w 453 r.)

Kotwic jest mnóstwo i wszyscy się ich trzymamy. Na przykład wiele produktów zawiera reklamowaną „zalecaną cenę detaliczną", która pełni rolę punktu kontrolnego. Specjaliści ds.

sprzedaży wiedzą, że aby zapewnić sukces sprzedaży, muszą ustalić ceny odpowiednio wcześnie – na długo przed przedstawieniem oferty. Co więcej, badania wykazały, że znajomość wcześniejszych ocen uczniów wpływa na to, jak nauczyciele oceniają nową pracę – punktem wyjścia są najnowsze oceny.

Moje wczesne lata spędziłem w firmie konsultingowej. Mój szef był biegły w używaniu kotwic. W swojej pierwszej rozmowie z każdym klientem ustalał cenę wywoławczą, która zgodnie z prawem znacznie przewyższała nasze wewnętrzne koszty: „Żeby nie zdziwił się pan, gdy otrzyma pan wycenę, panie taki a taki: niedawno ukończyłem projekt podobny projekt dla jednego z konkurentów szacował na pięć milionów dolarów". Kotwica ta została następnie rzucona – negocjacje cenowe rozpoczęły się dokładnie od tej kwoty.

Zobacz także Kadrowanie (rozdz. 42).

Początkowo nieśmiałe zwierzę wydaje się sceptyczne; w końcu jednak jego opór ustępuje i zaczynają regularnie jeść od siebie. W końcu jednak ich podejrzenia ustępują i ostatecznie ich zaufanie staje się silniejsze niż wcześniej. Po kilku miesiącach gęś zaczyna wierzyć, że jej hodowca ma na względzie dobro hodowcy, gdyż każdy dodatkowy dzień karmienia potwierdza to założenie. Była oszołomiona, gdy w Boże Narodzenie wyjął go z zagrody – tylko po to, by zamiast tego ją zamordować! David Hume użył alegorii z bożonarodzeniowymi gęsiami jako przestrogę przed myśleniem indukcyjnym – tendencją do wnioskowania o uniwersalnych prawdach na podstawie indywidualnych obserwacji. Chociaż jego opowieść może wydawać się aktualna tylko w okresie Bożego Narodzenia, zawarte w niej lekcje wykraczają daleko poza symbolicznego świątecznego ptaka. Ale rozumowanie indukcyjne wpływa nie tylko na gęsi.

Inwestor kupuje akcje X i początkowo nabiera podejrzeń, gdy cena akcji gwałtownie rośnie, podejrzewając, że może istnieć bańka. Jednak w miarę upływu czasu i kontynuowania trendu wzrostowego jego podejrzenia ustępują miejsca podekscytowaniu: te akcje mogą nigdy nie spaść! W ciągu zaledwie pół roku inwestuje w nią wszystkie swoje oszczędności, nie zważając na ryzyko klastra związane z inwestowaniem w nią oszczędności całego życia – by później słono zapłacić za takie głupie decyzje podjęte z chciwości i ignorancji.

Myślenie indukcyjne nie musi prowadzić cię ścieżką wiodącą do katastrofy; w rzeczywistości możesz zamienić myślenie indukcyjne w źródło zysków, wysyłając e-maile z prognozami dotyczącymi zarówno wzrostu cen w przyszłym miesiącu, jak i spadków – jedna z nich przewiduje, że mogą one spaść. Wyślij pierwszy e-mail do 50 000 osób, a następnie po miesiącu, kiedy indeksy znacząco spadły, oddzielną grupę 50 000 osób. Teraz wyślij kolejny e-mail, ale tym razem tylko do tych 50 000 osób, które otrzymały dokładne przewidywania w swoim pierwszym e-mailu. Po 10 miesiącach pozostanie około 100 Twoich klientów. Z ich punktu widzenia udowodniłeś swoje prorocze moce. Niektórzy powierzą Ci swoje pieniądze – weź je i zacznij od nowa żyć w Brazylii.
Jednak nie tylko dajemy się zwieść naiwnym nieznajomym; nawet my sami możemy dać się oszukać; ci, którzy rzadko chorują, wierzą, że są nieśmiertelni. Dyrektorzy generalni, którzy odnotowują kolejne kwartały zwiększonych zysków, zwykle uważają się za nie do pobicia – podobnie jak ich pracownicy i akcjonariusze. Miałem kiedyś przyjaciela, który lubił base jumping. Wystrzeliwał z klifów, anten, budynków itp., ciągnąc za linkę dopiero w ostatniej chwili, zanim bezpiecznie wylądował na ziemi. Któregoś dnia zapytałem, jakie ryzyko stwarza wybrany przez niego sport, a jego odpowiedź była dość swobodna: „Mam na koncie ponad 1000 skoków i nic mi się nigdy nie przydarzyło”. Dwa miesiące później zginął podczas skoku ze szczególnie niebezpiecznego klifu w Republice Południowej Afryki – to tragiczne wydarzenie obaliło wszelkie wielokrotnie udowodnione teorie.

Myślenie indukcyjne może mieć katastrofalne skutki, a mimo to codziennie od niego zależy przetrwanie. Kiedy wchodzimy na pokład samolotu, prawa aerodynamiki pozostają w mocy; ufamy, że na ulicy nie będą miały miejsca przypadkowe ataki; nasze serca powinny nadal bić jutro – są to podstawowe zapewnienia, bez których życie nie toczy się dalej – należy jednak zawsze pamiętać, że tylko pewne rzeczy, takie jak śmierć i podatki, są trwałe; Najlepiej ujął to Benjamin Franklin: „Nic nie jest pewne oprócz śmierci i podatków”.

Indukcja może uśpić nas w przekonaniu, że: „Ludzkość zawsze przetrwała, więc będziemy w stanie stawić czoła wszelkim przyszłym wyzwaniom”. Choć w teorii wydaje się to logiczne, wielu nie przyznaje się do tego, że takie stwierdzenia mogą pochodzić wyłącznie od gatunków, które przetrwały do tego momentu; przyjmowanie założeń, że nasze dzisiejsze przetrwanie wskazuje na przyszłe przetrwanie, byłoby ogromnym błędem i prawdopodobnie najpoważniejszym błędem rozumowania w historii.

Fałszywa przyczynowość (rozdz. 37); W tym miejscu omówiono także błąd związany z przetrwaniem (rozdz. 1).

DLACZEGO ZŁO ATAKUJE MOCNIEJ NIŻ DOBRO?

Niechęć do straty Jak się obecnie czujesz w skali od 1 do 10? A teraz wyobraź sobie, co doprowadziłoby Cię do 10 lat, na przykład wyprawa na Karaiby, o której zawsze marzyłeś, lub większy awans zawodowy? Kontynuując to ćwiczenie: co może obniżyć Twój wynik o tę samą liczbę? Paraliż, choroba Alzheimera, rak, depresja, wojna, głód, tortury, ruina finansowa, szkody, utrata reputacji, porwanie, ślepota, śmierć to tylko kilka dostępnych opcji, które mogą wywołać wielkie niezadowolenie; samo przemyślenie wszystkich tych możliwości uświadamia nam, jak wiele przeszkód istnieje w utrzymaniu spektrum szczęścia w porównaniu ze wszystkimi pozytywnymi wpływami; wszystkie te listy uwypuklają, ile istnieje przeszkód i ich znacznie poważniejsze skutki niż korzyści; nic dziwnego, że nie szukamy szczęścia bardziej niż kiedykolwiek wcześniej myśleliśmy.

W pewnym momencie naszej ewolucyjnej przeszłości było to jeszcze bardziej prawdziwe – jeden mały błąd mógł natychmiastowo doprowadzić do śmierci. Przyczyną szybkiego odejścia z życia może być wiele rzeczy: nieostrożne praktyki łowieckie, zapalenie ścięgien czy wykluczenie z grupy. Ludzie nieostrożni i lekkomyślni często umierali, zanim przekazali swoje geny przyszłym pokoleniom; przetrwali tylko ostrożni i są naszymi potomkami dzisiaj.

Jest więc zrozumiałe, dlaczego bardziej boimy się straty niż zysku; strata 100 dolarów kosztuje nas o wiele więcej szczęścia niż jakakolwiek radość, jaką mogłaby nam przynieść, gdybym zamiast tego dał nam je. Rzeczywiście badania dowiodły, że reakcja emocjonalna waży dwa razy więcej niż jakikolwiek podobny zysk – badacze społeczni nazywają to zjawisko niechęcią do straty.

Z tego powodu, próbując kogoś do czegoś przekonać, nie skupiaj się na korzyściach; zamiast tego podkreślaj, jak pomaga im to uniknąć niedogodności. W kampanii promującej samobadanie piersi (BSE) wykorzystano dwie różne ulotki rozdawane kobietom w celu szerzenia informacji na temat BSE. W broszurze A napisano: „Badania wskazują, że kobiety cierpiące na BSE mają zwiększone szanse na wykrycie nowotworu we wczesnym, łatwiejszym do wyleczenia stadium”. W broszurze B stwierdzono: „Badania wykazały, że kobiety, które powstrzymują się od wykonywania BSE, mają zwiększone ryzyko wykrycia guzów nowotworowych we wczesnych stadiach łatwiejszych do wyleczenia”. Badanie wykazało, że narracja zawarta w broszurze B (napisana w „ramie straty”) stworzyła znacznie większą świadomość i zmiany zachowania niż broszura A (napisana w „ramce zarabiania”). Strach przed stratą motywuje ludzi bardziej niż perspektywa zyskania czegoś o równej wartości, więc jeśli Twoja firma oferuje produkty do izolacji domów, skutecznym sposobem na zachęcenie klientów do zakupu jest pokazanie im, ile pieniędzy mogliby stracić bez izolacji, zamiast tego, ile mogliby dzięki niemu można zaoszczędzić – nawet jeśli obie kwoty pozostaną takie same.

Na giełdzie inwestorzy często ignorują straty na papierze, ponieważ niezrealizowana strata jest mniej bolesna niż faktyczna; pozostają zatem inwestorami, mimo że szanse na ożywienie lub dalszy spadek mogą być niewielkie. Spotkałem kiedyś multimilionera, który był bardzo zmartwiony, że w jednej chwili stracił 100 dolarów; a mimo to jego portfel zmieniał się co sekundę o co najmniej tę kwotę! Próbowałem mu wytłumaczyć, że ta emocja jest nieuzasadniona, ponieważ jego portfel zmienia się co sekundę co najmniej o tę kwotę!

Menedżerowie w dużych firmach zazwyczaj namawiają pracowników, aby byli odważniejsi i bardziej przedsiębiorczy, choć w rzeczywistości wielu pracowników ma niechęć do ryzyka. Z ich punktu widzenia ma to sens: po co ryzykować coś, co może przynieść albo zwiększoną premię, albo coś gorszego – różową pomyłkę? W większości przypadków i sytuacji ochrona kariery przewyższa jakąkolwiek potencjalną nagrodę – więc jeśli zastanawiałeś się, dlaczego Twoim pracownikom brakuje podejmowania ryzyka, teraz wiesz dlaczego (chociaż gdy pracownicy podejmują znaczne ryzyko, często dzieje się to pod przykrywką decyzje grupowe – więcej informacji znajdziesz w rozdziale 33 o próżniactwie społecznym).

Zło jest potężniejsze i bardziej powszechne niż dobro; mamy tendencję do silniejszego reagowania, gdy spotykają nas negatywne rzeczy, niż pozytywne; przerażające twarze bardziej wyróżniają się na ulicy niż uśmiechnięte; dłużej pamiętamy złe zachowanie – z wyjątkiem sytuacji, gdy dotyczy ono nas samych!
Zobacz także Efekt pieniądza domowego (rozdz. 84); Efekt wyposażenia (rozdz. 23), próżniactwo społeczne (rozdz. 33) Efekt domyślny, błąd utopionych kosztów i kadrowanie, a także heurystyka wpływu w rozdziale 42 w celu uzyskania dalszego wglądu. (CH 66).

DLACZEGO CZŁONKOWIE ZESPOŁU SĄ LENIWI

PRÓŻNIACTWO SPOŁECZNE

W 1913 roku francuski inżynier Maximilian Ringelmann przeprowadził badania nad wydajnością koni. Ku jego zdumieniu, dwa konie ciągnące powóz nie równały się dwukrotnie większej liczbie jednego konia. Zakłopotany tym wynikiem Ringelmann skierował swoje badania na ludzi; mając kilka osób ciągnących razem liny na raz i mierząc siłę przyłożoną przez każdą z osobna, odkrył, że kiedy dwie osoby ciągnęły razem, inwestowały średnio 93% swojej indywidualnej siły w ciągnięcie razem; po trzech połączeniach poziom inwestycji spadł do 86%; gdy trzech zebrało razem zaledwie 49%!

Nauka nazywa to zjawisko efektem próżniactwa społecznego. Dzieje się tak, gdy indywidualne osiągnięcia nie są łatwo zauważalne – gdy indywidualny wkład zostaje wkomponowany w zbiorowy wysiłek, a nie jest widoczny bezpośrednio dla obserwatorów. Próżniactwo społeczne często ma miejsce podczas wyścigów wioślarzy, ale nie podczas sztafet, w których widoczny jest indywidualny wkład. Próżniactwo społeczne może być zachowaniem racjonalnym: po co inwestować całą swoją energię, skoro wystarczy połowa? Powszechną praktyką jest także chodzenie na skróty bez wiedzy kogokolwiek – jak konie Ringelmanna! Ogólnie rzecz biorąc, próżniactwo społeczne można postrzegać jako formę oszustwa, w którą wszyscy jesteśmy winni nieświadomie, tak jak zrobił to Ringelmann, działając przeciwko nim przeciwko swoim przeciwnikom!

Kiedy ludzie pracują razem, indywidualne osiągnięcia mają tendencję do zmniejszania się – co nie powinno być zaskoczeniem – ale tym, co powinno się wyróżniać, jest nasz ciągły wkład pomimo malejących indywidualnych osiągnięć. Co powstrzymuje nas od całkowitego poddania się i pozostawienia całej ciężkiej pracy innym? Konsekwencje - zauważone zostaną zerowe wyniki, co może skutkować poważnymi konsekwencjami, takimi jak wykluczenie z grupy lub oczernianie; Ewolucja dała nam doskonale dostrojone zmysły, które pozwalają nam rozpoznać, jak wiele bezczynności może umknąć nam samym lub wykryć je u innych.

Próżniactwo społeczne wykracza daleko poza wydajność fizyczną; mentalnie też osłabliśmy. Na przykład w spotkaniach, w których uczestniczy zbyt wielu uczestników, udział poszczególnych osób jest zwykle słabszy niż w przypadku, gdy uczestniczy w nich tylko 20 lub 100 osób; jednakże po przekroczeniu tego progu poziom wydajności ustabilizuje się. To, czy grupa składa się z 20 czy 100 członków, nie ma znaczenia, ponieważ osiągnęliśmy maksymalną bezwładność i osiągnęliśmy maksymalny potencjał wydajności.

Pozostaje jedno dręczące pytanie: kto wpadł na pomysł, że zespoły przewyższają jednostki? Być może japoński. Trzydzieści lat temu.

Ekonomiści biznesowi zbadali cud przemysłowy Japonii i zaobserwowali, jak jej fabryki organizują się w zespoły. Ekonomiści biznesowi próbowali następnie skopiować ten model z mieszanym sukcesem – niektóre zespoły radziły sobie wyjątkowo dobrze, inne nie (być może dlatego, że rzadko występowało tam próżniactwo społeczne), podczas gdy w Europie zespoły składające się z różnorodnych, ale wyspecjalizowanych osób wypadły ogólnie najlepiej; w takich grupach można było łatwo zidentyfikować i prześledzić poszczególne osiągnięcia.

Próżniactwo społeczne może mieć poważne konsekwencje. Członkowie grupy mają tendencję do ograniczania zarówno uczestnictwa, jak i odpowiedzialności za występki grupy lub złe decyzje. Nikt nie chce sam ponosić winy. Rażącym przykładem jest ściganie nazistów podczas procesów norymberskich; mniej kontrowersyjnie, rozważ dowolny zarząd lub zespół zarządzający. Często chowamy się za decyzjami zespołu, aby uniknąć wzięcia na siebie odpowiedzialności; praktyka ta znana jest jako dyfuzja odpowiedzialności. Dynamika zespołu powoduje również, że podejmują oni większe ryzyko, niż podejmowaliby indywidualnie; członkowie zwykle wierzą, że nie zostaną pociągnięci do osobistej odpowiedzialności, jeśli coś pójdzie nie tak, co prowadzi do ryzykownej zmiany. Zjawisko to jest szczególnie ryzykowne wśród strategów spółek i funduszy emerytalnych, w których stawką są miliardy, oraz departamentów obrony, w których grupy decydują, kiedy należy rozmieścić broń nuklearną.

Wniosek: Ludzie zachowują się inaczej w grupach niż w pojedynkę (w przeciwnym razie nie byłoby grup). Negatywne aspekty grup można zrównoważyć poprzez maksymalne uwidocznienie indywidualnych występów - niech żyje merytokracja! Niech żyje społeczeństwo wydajności!

Motywacja Zatłoczenie (rozdz. 56); Dowód społeczny (rozdz. 4); Myślenie grupowe (rozdz. 25); Niechęć do straty (rozdz. 32)

OTOCZONY PAPIEREM?

Wzrost wykładniczy

Wyobraź sobie, że składasz kartkę papieru wielokrotnie na dwie części, tylko tym razem składając ją ponownie na siebie – łącznie 50 razy? Jak myślisz, jaka będzie jego grubość po złożeniu 50 razy? Zanim będziesz kontynuować czytanie, zanotuj swoje przypuszczenia.

Drugie zadanie. Wybierz jedną z dwóch opcji poniżej. A) Przez następne 30 dni będę Ci codziennie przekazywać 1000 dolarów. B) Będę przekazywać centa codziennie, począwszy od pierwszego dnia, następnie dwa centy drugiego dnia, potem cztery centy i tak dalej, aż nadejdzie dzień 31, a Twoja łączna nagroda osiągnie osiem centów każdego kolejnego dnia. Ale szybko zdecydować pomiędzy A lub B?

Czy jesteś przygotowany? Zakładając, że arkusz papieru ksero ma grubość około 0,004 cala, jego grubość po 50 zagięciach wynosi ponad 60 milionów mil; która jest równa odległości między Ziemią a Słońcem mierzonej za pomocą kalkulatora. Odpowiadając na pytanie 2, wybranie opcji B może wydawać się mniej atrakcyjne, ale w ciągu zaledwie 30 dni przyniesie więcej nagród niż opcja A; wybranie opcji A dałoby Ci 30 000 dolarów, ale B ponad 5 milionów dolarów!

Wzrost liniowy można uchwycić intuicyjnie. Nie mamy jednak poczucia wykładniczego (lub procentowego) wzrostu – prawdopodobnie dlatego, że nasi przodkowie nie potrzebowali go wcześniej! Ich doświadczenia były zwykle liniowe: spędzanie podwójnego czasu na zbieraniu jagód przyniosło podwójne zarobki, a zabicie dwóch mamutów zamiast jednego wydłużyło polowanie o połowę. Ale dzisiaj wykładniczy wzrost nie jest już rzadkością! W epoce kamienia ludzie rzadko spotykali się z wykładniczym wzrostem. Teraz jest inaczej.

„Każdego roku liczba wypadków drogowych wzrasta o 7%” – ostrzega pewien polityk. Aby zrozumieć, co to intuicyjnie oznacza, użyjmy prostego wzoru: 70 podzielone przez 7 = 10 lat – co oznacza, że liczba wypadków drogowych podwaja się co dekadę (w sekcji „Uwagi” znajdziesz dalsze wyjaśnienia, dlaczego ta liczba 70?). To wskazywałoby na niepokojący scenariusz! Jeśli ta liczba wydaje ci się nieznana, zwróć uwagę na logarytm; tam można znaleźć jego definicję).

Inny przykład: inflacja wynosi 5%, co wielu ludzi uważa, że nie stanowi ona zbyt dużego zagrożenia – dopóki nie obliczy się czasu podwojenia: 70 podzielone przez 5 = 14 lat, co oznacza, że za 14 lat jeden dolar będzie być wart o połowę mniej – absolutna katastrofa dla każdego, kto posiada konta oszczędnościowe!

Wyobraź sobie, że jesteś dziennikarzem i donosisz, że liczba zarejestrowanych psów w Twoim mieście rośnie o 10% rocznie; jak przekażesz czytelnikom tę wiadomość? Nikogo to nie obchodzi, więc zamiast tego ogłoś: „Potop psów: dwa razy więcej kundli w ciągu 7 lat!" Nikogo to tak nie będzie obchodziło - ludzi nie będzie obchodziło, że rejestracje wzrosły o 10%.

Nic, co rośnie wykładniczo, nie będzie trwać wiecznie; wielu polityków, ekonomistów i dziennikarzy zapomina o tej prawdzie. Taki wzrost ostatecznie osiąga swój kres; na przykład Escherichia coli dzieli się co dwadzieścia minut i może pokryć planetę w ciągu kilku dni, ale nie może kontynuować swojej działalności, ponieważ zużywa więcej tlenu i cukru niż jest dostępne. Dlatego jego rozwój ostatecznie osiąga punkt impasu i zostaje przerwany.

Starożytni Persowie rozumieli trudność związaną ze wzrostem procentowym. Oto ciekawa lokalna opowieść: pewien mądry dworzanin podarował królowi szachownicę i zapytał, jak mogą mu podziękować; jego odpowiedź? Przykryj go ryżem pokrywającym jedno ziarno na każdym kwadracie, a następnie dodaj dwa dodatkowe ziarna dwa razy na każde pole! Zaskoczony król Dariusz odpowiedział, że to dla nich prawdziwy zaszczyt, że tak skromne prośby pochodzą od tak godnych dworzan!

Ale ile ryżu potrzebuje? Początkowo oszacował, że około jednego worka. Kiedy jego słudzy rozpoczęli to zadanie – umieszczali po jednym ziarnie na każdym kwadracie, aż na każdym kwadracie były cztery ziarna itd. – czy zdał sobie sprawę, że potrzebuje więcej ziaren, niż jest dostępnych na ziemi.

Jeśli chodzi o tempo wzrostu, nie polegaj na intuicji – jej nie masz. Zamiast tego zaakceptuj to. To, co naprawdę pomaga, to użycie kalkulatora - lub w przypadkach o niskim tempie wzrostu użycie 70 jako magicznej liczby.

Zobacz także: Prosta logika (rozdz. 63); Zaniedbanie prawdopodobieństwa (rozdz. 26); Prawo małych liczb (rozdz. 61)

KLĄTWA ZWYCIĘZCY

Teksas w latach 50. Dziesięć firm naftowych konkuruje o wylicytowaną na aukcji działkę o wartości od 10 do 100 milionów dolarów; gdy ceny rosną podczas licytacji, więcej firm rezygnuje z licytacji, aż w końcu jedna firma złoży najwyższą ofertę i wygrywa aukcję z pękającymi korkami od szampana!

„Klątwa zwycięzcy" utrzymuje, że zwycięzcy aukcji często kończą jako przegrani, o czym świadczą analitycy branżowi, którzy zauważyli, że firmy, które konsekwentnie wygrywały w aukcjach na polach naftowych, przepłacały, a później bankrutowały – co nie powinno dziwić, gdy szacunki różnią się między 10 milionów dolarów i 100 milionów dolarów; szacunki często leżą gdzieś pomiędzy; często wysokie oferty na aukcji przekraczają ich rzeczywistą wartość; Jednakże w Teksasie menadżerowie naftowi świętowali, mimo wszystko, kosztowne zwycięstwo.

Dziś zjawisko to dotyka nas wszystkich. Od eBay przez Groupon po Google AdWords ceny ustalane są w drodze aukcji - od eBay przez Groupon po Google AdWords; Wojny licytacyjne dotyczące częstotliwości telefonii komórkowej przybliżają firmy telekomunikacyjne do bankructwa; lotniska wynajmują swoje powierzchnie komercyjne oferentowi, który zaoferuje najwyższą cenę; lub gdy Walmart planuje wprowadzenie detergentów, prosząc o przetargi pięciu dostawców (w efekcie aukcja obarczona ryzykiem związanym z wygraną i byciem przeklętym klątwą zwycięzcy!). Nawet Walmart wprowadza produkty poprzez aukcje – proszenie dostawców o oferty od pięciu dostawców to po prostu kolejna aukcja – tylko tym razem ryzykowana przekleństwem!

Internetowe aukcje codziennego użytku rozprzestrzeniły się również na rzemieślników. Kiedy potrzebowałem pomalować ściany, zamiast szukać malarza w pobliżu, zamieściłem ogłoszenie w Internecie – rywalizowało o to 30 malarzy z odległych 500 mil, oferując tak niskie ceny, że nie mogłem ich zaakceptować – z życzliwości dla Centrum handlowe! Najlepsza oferta pochodziła od osoby tak biednej, że ze współczucia ją odrzuciłem, aby oszczędzić jej klątwy zwycięzcy!

Wstępne oferty publiczne (IPO) oraz fuzje i przejęcia, powszechnie określane jako fuzje i przejęcia, można również postrzegać jako aukcje. Niestety, według jednego z badań McKinsey, ponad połowa przejęć zniszczyła wartość!
Dlaczego ulegamy klątwie zwycięzcy? Na pracę wpływa kilka czynników. Po pierwsze, rzeczywiste wartości wielu rzeczy pozostają niepewne. Dodatkowo większa liczba zainteresowanych zwiększa szansę na złożenie zbyt entuzjastycznej oferty. Po drugie, konkurencja między dostawcami; jeden ze znajomych, właściciel fabryki mikroanten,

opowiedział, jak Apple wszczął intensywną wojnę przetargową dla dostawców podczas opracowywania iPhone'a – wszyscy chcieli oficjalnego kontraktu, mimo że mogło to oznaczać straty finansowe dla zwycięskich dostawców.

Ile byś zaproponował za 100 dolarów? Załóżmy, że ty i przeciwnik zostaliście zaproszeni na aukcję, w której wygrywa ten, kto złoży najwyższą ofertę, i obaj oferenci muszą w tym momencie złożyć swoje ostateczne oferty. Jak wysoka byłaby Twoja oferta? Z Twojego punktu widzenia sensowne jest zaoferowanie 20, 30 lub 40 dolarów; Twój przeciwnik robi to samo i nawet 99 dolarów wydaje się rozsądne, gdy omawiasz banknoty 100-dolarowe, a teraz proponuje zamiast tego zaoferować 100 dolarów! Jeśli pozostanie to najwyższa oferta, on wyjdzie na zero (płaci 100 dolarów za 100 dolarów), a ty będziesz musiał wydać jedynie 99 dolarów. Dopóki będzie to najwyższa oferta, obaj gracze odejdą równo. W ten sposób kontynuujesz licytację. Przy 110 $ masz gwarantowaną stratę 10 $; Twój przeciwnik musiałby zapłacić 109 $ (jego ostatnia oferta), co oznacza, że obaj będą kontynuować grę, dopóki jeden lub obaj całkowicie nie zrezygnują z gry – kiedy przestaniesz licytować i kiedy przestanie licytować Twój konkurent? Przetestuj z przyjaciółmi!

Warren Buffett udzielił rozsądnej rady dotyczącej aukcji: „Nie idź". Jeżeli w Twojej branży konieczne są aukcje, ustal cenę maksymalną i odejmij od niej 20% jako rekompensatę od klątwy zwycięzcy; zapisz tę liczbę i nie przekraczaj jej w żaden sposób.

Aby uzyskać więcej informacji, zobacz Efekt wyposażenia (rozdz. 23).

PISARZY NIGDY NIE POWINNI PYTAĆ PISARZA, CZY JEGO POWIEŚĆ JEST AUTOBIOGRAFICZNA

Otwierając gazetę, dowiadujesz się, że kolejny dyrektor generalny został zmuszony do odejścia z pracy z powodu słabych wyników. Tymczasem w dziale sportowym czytasz, że zawodnik X lub trener Y znacząco przyczynił się do zwycięskiego sezonu twojej drużyny, podczas gdy książki historyczne mówią, że Napoleon był odpowiedzialny za dowodzenie i dowodzenie swoją armią z tak sukcesem na początku XIX wieku we Francji. „Każda historia ma twarz" wydaje się niezbywalną zasadą każdego newsroomu; dziennikarze (i ich czytelnicy) idą dalej w tej zasadzie, zwracając uwagę na każdy możliwy „ludzki punkt widzenia". W wyniku tego „ludzkiego punktu widzenia" wielu dziennikarzy (i czytelników) pada ofiarą podstawowego błędu atrybucji: błędu spowodowanego przecenianiem wpływu jednostek przy jednoczesnym niedocenianiu zewnętrznych czynników sytuacyjnych.

Naukowcy z Duke University przeprowadzili eksperyment w 1967 roku: uczestnicy czytali argumenty pochwalające lub oczerniające Fidela Castro od przypisanego autora, niezależnie od jego rzeczywistych poglądów; jednak większość słuchaczy wierzyła, że to, co powiedział, reprezentuje jego prawdziwe opinie i lekceważyła czynniki zewnętrzne – tj. profesorów, którzy je stworzyli.

Podstawowy błąd atrybucji jest szczególnie skuteczny w upraszczaniu negatywnych zdarzeń w możliwych do zarządzania jednostkach. Często przypisujemy winę za wojny pojedynczym osobom – jak jugosłowiański zabójca w Sarajewie ma na swoich barkach I wojnę światową lub Hitler sam rozpoczął II wojnę światową – mimo że wojny są nieprzewidywalnymi wydarzeniami o złożonej dynamice, której prawdopodobnie nigdy w pełni nie zrozumiemy – podobnie jak rynki finansowe i kwestie klimatyczne!

Kiedy firmy ogłaszają dobre lub złe wyniki, oczy wszystkich skupiają się na ich dyrektorze generalnym, mimo że znają prawdę: sukces gospodarczy zależy w znacznie większym stopniu od czynników znajdujących się poza ich kontrolą, takich jak atrakcyjność branży. Zadziwiające jest, jak często firmy z branż borykających się z trudnościami zastępują swoich dyrektorów generalnych w porównaniu z tym, jak rzadko zdarza się to w bardziej prosperujących firmach.
Czy branże borykające się z trudnościami są mniej ostrożne w swoich praktykach rekrutacyjnych? Takie decyzje nie wydają się mniej irracjonalne niż te, które zachodzą pomiędzy trenerami piłkarskimi a ich klubami.

Moje rodzinne miasto, Lucerna w Szwajcarii, zapewnia mi mnóstwo wyrafinowanych recitali muzyki klasycznej, które nigdy nie przestają robić wrażenia. Jednak w przerwach rozmowy skupiają się prawie wyłącznie na dyrygentach i solistach, a kompozycja rzadko trafia na pierwsze strony gazet; z wyjątkiem światowych premier, kiedy kompozytorzy mogą o tym otwarcie rozmawiać. Dlaczego? Prawdziwy cud muzyki polega na kompozycji: tworzeniu dźwięków, nastrojów i rytmów z pozornie niczego; jednakże często jest to niedoceniane ze względu na naszą niezdolność do wzięcia pod uwagę, że partytury nie mają twarzy, które można by porównać z dyrygentami i solistami, podczas gdy w rzeczywistości te dwa elementy składają się na wykonanie tej partytury (w przeciwieństwie do dyrygentów lub solistów lub dyrygentów/solistów).

Jako autor beletrystyki spotykam się z tym zasadniczym błędem atrybucji za każdym razem po przeczytaniu (co samo w sobie może budzić kontrowersje), gdy ludzie pytają: „Jaka część Twojej powieści ma charakter autobiograficzny?". W takich chwilach żałuję, że nie mogę odkrzyknąć: „Nie chodzi o mnie – chodzi o tę książkę, tekst, język i historię!". ale moje wychowanie nie pozwala na takie wybuchy wystarczająco często.

Błędów atrybucji nie należy oceniać surowo. Nasze zaabsorbowanie innymi ludźmi wynika z naszej ewolucyjnej przeszłości: przynależność do grupy była niezbędna do przetrwania – reprodukcja, obrona, polowanie na duże zwierzęta były niemożliwe bez pomocy własnego plemienia – wygnanie oznaczało pewną śmierć; osoby decydujące się na życie solowe również często spotykały się z pewną zagładą.

Ale nawet ci, którzy przeżyli, ostatecznie opuścili pulę genową, co jeszcze bardziej utrudniło życie kolejnym pokoleniom. Nasze życie zależało i kręciło się wokół innych; to wyjaśnia, dlaczego dzisiaj jesteśmy nimi tak zajęci – do tego stopnia, że spędzamy około 90% czasu na myśleniu o innych ludziach, poświęcając jedynie 10% na rozważanie innych czynników i kontekstów.

Wniosek: Choć spektakl życia jest dla nas fascynujący, jego mieszkańcom daleko do ideałów, którzy podejmują decyzje bez pomocy z zewnątrz. Przeskakują od sytuacji do sytuacji, zamiast działać z własnej woli. Aby naprawdę zrozumieć jakąkolwiek obecną sztukę teatralną lub musical, spójrz poza jej wykonawców i zwróć szczególną uwagę na wpływ, jaki wywierają one na charaktery aktorów.
Zobacz także stronniczość opowieści (rozdz. 13); Iluzja ciała pływaka (rozdz. 2), Efekt istotności (rozdz. 83), Iluzja wiadomości (rozdz. 99), Efekt halo (rozdz. 38) i Błąd pojedynczych przyczyn (rozdz. 97)

DLACZEGO NIE WARTO WIERZYĆ W TO, CO MÓWI NAWIGATOR

Fałszywa przyczynowość

Wszy głowowe były integralną częścią życia na Hebrydach na północ od Szkocji, a ich brak powodował, że ich żywiciele chorowali i mieli gorączkę. Aby zwalczyć chorobę i gorączkę, chorzy celowo dodawali wszy z powrotem do włosów, aby pozbyć się gorączki; gdy nowe wszy zapuściły korzenie i ponownie zadomowiły się na swoim miejscu, stan pacjentów zaczął wykazywać poprawę.

Badania przeprowadzone w jednym mieście wykazały, że im więcej strażaków wzywano do gaszenia pożarów, tym większe były szkody. Po tych wynikach burmistrz natychmiast zarządził natychmiastowe zamrożenie zatrudnienia i odpowiednio zmniejszył budżet przeznaczony na walkę z pożarami.

Obie historie pochodzą z książki niemieckich profesorów fizyki Hansa-Petera Becka-Bornholdta i Hansa-Hermanna Dubbena (niestety nie ma wersji angielskiej). Obie historie ilustrują, jak można pomylić przyczynowość; kiedy wszy opuszczają głowę inwalidy z powodu gorączki, ich obecność staje się tymczasowa i pojawia się uczucie gorąca w stopach; gdy gorączka ustąpi, wracają! A większe pożary wymagają większej liczby strażaków – a nie odwrotnie!

Fałszywa przyczynowość często wprowadza nas w błąd, a autorzy książek biznesowych i konsultanci często posługują się tym błędnym sposobem myślenia, aby wmówić nam fałszywe narracje na temat przyczynowości. Weźmy na przykład nagłówek: „Motywacja pracowników prowadzi do wyższych zysków firmy". Czy to naprawdę ma sens, czy też ludzie mogą po prostu stać się bardziej zmotywowani, gdy ich firma radzi sobie dobrze? Podobnie w innym twierdzeniu stwierdza się, że kobiety w zarządach korelują ze zwiększoną rentownością – ale czy naprawdę tak to działa, czy też firmy te po prostu są bardziej skłonne do zatrudniania większej liczby kobiet w zarządach niż firmy mniej dochodowe? Ci autorzy i konsultanci książek biznesowych często posługują się podobnymi fałszywymi (lub co najmniej niewyraźnymi) przyczynami, pisząc lub konsultując się na temat ksiąg biznesowych lub udzielając porad.

Alan Greenspan był szanowany jako szef Rezerwy Federalnej w latach 90-tych. Jego niejasne wypowiedzi sprawiały, że polityka pieniężna wyglądała na naukę ścisłą, która utrzymywała Amerykę na ścieżce wzlotu w kierunku dobrobytu, ciesząc się uznaniem zarówno polityków, dziennikarzy, jak i liderów biznesu. Jednak na nieszczęście dla tych komentatorów bliskie powiązania Ameryki z Chinami (tanim producentem, który chętnie kupował amerykański

dług) odegrały znacznie większą rolę, niż początkowo zakładano; Greenspan miał po prostu szczęście, że jego polityka tak dobrze się sprawdziła.
Tak dobrze służył swojej kadencji.

Naukowcy przeprowadzili niedawno badania, które wykazały, że dłuższe pobyty w szpitalu są szkodliwe dla zdrowia pacjentów. Ta informacja ucieszyła ubezpieczycieli zdrowotnych; którzy chcą, aby pobyt był krótki. Jednak dłuższe pobyty nie wydają się wcale szkodliwe, ponieważ pacjenci, którzy mogą natychmiast opuścić szpital, są zdrowsi niż ci wymagający dalszego leczenia, a zatem długie pobyty mogą faktycznie przynieść pozytywne rezultaty!

Albo weź taki nagłówek: „Fakt: kobiety, które regularnie używają szamponu XYZ, mają mocniejsze włosy”. Chociaż dowody naukowe mogą potwierdzać takie twierdzenia, to stwierdzenie tak naprawdę niewiele nam mówi – a już na pewno nie tyle, że szampon wzmacnia Twoje loki! Być może kobiety o mocnych włosach mają tendencję do używania tej konkretnej marki – może dlatego, że na butelce widnieje informacja „specjalnie przeznaczony do grubych włosów”.

Niedawno przeczytałam, że uczniowie, których domy zawierają wiele książek, zwykle osiągają lepsze oceny w szkole. Chociaż badanie to mogło dać impuls księgarniom, okazało się, że istnieje fałszywa przyczynowość – lepiej wykształceni rodzice przywiązują większą wagę do edukacji swoich dzieci, podobnie jak wykształcone osoby, które na ogół mają więcej książek w domu; mimo to jeden zakurzony egzemplarz Wojny i pokoju nie zmieni niczyich ocen; liczy się zarówno poziom wykształcenia rodziców, jak i geny!

Fałszywy związek przyczynowy był największy w Niemczech pomiędzy wskaźnikiem urodzeń a liczbą par bocianów spadającą w latach 1965-1987. Obydwa trendy wydawały się niemal skorelowane; Czy to może oznaczać, że bocian naprawdę przynosi dzieci? Bez wątpienia nie; raczej ta korelacja mogła być po prostu przypadkowa.

Wniosek: korelacja nie jest równoznaczna z przyczynowością. Przyjrzyj się bliżej wydarzeniom powiązanym korelacją: czasami to, co wydaje się przyczyną, okazuje się skutkiem i odwrotnie; innym razem może nawet nie być widocznego związku przyczynowego – tak jak miało to miejsce w przypadku bocianów i dzieci.

Zobacz także Zbieg okoliczności (rozdz. 24); Stronniczość stowarzyszenia (rozdz. 48); Grupowanie iluzji (rozdz. 3); Błędy w opowieści (rozdz. 13) * Indukcja (rozdz. 31) i Szczęście początkującego (rozdz. 49)

Firma Cisco z Doliny Krzemowej była kiedyś uznawana przez dziennikarzy biznesowych za ikonę nowej gospodarki, otrzymując entuzjastyczne recenzje za fantastyczną obsługę klienta, doskonałą strategię, terminowe przejęcia, tętniącą życiem kulturę korporacyjną i charyzmatycznego dyrektora generalnego. Do marca 2000 roku stała się najcenniejszą firmą na świecie.

Ponieważ w następnym roku akcje Cisco spadły o 80%, dziennikarze zmienili zdanie. Teraz jego przewagę konkurencyjną postrzegano jako szkodliwe wady: obwiniano kiepską obsługę klienta, niejasną strategię, nierozsądne przejęcia, kiepską kulturę korporacyjną i mało inspirującego dyrektora generalnego – mimo to ani strategia, ani dyrektor generalny nie uległy zmianie. popyt po prostu spadł z powodu krachu internetowego i ta zmiana nie miała z nimi nic wspólnego.

„Efekt aureoli” pojawia się, gdy jeden aspekt całości olśniewa nas i zmienia sposób, w jaki postrzegamy jej całość. Cisco było wyjątkowym przypadkiem, w którym to zjawisko się objawiło: dziennikarze byli zdumieni cenami akcji firmy i uznali, że cała jej działalność jest równie niezwykła, nie przeprowadzając jej dokładniejszego dochodzenia.

Efekt aureoli zazwyczaj działa w ten sposób: bierzemy łatwy do uchwycenia lub uderzający szczegół na temat firmy, taki jak jej sytuacja finansowa, i ekstrapolujemy z nich wnioski na temat trudniejszych do oceny aspektów, takich jak zasługi kierownictwa lub wykonalność strategii. Na tej podstawie wyciągamy wnioski, które mogą, ale nie muszą, być dokładne, np. dotyczące zasadności zarządzania lub wykonalności strategii. Czasami sukces i wyższość są przyznawane tam, gdzie się nie należą, na przykład gdy kupujemy produkty od producentów po prostu ze względu na ich dobrą reputację – innym przykładem jest wiara, że dyrektorzy generalni z jednej branży odniosą sukces w innych sektorach, będąc jednocześnie bohaterami także w życiu osobistym!

Edward Lee Thorndike odkrył „efekt aureoli” prawie 100 lat temu. Jego obserwacja była taka, że indywidualne cechy (uroda, status społeczny lub wiek) mogą powodować pozytywne lub negatywne postrzeganie, które przytłacza wszystko inne – na przykład wygląd. Badania potwierdziły to odkrycie w licznych badaniach potwierdzających naszą tendencję do postrzegania przystojnych ludzi jako sympatyczniejszych, uczciwych i inteligentnych; atrakcyjni ludzie często odnoszą także ogólnie większy sukces w życiu.
Wyniki te nie mają związku z żadnym mitem o tym, że kobiety przesypiają drogę do sukcesu”; w istocie nauczyciele nieumyślnie wystawiają atrakcyjnym uczniom wyższe oceny niż mniej atrakcyjnym.

Reklama znalazła sprzymierzeńca w postaci efektu aureoli: pomyśl tylko o wszystkich gwiazdach, które widzimy uśmiechając się z reklam telewizyjnych, billboardów i magazynów. Nie wiadomo, co sprawia, że zawodowi tenisiści, tacy jak Roger Federer, są tak ekspertami w dziedzinie ekspresów do kawy; niemniej jednak nie umniejsza to sukcesu ich kampanii. W miarę jak przyzwyczailiśmy się do widoku gwiazd wspierających dowolne produkty, nie zastanawiając się, dlaczego ich wsparcie może mieć tak duże znaczenie; dokładnie tak działa efekt aureoli: podświadomie. Wszystko, co musi zarejestrować się w naszych umysłach, to atrakcyjne twarze o wymarzonym stylu życia związanym z danym produktem - a potem bum - bum - sukces!

Z drugiej strony, efekt aureoli może prowadzić do wielkiej niesprawiedliwości i stereotypów, gdy w centrum uwagi staje się narodowość, płeć lub rasa. Nie musisz być rasistą ani seksistą: po prostu pozwól, aby efekt aureoli zaćmił nasz widok; dziennikarze, pedagodzy i konsumenci zbyt łatwo padają ofiarą.

Czy kiedykolwiek doświadczyłeś zakochania? Jeśli tak, to rozumiesz radość związaną ze znalezieniem tej „jednej doskonałej osoby”. Wydają się atrakcyjne, inteligentne, sympatyczne i ciepłe – podczas gdy inni mogą wytykać oczywiste wady; wszystko, co widzisz, to ujmujące dziwactwa!

Aby zredukować ten efekt aureoli i uzyskać przejrzystość prawdziwych cech, spójrz poza wartość nominalną, aby wyeliminować najbardziej uderzające cechy, które przyciągają wzrok. Orkiestry często robią to, sprawdzając kandydatów przed ekranem, tak aby płeć, rasa, wiek i wygląd nie wpływały na ich decyzje; dziennikarze biznesowi powinni zrobić to samo i rozważyć spojrzenie poza dane kwartalne (rynek akcji już to zapewnia). Kop głębiej – inwestowanie czasu i energii w badania często przynosi nieoczekiwane, ale często edukacyjne wnioski.

Zobacz także: Podstawowy błąd atrybucji (rozdz. 36); Efekt wyrazistości (rozdz. 83); Iluzja ciała pływaka (rozdz. 2) Efekt kontrastu (rozdz. 10); Oczekiwania (rozdz. 62)

ALTERNATYWNE ŚCIEŻKI

Wyobraź sobie, że umawiasz się na spotkanie z rosyjskim oligarchą poza miastem, w pobliskim lesie. Przybywa wkrótce potem, niosąc zarówno walizkę, jak i broń; umieszczając walizkę na masce samochodu, tak abyś mógł zobaczyć jej zawartość: łącznie 10 milionów dolarów w gotówce! Zapytany przez niego, czy chciałbyś zagrać w rosyjską ruletkę, sugeruje tę strategię, zapraszając Cię do pociągnięcia za jeden spust, aby wygrać wszystko - jedna kula z pięcioma aktualnie pustymi komorami sprawi, że to wszystko będzie Twoje za jednym pociągnięciem spustu! Rozważasz wszystkie możliwe wyniki: 10 milionów dolarów zmieniłoby wszystko; nigdy więcej nie muszac pracować lub przejść od zbierania znaczków, zbierania znaczków, zbierania znaczków, zbierania znaczków, zbierania znaczków, zbierania znaczków, do zbierania samochodów sportowych!

Przyjmując wyzwanie, przyłożyłeś rewolwer do skroni i nacisnąłeś spust, słysząc słyszalne kliknięcie, po czym poczułeś adrenalinę przepływającą przez twoje ciało - ale nic się nie wydarzyło; komora była pusta! Teraz z pieniędzmi przenosisz się do jednego z najbardziej malowniczych miast, jakie znasz, gdzie prawdopodobnie zbudują luksusowe wille, które wywołają niepokój wśród lokalnych mieszkańców.

Jeden z Twoich sąsiadów, którego dom znajduje się obecnie w pobliżu, jest utalentowanym prawnikiem, pracującym po dwanaście godzin na dobę przez 300 tygodni w roku za stawki nierzadko imponujące dla prawników: 500 dolarów za godzinę. Jego roczne oszczędności netto, po uwzględnieniu wszystkich wydatków, po odliczeniu podatków i wydatków na życie, wynoszą pół miliona. Uśmiechasz się w duchu, ilekroć przechodzi obok Twojego podjazdu: dogonienie Cię zajmie mu dwadzieścia lat!

Wyobraź sobie taką sytuację: po 20 latach Twojemu ciężko pracującemu sąsiadowi udało się zgromadzić 10 milionów dolarów. Któregoś dnia pojawia się dziennikarz i pisze artykuł o zamożniejszych mieszkańcach Twojej okolicy, zawierający zdjęcia spektakularnych budynków i drugich żon, które kupiłeś z sąsiadem, elementy wystroju wnętrz i wykwintne detale krajobrazu; ale jedna kluczowa różnica pozostaje niewidoczna: ryzyko czai się za każdym z ich kont o wartości 10 milionów dolarów; aby ten utwór miał sens, musieliby rozpoznać alternatywne ścieżki dostępne dla każdego.

Ale nie tylko dziennikarzom brakuje tej umiejętności – nam wszystkim.
Ścieżki alternatywne odnoszą się do wszystkich wyników, które mogły wystąpić, ale tak się nie stało. Grając w rosyjską ruletkę, cztery możliwe ścieżki prowadzą do wygrania 10 milionów dolarów, a pięć innych może prowadzić do Twojej śmierci – co stanowi wyraźną

różnicę. Z kolei w przypadku prawników wykonujących zawód prawniczy ich możliwe ścieżki zwykle są bliżej siebie; zarabianie 200 dolarów za godzinę na wsi; ale w Nowym Jorku praca dla jednego z głównych banków inwestycyjnych mogłaby zarobić 600 dolarów na godzinę bez ryzyka wyboru alternatywnej ścieżki, która mogłaby kosztować ich fortunę lub życie.

Alternatywne ścieżki nie zawsze są widoczne i rzadko je rozważamy. Jednak ci, którzy w celu zarobienia milionów spekulują obligacjami śmieciowymi, opcjami i swapami ryzyka kredytowego, powinni pamiętać o wielu alternatywnych drogach prowadzących prosto do ruiny. Racjonalny umysł argumentowałby, że wartość 10 milionów zarobionych w bardziej ryzykowny sposób byłaby mniejsza niż ta zarobiona w bardziej przyziemnej pracy (chociaż księgowy może się z tym nie zgodzić).

Niedawno byłem na kolacji z amerykańskim przyjacielem, który zaproponował, abyśmy rzucili monetą, aby zobaczyć, kto powinien zapłacić rachunek. Niestety dla niego przegrał i ta niezręczna sytuacja stała się dla mnie jeszcze bardziej uciążliwa, gdy był moim gościem w Szwajcarii. „Następnym razem" – obiecałem – „czy to tutaj, czy w Nowym Jorku, sam pokryję połowę rachunku". Przemyślał to i powiedział mi: „Biorąc pod uwagę alternatywne ścieżki, być może zapłaciłeś już połowę".

Wniosek: Ryzyko często może być niewidoczne, dlatego przed podjęciem decyzji dotyczących ryzykownych transakcji należy zawsze ocenić możliwe alternatywne ścieżki. Chociaż sukces osiągnięty tak ryzykownymi środkami może początkowo wydawać się atrakcyjny, dla racjonalnego umysłu nie powinien on być porównywany z sukcesem osiągniętym bardziej pracochłonnymi środkami (na przykład poprzez zostanie prawnikiem, dentystą, instruktorem narciarstwa, pilotem, fryzjerem lub konsultantem). O ile patrzenie na inne ścieżki z zewnętrznego punktu widzenia jest wyzwaniem; Zajrzenie w głąb siebie jest prawie niemożliwe, ponieważ Twój mózg będzie pracował w nadgodzinach, przekonując Cię o swojej wartości pomimo wszelkich dostrzeganych zagrożeń i będzie aktywnie blokował myśli o podążaniu ścieżkami innymi niż te, które są obecnie rozważane.

Zobacz także Czarny Łabędź (rozdz. 75); Niechęć do dwuznaczności (rozdz. 80), strach przed żalem (rozdz. 82) i stronniczość polegająca na samoselekcji (rozdz. 47)

PROGNOZOWANA ILUZJA

Eksperci na co dzień bombardują nas przewidywaniami, ale na ile są one naprawdę wiarygodne? Do niedawna nikt nie zadał sobie trudu zbadania tej sprawy; ale potem pojawił się Philip Tetlock. W ciągu 10 lat ocenił 28 361 przewidywań od 284 samozwańczych specjalistów; jego wyniki wykazały jedynie marginalną poprawę w porównaniu z generatorami prognozowania losowego pod względem dokładności; ulubieńcy mediów wypadli szczególnie słabo, podczas gdy prorocy zagłady, tacy jak ci, którzy przepowiadali upadek Kanady, Nigerii, Chin, Indii, Indonezji, Republiki Południowej Afryki, Belgii, a nawet UE. Żaden nie eksplodował!

John Kenneth Galbraith stwierdził słynne stwierdzenie: „Istnieją tylko dwa rodzaje prognostów: ci, którzy nic nie wiedzą, i ci, którzy nie zdają sobie sprawy, że nic nie wiedzą", co spotkało się z powszechną krytyką w jego zawodzie. Zarządzający funduszem Peter Lynch tak dalej wymownie podsumował tę kwestię: „W Ameryce około 60 000 ekonomistów zatrudnionych na pełny etat zajmuje się prognozowaniem recesji i stóp procentowych; gdyby udało im się to dwukrotnie z sukcesem, wszyscy byliby już milionerami; jednak większość pozostaje zatrudniona, co nam coś mówi. Opublikowano to dziesięć lat temu – dziś liczba ta może się potroić bez żadnego wpływu na prognozowanie jakości!

Problem polega na tym, że eksperci cieszą się nieograniczoną dyskrecją i niewielkimi konsekwencjami. Jeśli ekspert złamie oczekiwania lub naruszy przepisy, jego działania mogą mieć poważne konsekwencje, którymi trudno będzie zarządzać i które będą skuteczne. Jeśli im się to uda, eksperci zgarną rozgłos, oferty doradztwa i publikacje; gdy całkowicie im się to nie uda, nie obowiązują żadne kary – finansowe ani reputacyjne. Ta zachęta motywuje ich do wypowiadania jak największej liczby proroctw; rzeczywiście, im więcej prognoz, które generują, tym przypadkowo się sprawdzają! W idealnym przypadku eksperci powinni wpłacać środki na jakiś fundusz prognostyczny – na przykład 1000 dolarów na prognozę; jeśli ich prognoza się sprawdzi, odzyskają swoją inwestycję wraz z odsetkami, a wszelkie pieniądze utracone w wyniku niedokładnych przewidywań zostaną przekazane na cele charytatywne.

Co więc dokładnie można przewidzieć, a czego nie? Niektóre rzeczy są dość łatwe do przewidzenia; Już wiem mniej więcej, ile będę ważyć w przyszłym roku. Jednakże w miarę wzrostu złożoności i ram czasowych wzrośnie także nasza zdolność przewidywania przyszłości – obejmuje to globalne ocieplenie, ceny ropy naftowej czy kursy wymiany; wynalazki są równie niepoznawalne – gdybyśmy wiedzieli, jakie technologie wynajdziemy w przyszłości, już byśmy je stworzyli.

Bądź sceptyczny, gdy spotykasz się z przewidywaniami. Zawsze staram się uśmiechać, gdy to słyszę, a następnie zadaję sobie dwa pytania dotyczące przewidywań ekspertów: 1) jaką mają motywację, aby w dalszym ciągu dokonywać błędnych przewidywań? oraz 2) jeżeli ekspert pracuje jako pracownik, czy może ryzykować swoją pracę, jeśli jego przewidywania będą się ciągle sprawdzać? Czy są to opłacani konsultanci z referencjami w książkach i wykładach, czy też samozwańczy guru, którzy zarabiają na życie poprzez samodzielne publikacje lub publiczne wykłady? Osoby zależne od uwagi mediów mają tendencję do przewidywania w oparciu o szokujące proroctwa, które często nie są zgłaszane przez media. Po drugie, jaki był wskaźnik ich powodzenia w ciągu pięciu lat – ile prognoz przedstawił prognosta i ile się udało, a które nie były prawidłowe – informacje te nie powinny nigdy pozostać niezauważone przez media, dlatego prosimy nie publikować prognoz bez przedstawienia historii osiągnięć od ekspertów.

Tony Blair stwierdził to kiedyś w ten sposób: „Nie prognozuję; nigdy tego nie robiłem i nigdy nie zrobię.
Zobacz także Oczekiwania (rozdz. 62); Błąd planowania (rozdz. 91); Stronniczość władzy (rozdz. 9); Stronniczość z perspektywy czasu (rozdz. 14); Efekt nadmiernej pewności siebie (rozdz. 15); Iluzja kontroli (rozdz. 17); Bieżnia hedoniczna (rozdz. 46) i Czarne łabędzie (rozdz. 75)

Chris ma 35 lat. Jako nastolatek studiował filozofię społeczną i od tego czasu zaczął interesować się krajami rozwijającymi się. Po ukończeniu studiów Chris przez dwa lata pracował w Czerwonym Krzyżu w Afryce Zachodniej, po czym wrócił do siedziby głównej w Genewie na kolejne trzy lata jako szef działu pomocy dla Afryki, zanim ostatecznie uzyskał tytuł MBA i napisał pracę magisterską na temat społecznej odpowiedzialności biznesu. Teraz wydaje się prawdopodobne, że albo A) Chris pracuje dla jednego z dużych banków, gdzie nadzoruje także jego fundację Trzeciego Świata, albo B). Który scenariusz wydaje się najbardziej prawdopodobny?

Większość ludzi wybiera opcję B, jednak jest to nieprawidłowa odpowiedź. B mówi zarówno, że Chris pracuje dla dużego banku, jak i że został spełniony dodatkowy warunek – pracownicy pracujący w fundacji banku Trzeci Świat stanowią niewielką część bankierów; opcja A byłaby zatem bardziej prawdopodobna. Laureaci Nagrody Nobla Daniel Kahneman i Amos Tversky szeroko badali to zjawisko.

Jako ludzi pociągają nas narracje, które wydają się przyjemne lub prawdopodobne; historie o pracowniku pomocy Chrisie, które są przekonujące lub przekonujące, zwiększają ryzyko fałszywego rozumowania. Gdybym ujął to pytanie inaczej, mógłbyś uznać wszystkie te dodatkowe szczegóły za nadmierne; może na przykład: „Chris ma 35 lat i pracuje w A) banku w Nowym Jorku z biurem na dwudziestym czwartym piętrze z widokiem na Central Park lub B) w żadnym z nich"

Ponownie weźmy przykład zamknięcia lotniska w Seattle i odwołania lotu: który scenariusz jest najbardziej prawdopodobny? W tym przypadku bardziej prawdopodobne jest A, ponieważ B oznacza, że został spełniony dodatkowy warunek: zła pogoda. Rozważenie innych możliwości, takich jak groźby bombowe, wypadki lub strajki, może również zamknąć tę kwestię; ale najprawdopodobniej nie bierzemy pod uwagę takich kwestii, rozważając prawdopodobne historie, takie jak A lub B. Teraz, gdy lepiej rozumiesz ten proces, zrób to z przyjaciółmi, aby zobaczyć, który wynik będzie dla Ciebie najbardziej preferowany!
Nawet eksperci mogą paść ofiarą błędu koniunkcji. Na międzynarodowej konferencji poświęconej przyszłym badaniom w 1982 r. eksperci – wszyscy pracownicy naukowi – zostali podzieleni na dwie grupy podczas wydarzenia zorganizowanego przez Daniela Kahnemana: grupa A otrzymała jego prognozę, że zużycie ropy naftowej spadnie o 30%; grupa B usłyszała to w następujący sposób: „Drastyczny wzrost cen ropy naftowej spowoduje spadek konsumpcji o 30%". Następnie obie grupy musiały wskazać, jak prawdopodobny wydaje się każdy scenariusz; szybko stało się jasne, że grupa B była znacznie silniejsza w swojej prognozie niż grupa A.

Kahneman wierzy w dwa typy myślenia. Jeden typ jest intuicyjny, automatyczny i bezpośredni; drugi świadomy, racjonalny, powolny, pracochłonny i logiczny. Niestety, intuicyjne myślenie wyciąga wnioski na długo przed świadomym umysłem; Osobiście doświadczyłem tego po atakach na World Trade Center z 11 września, szukając polis ubezpieczenia podróżnego ze specjalną „ochroną antyterrorystyczną". Chociaż inne polisy obejmowały wszystkie możliwe zdarzenia, w tym akty terrorystyczne (ale i tak dałem się nabrać na ich ofertę!). Jeszcze bardziej śmieszna była moja chęć zapłacenia więcej za coś, co wydawało się atrakcyjnym, ale niepotrzebnym dodatkiem!

Wniosek: nie myl lewej i prawej półkuli; Myślenie intuicyjne i świadome różnią się znacznie bardziej. Podejmując ważne decyzje, pamiętaj o tym rozróżnieniu: podświadomie wolimy wiarygodne historie; Zwróć uwagę na dogodne szczegóły i szczęśliwe zakończenia, które wydają Ci się prawdopodobne, a nie takie, które wymagają spełnienia dodatkowych warunków. Pamiętaj: dodatkowe warunki raczej zmniejszą niż zwiększą prawdopodobieństwo.

Zobacz także Zaniedbanie stawki podstawowej (rozdz. 28); Stronniczość opowieści (rozdz. 13) 42

Podczas tworzenia ramek weź pod uwagę te dwa stwierdzenia:

„Hej, kosz na śmieci jest przepełniony!”

„Byłoby naprawdę cudownie, gdybyś mogła opróżnić śmieci, kochanie”.

Tonacja tworzy muzykę: liczy się sposób, w jaki przekaz jest przekazywany; inaczej komunikowane wiadomości będą również różnie odbierane przez odbiorców – jest to technika znana w żargonie psychologicznym jako kadrowanie.

Kahneman i Tversky przeprowadzili w latach 80. eksperyment, w którym przedstawili dwie opcje strategii kontroli epidemii; ich uczestnikom powiedziano, że zagrożone jest życie 600 osób, przy czym albo opcja A, albo opcja B uratuje 200 z nich. Wariant B zapewniał jedynie 33% szans na przeżycie wszystkich 600 osób i 66% prawdopodobieństwa, że nikt nie przeżyje, przy czym oczekiwano, że 200 ocalałych przeżyje oba scenariusze; większość respondentów wybrała opcję A zamiast B ze względu na większą szansę na przeżycie – wierząc w mądrość, że lepiej mieć coś namacalnego, niż później stracić. Przeformułowanie tych samych opcji stało się niezwykle fascynujące: „Opcja A zabija 400 osób”, podczas gdy „Opcja B oferuje 33% szans, że nikt nie umrze, i 66% szans, że wszystkich 600 umrze”. W tym momencie tylko mniejszość wybrała A, a większość wybrała B; badacze zaobserwowali niezwykły zwrot w przypadku prawie wszystkich uczestników; w zależności od tego, czy sformułowanie (przetrwać lub zginąć) całkowicie zmieniło proces podejmowania decyzji.

Jeden przykład: Badacze zaprezentowali grupie ludzi dwa rodzaje mięsa oznaczone jako zawierające 99% tłuszczu i 1% tłuszczu, a następnie zapytali ich, które jest zdrowsze. Czy zgadniecie, które wybrali? Dobrze zgadłeś – respondenci wybrali opcję pierwszą, niezależnie od wyższej zawartości tłuszczu!

Połysk jest coraz popularniejszą formą oprawienia. Zgodnie z jej zasadami spadająca cena akcji staje się przedmiotem korekty, zaś nadpłacona cena nabycia staje się „goodwill”. Każdy kurs zarządzania w magiczny sposób zamienia problemy w możliwości lub wyzwania; zwolnienie staje się okazją do „przewartościowania swojej kariery”, a zajmowanie się poległymi żołnierzami jest postrzegane jako szansa na stworzenie możliwości lub sprostanie wyzwaniom.

Śmierć na polu bitwy staje się równoznaczna ze statusem bohatera wojennego; niezależnie od przyczyny i sposobu. Ludobójstwo staje się „czystką etniczną”, a awaryjne lądowania, na przykład na rzece Hudson, obchodzone są jako triumfy lotnictwa (choć z pewnością podręcznikowe lądowanie liczyłoby się jeszcze bardziej jako takie triumfy!). Udane awaryjne lądowanie, na przykład na rzece Hudson, jest powszechnie uznawane za takie osiągnięcie (czy pas startowy lotniska nie powinien być liczony jako jeszcze większy triumf lotnictwa?).

Czy przyglądałeś się kiedyś bliżej prospektom i broszurom ETF (funduszy notowanych na giełdzie)? Zwykle broszura ilustruje najnowsze statystyki dotyczące wyników z wystarczającą ilością szczegółów historycznych, aby utworzyć atrakcyjną krzywą w górę, co nazywa się kadrowaniem. Zwykły kawałek chleba może służyć jako kolejny świetny przykład – w zależności od tego, czy jest przedstawiany jako symboliczne, czy rzeczywiste ciało Chrystusa, może wywołać niezgodę w religii, jak to miało miejsce w okresie reformacji w XVI wieku.

Oprawianie w ramki można również skutecznie zastosować w handlu. Weźmy na przykład sprzedawców używanych samochodów: ich przekaz sprawia, że konsumenci, rozważając ich zakup, skupiają się tylko na określonych czynnikach, czy to za pośrednictwem komunikatów przekazywanych przez sprzedawców, znaków zachwalających określone funkcje czy też własne kryteria. Na przykład, gdy postrzegamy używane samochody z niskim przebiegiem i dobrymi oponami jako atuty sprzedaży – często bez względu na stan silnika, stan hamulców, stan wnętrza itp. – i skupiamy się bardziej na przebiegu/oponach niż na jakichkolwiek innych aspektach. Niestety, podjęcie decyzji o zakupie może być trudne, biorąc pod uwagę wszystkie możliwe za i przeciw; gdyby przy sprzedaży samochodu użyto innych ram, moglibyśmy dokonać innych wyborów.

Autorzy są mistrzami w tworzeniu ram. Powieść kryminalna szybko stałaby się nudna, gdyby wszystkie jej strony po prostu pokazywały każde morderstwo tak, jak miało miejsce – „pchnięcie po dźgnięciu". Nawet gdy stopniowo odkrywamy motywy i narzędzia zbrodni, kadrowanie dodaje opowieści dramatyzmu i napięcia.

Wniosek: Bądź świadomy, że każda komunikacja zawiera pewne ramy; na każdy fakt, czy to dostarczony przez zaufanych przyjaciół, czy opublikowany w wiarygodnych gazetach, mogą mieć wpływ efekty kadrowania – nawet treść tego rozdziału!

Zobacz także Efekt kontrastu (rozdz. 10); Niechęć do kontrastu (rozdz. 21); Strach przed żalem (rozdz. 82); Niechęć do straty (rozdz. 32); Wzajemność (rozdz. 6); Efekt kotwicy (rozdz. 30) i efekt śpiącego (rozdz. 70).

OGLĄDANIE I CZEKANIE JEST BOLESNE

STRONNICZOŚĆ DZIAŁANIA

W sytuacjach karnych w piłce nożnej podróż piłki od kopającego do bramkarza zajmuje mniej niż 0,3 sekundy; ograniczając w ten sposób jego czas na obserwację trajektorii przed podjęciem decyzji, kiedy należy go ponownie wyrzucić. Piłkarze wykonujący rzuty karne zazwyczaj kierują swoje strzały w jednej trzeciej przypadków w środek, w jednej trzeciej w obie strony, a w jednej trzeciej poza środkiem bramki, co nie pozostało niezauważone przez bramkarzy, którzy nurkują w lewo lub w prawo, w zależności od skąd gracze strzelają. Rzadko zdarza się, aby gracze stali na środku, mimo że około jedna trzecia wszystkich piłek ląduje właśnie tam. Dlaczego mieliby ryzykować uniknięcie kar, nie występując? Po prostu dlatego, że dzięki temu telewizja jest lepsza; wygląd odgrywa ważną rolę. Zanurkowanie na bok zamiast zastygania w miejscu może wyglądać bardziej imponująco i być mniej zawstydzające; nazywa się to tendencją do działania: sprawiamy wrażenie aktywnego, mimo że nie wynika z tego nic konkretnego.

Badania te pochodzą od izraelskiego badacza Michaela Bar-Eli, który przeprowadził szeroko zakrojone testy rzutów karnych. Nie tylko bramkarze są podatni na stronniczość działania – wyobraźmy sobie, że grupa młodych ludzi wychodzi z nocnego klubu i zaczyna krzyczeć i gestykulować na siebie, zanim zacznie się kłócić i wplątać się w kłótnię między sobą. Sytuacja balansuje na krawędzi przemocy na pełną skalę, zarówno młodzi, jak i starsi funkcjonariusze policji pozostają w pogotowiu, monitorując z daleka do czasu pojawienia się ofiar i interweniując w razie potrzeby. Jeśli tę sytuację pozostawi się w rękach młodych, niedoświadczonych funkcjonariuszy, może ona szybko przerodzić się w przemoc; młodzi, pełni entuzjazmu funkcjonariusze, ulegając nastawieniu do działania, mogą zareagować natychmiast i rzucić się do przodu, często prowadząc do ofiar. Według wyników badań późniejsza interwencja, którą ułatwili starsi oficerowie, może skutkować zmniejszeniem ofiar.

Stronniczość działania wzmacnia się w konfrontacji z czymś nieznanym lub niejasnym. Na początku wielu inwestorów zachowuje się podobnie do młodych, nadgorliwych policjantów przed nocnym klubem: ich brak doświadczenia powoduje, że nie potrafią ocenić sytuacji na giełdzie, więc rekompensują to nadpobudliwością; niestety powoduje to marnowanie cennego czasu; Charlie Munger w słynny sposób podsumował to podejście, mówiąc: „Potrzebujemy dyscypliny, aby unikać robienia czegokolwiek tylko dlatego, że bezczynność staje się nie do zniesienia”.

Stronniczość działania istnieje nawet w kręgach wysoko wykształconych. Kiedy pacjenta dotyka choroba, nawet lekarze z wyższym stopniem naukowym często reagują negatywnie i zwlekają z poszukiwaniem dla nich odpowiedniego leczenia.

Gdy tylko schorzenia nie można prawidłowo zdiagnozować i lekarze muszą wybierać pomiędzy interwencją (tj. przepisaniem czegoś) a czekaniem i leczeniem, ich decyzje o interwencji skłaniają się do podjęcia natychmiastowych działań, a nie siedzenia i czekania, aż wydarzy się coś ostatecznego. Takie decyzje nie odzwierciedlają spekulacji, lecz raczej odzwierciedlają ludzką tendencję do podejmowania działań, a nie pozostawania w uśpieniu w obliczu niepewności.

Co zatem napędza tę tendencję? W naszym dawnym środowisku łowiecko-zbierackim (które doskonale nam odpowiadało) działania przeważały nad refleksją. Błyskawiczne reakcje były niezbędne do przetrwania; narada może okazać się śmiertelna. Kiedy nasi przodkowie zobaczyli na skraju lasu coś, co wyglądało podobnie do sylwetki tygrysa szablozębnego, szybko podjęli działania; zamiast zastanawiać się, czy coś tam mogło się znajdować, po prostu robili to dla bezpieczeństwa, szybko uciekając, zamiast zbyt długo rozwodzić się nad potencjalnymi zagrożeniami – w przeciwieństwie do nas dzisiaj, gdzie nasze instynkty mogą nam podpowiadać inaczej.

Chociaż nasze społeczeństwo w coraz większym stopniu uznaje kontemplację za wartość, całkowita bierność pozostaje grzechem głównym. Jeśli podejmiesz właściwą decyzję, czekając, nie będzie na ciebie czekał żaden medal ani statuetka z twoim imieniem; wręcz przeciwnie, wykazanie się zdecydowaniem i szybką oceną sytuacji, gdy sytuacja się poprawi, może przynieść uznanie pracodawców, mężów stanu, a nawet burmistrzów; pochopne działania częściej wygrywają w społeczeństwie niż rozważne strategie „poczekaj i zobacz".

Wniosek: w obliczu nowych lub niepewnych okoliczności naszym odruchem może być chęć zrobienia czegoś, czegokolwiek – bez względu na konsekwencje – tylko po to, aby nie poczuć się bezradnym lub zdenerwowanym. Niestety, ta tendencja często przynosi odwrotny skutek, prowadząc nas na ścieżki, które zamiast poprawiać, pogarszają sytuację. Oczekiwanie samo w sobie może nie trafić na pierwsze strony gazet, ale jeśli sytuacja pozostaje niejasna, rozsądniej będzie usiąść z założonymi rękami do czasu, aż będzie można dokonać jaśniejszej oceny dostępnych opcji; według Blaise'a Pascala „wszystkie ludzkie problemy wynikają z tego, że człowiek nie jest w stanie spokojnie usiedzieć sam w jednym pokoju" w swoim domowym gabinecie.
Zobacz także błąd pominięcia (rozdz. 44); Przemyślenie (rozdz. 90); Zwlekanie (rozdz. 85); Będzie gorzej, zanim będzie lepiej Błąd (rozdz. 12); oraz niemożność zamknięcia drzwi (rozdz. 68) jako możliwe czynniki problemów z niewłaściwą komunikacją.

BŁĄD POMINIĘCIA

Wyobraź sobie, że jesteś na lodowcu z dwoma wspinaczami. Jeden ślizga się i wpada do szczeliny; wołanie o pomoc mogło go uratować, ale ty tego nie robisz – zamiast tego wpychasz ich oboje do wąwozów, gdzie oboje szybko umierają – śmierć którego z nich bardziej ciąży na twoim sumieniu?

Racjonalne rozważenie pokazuje, że obie opcje są równie odrażające i prowadzą do śmierci twoich towarzyszy. Coś jednak sprawia, że bardziej przychylnie oceniamy opcję pasywną; zjawisko to znane jest jako błąd zaniechania i występuje, gdy zarówno działanie, jak i brak działania prowadzą do fatalnych skutków; wolimy bierność, ponieważ jej skutki wydają się mniej niepokojące.

Wyobraź sobie, że jesteś szefem Federalnej Agencji Leków i musisz zdecydować, czy zatwierdzić lek dla nieuleczalnie chorych pacjentów z potencjalnie śmiertelnymi skutkami ubocznymi – te pigułki natychmiast zabiły 20% osób, ratując życie o 80% więcej w krótkim czasie . Jaka byłaby Twoja decyzja?

Większość prawdopodobnie odmówi zgody; dla nich przyjęcie leku, który zabija jednego na pięciu pacjentów, wydaje się znacznie gorsze niż niepodanie lekarstwa pozostałym 80%. Takie decyzje doskonale ilustrują błąd pominięcia. Wyobraź sobie, że zdajesz sobie sprawę z takiej stronniczości, ale mimo to decydujesz się na jej aprobatę w imię rozsądku i przyzwoitości, tylko dlatego, że gdy jeden z Twoich pacjentów umiera, następuje oburzenie i zostajesz bez pracy! Jako urzędnicy służby cywilnej lub politycy mądrzej – a w istocie dla nich – jest to niezbędne – byłoby poważnie potraktować tę wszechobecną formę uprzedzeń, a nawet dalej ją zachęcać!

Orzecznictwo pokazuje głębokość takiego „wypaczenia moralnego". Eutanazja, nawet jeśli jest pożądana przez umierającego, jest nielegalna, natomiast celowa odmowa podjęcia środków ratujących życie (na przykład wykonanie nakazu DNR – nakazu nie reanimowania) pozostaje legalna.

Takie rozumowanie wyjaśnia, dlaczego tak wielu rodziców uważa, że nieszczepienie swoich dzieci jest całkowicie dopuszczalne, mimo że udowodniono, że szczepienie znacznie zmniejsza ryzyko związane z przenoszeniem chorób.
Chociaż szczepienie niesie ze sobą bardzo małe ryzyko wystąpienia działań niepożądanych, ogólne szczepienie ma sens; nie tylko ze względu na jednostkę, ale także ze względu na społeczeństwo jako całość – jednostki odporne nie mogą zarażać swoją chorobą innych ludzi

i w ten sposób dalej jej rozprzestrzeniać. Oczywiście, gdyby nieszczepione dzieci zachorowały, mogłyby oskarżyć rodziców o wyrządzenie im krzywdy poprzez odmowę szczepienia – jednak wydawałoby się to mniej poważne, niż gdyby sami celowo zarażali swoje dzieci!

U podstaw złudzeń leży stronniczość polegająca na pomijaniu: wolimy czekać, aż inni to zrobią, zamiast sami podejmować kroki, aby to zastosować. Inwestorzy i dziennikarze biznesowi są bardziej wyrozumiali dla firm, które nie wytwarzają nowych produktów, niż dla tych, które produkują kiepskie produkty, choć obie ścieżki prowadzą do ruiny. Lepsze jest bierne siedzenie na marnych akcjach niż aktywne kupowanie złych; niebudowanie filtrów emisji w elektrowniach węglowych wydaje się lepsze niż podjęcie takich kroków, jak usunięcie jednego ze względów kosztowych; niezaizolowanie domów wydaje się lepsze niż spalanie całego dodatkowego paliwa; niezłożenie deklaracji podatku dochodowego jest mniej niestosowne niż złożenie fałszywych dokumentów podatkowych, mimo że obie ścieżki prowadzą w obu przypadkach do strat państwa.

W Rozdziale 7 zbadaliśmy błąd związany z działaniem. Czy jest to jednak przeciwieństwo błędu polegającego na zaniedbaniu? Nie dokładnie; stronniczość w działaniu prowadzi nas do kompensowania braku jasności daremną nadpobudliwością, gdy rzeczy wydają się niejasne lub sprzeczne; podczas gdy błąd pominięcia często objawia się tam, gdzie informacje są łatwo dostrzegalne: wgląd może ujawnić przyszłe nieszczęścia, których moglibyśmy uniknąć poprzez bezpośrednie działanie, ale wgląd ten nie generuje w nas tak dużej motywacji, aby się temu przeciwstawić.

Stronniczość pominięcia może być trudna do wykrycia; działanie jest zwykle bardziej zauważalne niż bezczynność. Ruchy studenckie lat 60. ukuły przeciwko temu skuteczne hasło: „Jeśli nie jesteś częścią rozwiązania, jesteś częścią problemu”.

Uwagi na temat błędu ochotnika (rozdz. 65); Błąd w działaniu (rozdz. 43); Zwlekanie (rozdz. 85).

NIE OBWINIAJ MNIE

Nastawienie na samolubstwo

Czy regularnie czytasz raporty roczne, ze szczególnym uwzględnieniem wypowiedzi Prezesa? Jeśli nie, to szkoda, ponieważ można tam znaleźć wiele przykładów błędu, który zbyt często wchodzi w grę – egoizmu. Ilekroć firma odnosi sukces, dyrektor generalny poświęca czas, aby podkreślić wszystkie jej wysiłki - takie jak podejmowanie mądrych decyzji, niestrudzoną pracę i kultywowanie innowacyjnej kultury korporacyjnej. Jeśli firma miała nieudany rok, czytamy o różnych czynnikach, które przyczyniły się do jej upadku: wahaniach kursów walut, interwencjach rządu, chińskich praktykach handlowych naruszających zachodnie standardy własności intelektualnej, ukrytych cłach zmniejszających zaufanie konsumentów itp. W skrócie: nasze umysły przypisują sukcesy i porażki zewnętrznie, a nie wewnętrznie – jest to egoistyczne nastawienie w pracy!

Nawet jeśli nigdy nie słyszałeś tego terminu, szkoła średnia nauczyła wielu uczniów, co oznacza stronniczość egoistyczna. Jeśli zdobyli piątkę, ich sukces odbijał się wyłącznie na nich, natomiast niepowodzenie oznaczało, że administratorzy i nauczyciele stosowali nieuczciwe procedury testowania.

Ale oceny nie wydają się już mieć znaczenia: może ich miejsce zajęła giełda. Kiedy Twój portfel przynosi zysk, klaszczesz sobie; gdy osiąga słabe wyniki, winę zrzuca się bezpośrednio na „rynek" (cokolwiek to oznacza) lub być może na tego irytującego doradcę inwestycyjnego. Sam jestem doświadczonym użytkownikiem egoistycznego uprzedzenia: kiedy moja nowa powieść gwałtownie zdobywa status listy bestsellerów, świętuję ją jako moją najlepszą książkę w dotychczasowej historii; jeśli okaże się klapą wśród nowych wydawnictw, to musi to oznaczać, że czytelnicy po prostu tego nie dostrzegają lub że krytycy są zazdrośni, że mają coś przeciwko mnie, że nie dostrzegają dobrej literatury w moich książkach!

Naukowcy przeprowadzili test osobowości i losowo przydzielili uczestnikom wysokie lub niskie wyniki; osoby, które otrzymały wysokie oceny, uznały je za dokładne i sprawiedliwe; ci, którzy otrzymali niskie oceny, uznali to za całkowicie bezużyteczne. Dlaczego przypisujemy sukces sobie, a porażkę gdzie indziej? Istnieją różne teorie, a być może jedno proste wyjaśnienie jest takie: to dobre uczucie! Co więcej, ewolucja prawdopodobnie zajęłaby się tym znacznie wcześniej.
W ciągu stu tysięcy lat egoistyczne uprzedzenia zostały wykorzenione wraz z rozwojem społeczeństwa ludzkiego, lecz w naszym współczesnym świecie, pełnym ukrytych zagrożeń, mogą one ujawnić się ponownie i szybko doprowadzić do katastrofy. Richard Fuld, często nazywany samozwańczym „władcą wszechświata", mógłby z powodzeniem poprzeć ten pogląd; po sprawowaniu funkcji dyrektora generalnego Lehman Brothers aż do ogłoszenia

upadłości w 2008 r. może nadal ubiegać się o ten tytuł, obwiniając za przyczynę działania rządu.

Studenci przystępujący do testów SAT zazwyczaj zdobywają od 200 do 800 punktów. Wiele osób zapytanych rok później o aktualizację swoich wyników ma tendencję do zwiększania ich o około 50 punktów – nigdy nie kłamując ani nie wyolbrzymiając liczb, po prostu „poprawiając" je, dopóki sami nie uwierzą w nową liczbę.

W moim budynku znajduje się mieszkanie współdzielone przez pięciu studentów, których często widuję w windzie. Jeden powiedział, że wyniósł śmieci co drugi lub trzeci raz; inny: co trzeci lub czwarty raz; podczas gdy współlokator nr 3 twierdził, że robi to w mniej więcej 90% przypadków! Ich odpowiedzi powinny sumować się do 100%, a zamiast tego dały imponujące 320%! Każdy chłopiec przeceniał swoje role – coś, co ma tendencję do robienia wszystkich ludzi. Badania wykazały również to zjawisko wśród par małżeńskich, gdzie każde z nich zakłada, że wnosi ponad 50% wkładu w zdrowie małżeństwa.

Jak zatem możemy pokonać uprzedzenia egoistyczne? Czy masz przyjaciół, którzy mówią prawdę bez żadnych ograniczeń? Jeśli tak jest w Twoim przypadku, możesz uważać się za szczęściarza. Jeśli nie, zaproś przynajmniej jednego wroga na kawę i zapytaj go o szczerą opinię na temat Twoich mocnych i słabych stron; zawsze będziesz wdzięczny, że to zrobiłeś!

Zobacz także błąd z perspektywy czasu (rozdz. 14); Efekt nadmiernej pewności siebie (rozdz. 15); Syndrom nie-tutaj (rozdz. 74); Błąd w przetrwaniu (rozdz. 1), Szczęście początkującego (rozdz. 49) Dysonans poznawczy (rozdz. 50); Efekt Forera (rozdz. 64); Złudzenie introspekcji (rozdz. 67) i wybieranie wiśni (rozdz. 96) do zapoznania się.

OBEJRZYJ CO CHCESZ!

Wyobraź sobie, że pewnego dnia dzwoni telefon, a entuzjastyczny głos informuje Cię, że wygrałeś na loterii jackpot o wartości 10 milionów dolarów! Jak byś się wtedy czuł i jak długo to trwało? Może się też zdarzyć inny scenariusz: ktoś dzwoni, aby poinformować Cię o stracie najlepszego przyjaciela; jeszcze raz, jak byś zareagował i jak długo utrzymywałyby się efekty?

W Rozdziale 40 sprawdziliśmy niską dokładność przewidywań w różnych dziedzinach, takich jak polityka, ekonomia i wydarzenia społeczne. Doszliśmy do wniosku, że samozwańczy eksperci nie są lepsi w dostarczaniu dokładnych prognoz od losowych generatorów prognoz. Przejdźmy teraz do innego obszaru: jak dokładnie możemy przewidzieć nasze uczucia? Czy jesteśmy ekspertami od siebie? Czy wygrana na loterii sprawi, że będziemy szczęśliwsi na długie lata? Psycholog z Harvardu, Dan Gilbert, sugeruje inaczej; jego badania zwycięzców loterii wskazują, że wszelkie pozytywne skutki szybko ustępowały w ciągu kilku miesięcy, pozostawiając ludzi równie zadowolonych lub niezadowolonych jak wcześniej po otrzymaniu czeku – zjawisko to nazywa „prognozowaniem afektywnym”; nasza niezdolność do prawidłowego przewidywania własnych emocji.

Pewien dyrektor bankowy postanowił zbudować sobie nowy dom za miastem, mając spore dochody, marząc o stworzeniu willi z dziesięcioma pokojami, basenem i wspaniałym widokiem na jezioro i góry. Jego plan stał się rzeczywistością. W ciągu kilku tygodni od zakupu promieniał z podniecenia. Niestety, ten entuzjazm szybko opadł, a sześć miesięcy później był bardziej nieszczęśliwy niż kiedykolwiek. Dlaczego tak się stało? Cóż, badania pokazują, że szczęście szybko ulatnia się już po kilku miesiącach, a willa nie reprezentuje już jego marzeń; codziennie wracając do domu, spotykał się z niepożądaną rzeczywistością: otwierał drzwi i nie wiedział, dokąd go to zaprowadziło… Biedak: jego uczucia do willi były obojętne w porównaniu z tym, co czuł do jego jednopokojowego mieszkania studenckiego. Dodatkowo musieli teraz mierzyć się z dwoma godzinnymi dojazdami dziennie! Badania pokazują, że prowadzenie pojazdu może być ogromnym źródłem niezadowolenia i stresu, a większość ludzi nigdy nie przyzwyczaja się do tego doświadczenia. Dlatego osoby, które nie mają wrodzonej skłonności do dojeżdżania do pracy, będą prawdopodobnie znosić co najmniej dwie długie dojazdy dziennie. Dlatego wymarzona willa mojej przyjaciółki miała ogólnie negatywny wpływ na jej szczęście.

Wiele innych nie radzi sobie wcale lepiej: osoby, które zmieniają swoją karierę lub awansują, często spotyka podobny los.

Naukowcy nazywają to zjawisko hedonicznym bieżnią: ciężko pracujemy, rozwijamy się finansowo i zdobywamy więcej bogactwa – ale nic z tego nie czyni nas szczęśliwszymi.

Jaki zatem wpływ na nas mają negatywne zdarzenia, takie jak urazy rdzenia kręgowego i utrata przyjaciół? Zwykle przeceniamy ich czas trwania i intensywność – na przykład po zakończeniu związku może się wydawać, że życie nigdy nie będzie takie samo, ale w ciągu około trzech miesięcy partnerzy wrócili do randek i ponownego odnalezienia szczęścia.

Czy nie byłoby cudownie, gdybyśmy wiedzieli dokładnie, jak szczęśliwy sprawi nam nowy samochód, kariera lub związek? Na szczęście jest to coś, co możemy częściowo zmierzyć. Przy podejmowaniu lepszych, mądrzejszych decyzji kieruj się tymi naukowo uzasadnionymi wytycznymi: 1) Unikaj negatywnych rzeczy, do których nie możesz się przyzwyczaić z biegiem czasu, takich jak dojazdy do pracy, zanieczyszczenie hałasem lub chroniczny stres. 2) Nie polegaj zbytnio na dobrach materialnych, takich jak samochody, domy, wygrane na loterii, bonusy lub nagrody, jako źródła długotrwałego szczęścia. 3) Dąż do jak największej wolności i autonomii, ponieważ trwałe pozytywne zmiany często wynikają z podejmowania pozytywnych działań z własnej inicjatywy. Realizuj swoje pasje, nawet jeśli oznacza to rezygnację z części dochodów; inwestuj w przyjaźnie; większość ludzi znajduje trwałe szczęście dzięki statusowi zawodowemu, o ile nie zmienia to od razu grupy rówieśniczej – innymi słowy, jeśli awansujesz na stanowisko dyrektora generalnego, bratając się tylko z innymi menedżerami, efekt szybko się zmniejsza.

Iluzja prognozy (rozdz. 40); Neomania (rozdz. 69) i Zazdrość (rozdz. 86) należy postrzegać jako oznaki niebezpieczeństwa i nie należy ich lekceważyć.

WSZYSCY POWINNIŚMY PAMIĘTAĆ, ŻEBY NIE ZACHWYCAĆ SIĘ WŁASNYM ISTNIENIEM I ŻYĆ ZGODNIE Z TYM!

Podróżując z Filadelfii do Nowego Jorku, utknąłem w korku. „Dlaczego to zawsze muszę być ja?", ubolewałem, patrząc na kierowców jadących na południe, pędzących z imponującą prędkością po mojej przeciwnej stronie. Spędzając godzinę, czołgając się do przodu w ślimaczym tempie, z częstymi przystankami na hamowanie i przyspieszanie, moje myśli błądziły. Czy naprawdę miałem pecha w życiu, czy może to tylko moje odczucie? Linie w bankach, urzędach pocztowych i sklepach spożywczych pozornie wybierają mnie częściej niż inne, czy może było to po prostu tylko wrażenie?

Wyobraź sobie, że na tej autostradzie korek tworzy się przez 10% czasu; moje prawdopodobieństwo utknięcia nie jest większe niż prawdopodobieństwo, ale prawdopodobieństwo utknięcia w dowolnym momencie mojej podróży przekracza tę wartość ze względu na ograniczone możliwości poruszania się do przodu w takich sytuacjach; co więcej, gdy już się pojawi, a ja utknę, staje się dla mnie znacznie bardziej zauważalny, niż gdyby poruszał się z normalną prędkością.

Podobna logika ma zastosowanie w przypadku lad bankowych lub sygnalizacji świetlnej: podczas przeciętnej podróży między punktami A i B, na której znajduje się 10 sygnalizacji świetlnych, jedna z nich będzie zawsze czerwona, a pozostałe zielone; możesz jednak spędzić ponad 10% czasu podróży, czekając na czerwonych światłach – choć może to nie wydawać się właściwe; wyobraź sobie podróż z prędkością bliską światła: prawdopodobnie spędziłbyś 99,99% (a nie 10%) czasu, czekając i przeklinając czerwone światła!

Gdy tylko zaczniemy narzekać na pecha, mądrze jest uważać na stronniczość w zakresie samoselekcji. Kiedy moi znajomi narzekają na brak kobiet w swoich firmach, a koleżanki narzekają na zbyt małą liczbę mężczyzn, nie ma to nic wspólnego z pechem – ci narzekacze stanowią część próby, która pokazuje prawdopodobieństwo, że większość pracowników płci męskiej pracuje w branżach zdominowanych przez głównie mężczyźni (lub odwrotnie w przypadku pracownic). Co więcej, mieszkanie w krajach takich jak Chiny czy Rosja, w których występuje duży odsetek obu płci, oznacza, że możesz stać się częścią tej większej grupy i czuć się źle. Kiedy głosowanie ma miejsce podczas wyborów, zjawisko to staje się najbardziej widoczne;
W momencie głosowania jest wysoce prawdopodobne, że Twój głos będzie odpowiadał głosowi większości zwycięskiej większości.

Marketerzy często padają ofiarą tendencji do samoselekcji. Marketerzy mogą wpaść w to poprzez ankiety marketingowe, które próbują ocenić wartość dla klienta ich newslettera, ale docierają tylko do obecnych subskrybentów, którzy są w pełni usatysfakcjonowani, mają czas i nie zrezygnowali. Dlatego te sondaże okazują się nieskuteczne.

Uwagi mojego raczej zasmucającego przyjaciela poruszyły ostatnio powszechny błąd polegający na samoselekcji; tylko żywe istoty mogą dokonywać takich obserwacji; istoty nieistotne często nie zastanawiają się zbytnio nad swoim nieistnieniem. Jednak to samo złudzenie stanowi podstawę wielu dzieł filozoficznych, które rok po roku zachwycają się rozwojem języka; Współczuję im zdumienia, lecz uważam je za nieusprawiedliwione; język po prostu nie istniałby bez nas, którzy czciliby jego cud; jego cud staje się namacalny jedynie poprzez wystawienie go na działanie otoczenia - jego cud staje się namacalny jedynie poprzez jego istnienie w swoim otoczeniu - jak jego cud stworzenia lub zniszczenia przez ludzkie umysły!

Zabawne jest to niedawne badanie telefoniczne: pewna firma przeprowadziła je, aby ustalić, ile średnio telefonów (stacjonarnych i komórkowych) posiada każde gospodarstwo domowe. Byli zaskoczeni, gdy dowiedzieli się, że żadne gospodarstwo domowe nie twierdziło, że ich nie ma! Naprawdę zdumiewające osiągnięcie.

Zobacz także Ścieżki alternatywne (rozdz. 39); Efekt pozytywny (rozdz. 95); Iluzja ciała pływaka (rozdz. 2) do dalszej dyskusji.

STRONNICZOŚĆ STOWARZYSZENIA

Kevin trzykrotnie prezentował zarządowi firmy wyniki swojego działu i za każdym razem wszystko przebiegało bez zarzutu. Kevin wierzy, że te zielone bokserki w kropki to jego szczęśliwe majtki!

Kevin nie mógł się powstrzymać przed zakupem wspaniałego pierścionka zaręczynowego, który mu pokazała; chociaż 10 000 dolarów znacznie przekraczało jego budżet na drugie małżeństwo, coś w tej kobiecie sprawiało, że nie mógł się temu oprzeć; może skojarzenie z kimś tego pięknego przedmiotu wzbudziłoby nadzieję w przyszłych Pannach Młodych, że i ona może być zapierająca dech w piersiach piękna?

Kevin co roku odwiedza lekarza na kontrolę i zwykle dowiaduje się, że mimo że ma 44 lata, jego stan zdrowia jest w dobrym stanie. Jednak dwukrotnie odszedł z niepokojącymi wiadomościami: raz w sprawie wyrostka robaczkowego (który został szybko usunięty); a drugi na początkowo spuchniętą prostatę, która po dalszym badaniu okazała się zwykłym stanem zapalnym, a nie rakiem – za każdym razem Kevin wychodził zmartwiony i w oba dni było wyjątkowo gorąco; od tego czasu, ilekroć temperatura w okolicy jednej z jego wizyt kontrolnych zaczyna rosnąć, natychmiast ją odwołuje!

Nasze mózgi to maszyny łączące. Na przykład, kiedy zjadamy nieznany owoc i potem odczuwamy mdłości, nasze umysły tworzą wiedzę. Jednak ta metoda tworzy również fałszywą wiedzę. Rosyjski naukowiec Iwan Pawłow jako pierwszy zbadał to zjawisko za pomocą dzwonków do pomiaru wydzielania śliny u psów; później jednak sam dźwięk powodował ślinienie; tworzenie powiązań między dwiema pozornie niezwiązanymi ze sobą funkcjami, takimi jak bicie dzwonka i wytwarzanie śliny w mózgach zwierząt – na przykład sam dźwięk wystarczy, aby wywołać w nich ślinienie.

Metodę Pawłowa można zastosować równie dobrze w przypadku ludzi. Reklama tworzy powiązania między produktami i emocjami, tak jak Coca-Cola. W rezultacie reklamy pokazują ludzi o wesołych twarzach, którzy pojawiają się razem – w przeciwieństwie do marszczących brwi lub pomarszczonych ciał, które można zobaczyć gdzie indziej w prawdziwym życiu. Osoby pijące colę pojawiają się w dużych skupiskach w porównaniu z prawdziwym życiem.

Fałszywe skojarzenia są spowodowane stronniczością skojarzeń, która również pogarsza jakość naszego podejmowania decyzji. Nosicieli złych wiadomości możemy automatycznie kojarzyć z ich treścią (tzw. syndrom strzelania do posłańca). Niektórzy dyrektorzy generalni i inwestorzy mogą świadomie lub nieświadomie unikać negatywnych wiadomości, co prowadzi do niedokładnego obrazu rzeczywistości. Aby nie paść ofiarą fałszywych powiązań i nie paść ofiarą fałszywych tropów podczas przewodzenia grupom ludzi, poinstruuj swoich pracowników, aby tak szybko, jak to możliwe, przekazali wyłącznie złe wiadomości, aby przeciwdziałać syndromowi strzelania do posłańca – ufaj, że wystarczy pozytywnych wiadomości. wciąż nadchodzi! Przezwyciężyć fałszywe powiązania poprzez nadmierną kompensację syndromu strzelania do posłańca poprzez nadmierną kompensację pozytywnymi wiadomościami - nadmierną kompensację poprzez nadmierną kompensację dobrymi wiadomościami!

Zanim istniał e-mail i telemarketing, podróżujący sprzedawcy stosowali metody sprzedaży od drzwi do drzwi. Pewnego dnia George Foster natknął się na pusty dom, w którym przez tygodnie niewidzialny wyciek napełniał go gazem – bez jego wiedzy uszkodzony dzwon wywołał iskrę, gdy George go nacisnął, co wywołało eksplozję, w wyniku której George trafił prosto do szpitala, choć ostatecznie szybko wyzdrowiał. Niestety, jego strach przed dzwonkami do drzwi utrzymywał się tak mocno, że nawet po latach nie mógł wrócić do pracy; bardzo się starał, ponieważ mógł jedynie stworzyć kolejne emocjonalne przywiązanie, które nie mogło się odwrócić, mimo że wiedział, że jest to mało prawdopodobne.

Mark Twain pięknie ujął to ważne przesłanie: „Z każdego doświadczenia powinniśmy wyciągać jedynie wnioski, które ono zawiera; abyśmy nie stali się podobni do kota, który siada na rozgrzanej kuchence i się poparzył. Nigdy więcej nie usiądziemy ani na gorącej, ani na zimnej kuchence.

Bądź ostrożny, gdy wszystko zaczyna się dobrze; zwróć uwagę na błąd zarażania (rozdz. 54); Fałszywa przyczynowość (rozdz. 37); Szczęście początkującego (rozdz. 49), a także błąd dostępności i heurystyka wpływu. (Więcej informacji na ten temat można znaleźć w rozdziale 54).

UWAŻAJ, KIEDY SPRAWY ZACZYNAJĄ DZIAŁAĆ SIĘ SZYBKO

SZCZĘŚCIE POCZĄTKUJĄCEGO

Niedawno badaliśmy stronniczość skojarzeń, czyli naszą tendencję do dostrzegania powiązań tam, gdzie ich nie ma. Na przykład, niezależnie od sukcesów Kevina w dużych prezentacjach, gdy nosił zielone majtki w kropki, nie mogą mu zagwarantować sukcesu za każdym razem.

Teraz dochodzimy do jednej z trudniejszych form uprzedzeń skojarzeniowych: tworzenia sztucznego powiązania z przeszłością. Gracze kasyna dobrze znają tę taktykę: nazywają ją szczęściem początkującego. Osoby nowe w grze, które przegrywają w pierwszych rundach, często mądrze pasują, podczas gdy ten, kto trafi szczęśliwie, zwykle kontynuuje grę. Kiedy jednak gracze, którzy zagrają po raz pierwszy, będą mieli szczęście, ich pewność siebie może skłonić ich do jeszcze większego zwiększenia stawek – tylko po to, aby później dowiedzieć się, że prawdopodobieństwo wkrótce potem wróciło do średniego poziomu!

Szczęście początkującego odgrywa kluczową rolę w sukcesie gospodarczym. Wyobraź sobie firmę A, która bez incydentów nabywa sukcesywnie mniejsze spółki B, C i D i pomyślnie kończy każde przejęcie – budując ich zaufanie, ponieważ każda fuzja okazuje się zbyt trudna do zarządzania i szacuje się, że synergie są niemożliwe do zrealizowania pomimo obiektywnych dowodów wskazujących w tym kierunku z poprzednich przejęć – tylko po to, by szczęście początkującego oślepiło go przed tą rzeczywistością.

Podobne tendencje wystąpiły na giełdzie. Wielu inwestorów, przyciągniętych początkowym sukcesem, pod koniec lat 90. ulokowało swoje oszczędności życia, a nawet pożyczki w akcje spółek internetowych, nie zdając sobie sprawy, że ich niezwykłe zyski w tamtym czasie nie wynikały z umiejętności doboru akcji w oparciu o wiedzę, ale po prostu z tendencji wzrostowej na rynku. ; nawet ci, którzy nie posiadali żadnej wcześniejszej wiedzy inwestycyjnej, często odnosili ogromne zwycięstwa, gdy sytuacja w końcu się pogorszyła. Kiedy jednak ta dynamika w końcu osłabła, wiele firm pozostało w obliczu gór długów internetowych.

Jak można było zobaczyć podczas niedawnego boomu mieszkaniowego w USA, wiele osób wpadło w tę pułapkę: dentyści, prawnicy, nauczyciele i taksówkarze porzucili karierę zawodową, aby dla zysku „odwracać" domy – kupować je po okazyjnych cenach piwnicy, a następnie natychmiast odsprzedawać po wyższych cenach. ceny – prowadząc ich na odurzającą ścieżkę w stronę ogromnych zysków, ale w rzeczywistości mającą niewielkie znaczenie dla prawdziwego życia i kariery.

Boom mieszkaniowy pozwolił prosperować nawet pośrednikom-amatorom; inwestorzy zaciągnęli ogromne długi, kupując coraz większe rezydencje, a kiedy bańka w końcu pękła, pozostały im jedynie nieruchomości, których nie dało się sprzedać.

Historia dostarcza nam wielu dowodów na szczęście nowicjusza: ani Napoleon, ani Hitler nie rozpoczęliby kampanii przeciwko Rosji bez wcześniejszych zwycięstw w mniejszych bitwach, które ich wspierały.

Ale jak odróżnić szczęście początkującego od prawdziwego talentu? Chociaż nie ma ustalonej reguły, która pomogłaby to ustalić, dwie wskazówki mogą okazać się skuteczne: po pierwsze, jeśli Twoje wyniki przez dłuższy czas stale przyćmiewają wyniki innych, prawdopodobnie rolę odgrywa talent. Po drugie, gdy o Twoją firmę konkuruje więcej konkurentów, zwiększają się szanse, że ktoś odniesie sukces i przejmie wiodącą pozycję na rynku przez wiele lat – prawdopodobnie Ty! Kiedy zdarzy się to wśród dziesięciu konkurentów, z dumą możesz świętować, że jesteś liderem rynku! Jednak bycie wśród czołowych graczy (na rynkach finansowych) może być postrzegane jako dowód talentu; jeśli jednak w jednym konkretnym roku znajdziesz się na szczycie wśród 10 milionów graczy – co może się łatwo zdarzyć, gdy biorą w nim udział najróżniejsi gracze – nie zaczynaj jeszcze wyobrażać sobie imperium takiego jak Buffett; prawdopodobnie po prostu miałeś szczęście!

Obserwuj i poczekaj, zanim wyciągniesz ostateczne wnioski. Szczęście początkującego może być druzgocące; aby chronić przed błędnymi przekonaniami i obalać teorie, jak zrobiłby to skuteczny naukowiec, wysłałem moją powieść „Trzydzieści pięć" do jednego wydawcy, gdzie została natychmiast przyjęta; przez chwilę wydawało mi się to genialnym sukcesem (szansa, że ten wydawca się tego podejmie, wynosiła 1/15 000. Aby dokładniej sprawdzić moją teorię, wysłałem kopie do 10 dodatkowych dużych wydawców... i otrzymałem 10 listów z odmową, w których potwierdzono moją koncepcję szybko zejść na ziemię.

Zobacz także: Błąd w przetrwaniu (rozdz. 1); Uprzedzenie egoistyczne (rozdz. 45); Stronniczość stowarzyszeniowa (rozdz. 48); Fałszywa przyczynowość (rozdz. 37); Iluzja umiejętności (rozdz. 94)

SŁODKIE KŁAMSTWA

Lis powoli podpełzł do winorośli i tęsknie patrzył na obfite, fioletowe winogrona. Położył przednie łapy na jego tułowiu, wyciągnął szyję i próbował po nie sięgnąć, ale znajdowały się zbyt wysoko. Zirytowany podjął kolejną próbę - jego szczęka trzasnęła tylko w powietrzu. W końcu skoczył z całych sił, by z słyszalnym hukiem ponownie opaść na ziemię; nawet jeden liść się nie poruszył. Trzymając głowę wysoko, ruszył z powrotem do lasu – a przynajmniej tak myślał lis.

Ezop, grecki poeta, stworzył tę bajkę, aby podkreślić jeden z najbardziej rozpowszechnionych błędów logicznych. Rozbieżność pojawiła się, gdy lis próbował coś zrobić, ale mu się to nie udało, tworząc niespójność, którą można rozwiązać tylko na jeden z trzech sposobów: A) zdobycie w jakiś sposób winogron B) zaakceptowanie faktu, że jego umiejętności mogą nie być wystarczające C) przyznanie się do niekompetencja

C) poprzez retrospektywną reinterpretację tego, co się wydarzyło. Podejście to reprezentuje dysonans poznawczy lub jego rozwiązanie.

Wyobraź sobie, że kupujesz nowy samochód i szybko żałujesz swojego wyboru: jego silnik brzmi, jakby startował, a fotel kierowcy jest niewygodny. Co wtedy robisz? Zwrócenie go byłoby przyznaniem się do błędu i prawdopodobnie nie przyniosłoby zwrotu wszystkich pieniędzy; więc jako alternatywne podejście możesz przekonać samego siebie, że głośne silniki i niewygodne siedzenia stanowią część elementów bezpieczeństwa, uniemożliwiających zasypianie za kierownicą; bez wątpienia te mądre wybory były dobrze przemyślanymi zakupami, które przyniosły ze sobą radosne doświadczenia!

Leon Festinger i Merrill Carlsmith z Uniwersytetu Stanforda poinstruowali kiedyś swoich studentów, aby wykonali godzinę żmudnej, monotonnej pracy, a następnie podzielili ich na dwie grupy. Członkowie Grupy A otrzymali w ramach rekompensaty 1 dolara (był rok 1959); osoby z grupy B otrzymały 20 dolarów; później musieli ujawnić, jak naprawdę znaleźli to wszystko — co było zaskakujące, dla osób otrzymujących tylko dolara było to o wiele przyjemniejsze i bardziej wciągające!
Dlaczego to zrobili? Po prostu dlatego, że jeden nędzny dolar nie był dla nich wystarczającą zachętą do bezpośredniego kłamstwa; więc zamiast tego wmówili sobie, że praca nie jest taka zła; w tym samym duchu, co lis Ezopa, inaczej zinterpretował sytuację, podobnie jak ci uczniowie. Co więcej, ci, którzy otrzymali więcej, nie musieli uzasadniać tego, co zrobili,

ponieważ dopuścili się już kłamstwa, otrzymując należne im odszkodowanie w wysokości 20 dolarów. Studenci ci nie doświadczyli dysonansu poznawczego.

Wyobraź sobie, że ubiegasz się o pracę i przegrywasz z innym kandydatem. Zamiast przyznać, że mogli mieć do tego większe kwalifikacje niż ty, wmawiasz sobie, że tak naprawdę nie byłeś zainteresowany przyjęciem tej konkretnej roli; przez cały czas był to tylko eksperyment mający na celu sprawdzenie, czy Twoja „wartość rynkowa" może zapewnić ci zaproszenie na rozmowę kwalifikacyjną.

Niedawno doświadczyłem czegoś podobnego, gdy stałem przed wyborem pomiędzy inwestycją w dwie akcje. Ten, który wybrałem, natychmiast stracił na wartości wkrótce po zakupie, podczas gdy akcje innego, niezainwestowanego, poszybowały w górę – po prostu nie mogłem się zmusić, aby przyznać się do swojego błędu! Wręcz przeciwnie: doskonale pamiętam, jak przekonałem znajomego, że chociaż akcje spółki borykały się z początkowymi problemami, ogólnie mają większy potencjał. Dysonans poznawczy może wyjaśnić tę pozornie irracjonalną reakcję. Jak przypomniał mi znajomy, „potencjał" byłby jeszcze większy, gdybym z zakupem akcji zwlekał do dzisiaj. Ezop ostrzegał przed takim scenariuszem: „Możesz próbować być sprytny, ile chcesz, ale ostatecznie nie dojdziesz do żadnych winogron".

Zobacz także Efekt wyposażenia (rozdz. 23); Uprzedzenie egoistyczne (rozdz. 45); Błąd potwierdzenia (rozdz. 7-8); „Ponieważ uzasadnienie" (rozdz. 52) i uzasadnienie wysiłku (rozdz. 60).

RABATY HIPERBOLICZNE

Czy słyszałeś powiedzenie: „Żyj każdym dniem tak, jakby miał być twoim ostatnim". Wydaje się, że pojawia się co najmniej trzy razy w magazynach lifestylowych i podręcznikach samopomocy; jednak w przypadku tak wnikliwego przysłowia nie robi to nic na twój rozum! Wyobraź sobie, co by się stało, gdybyś zastosował się do tej rady dosłownie: nie będziesz już mył zębów, nie mył włosów, nie sprzątał mieszkania, nie przychodził do pracy i nie płacił rachunków na czas? Bez wątpienia w mgnieniu oka zostałbyś spłukany, chory, a być może nawet za kratami – mimo to jego znaczenie pozostaje z natury szlachetne; wyraża tęsknotę i pragnienie bezpośredniości, które zdecydowanie zbyt często są przedkładane nad racjonalne myślenie; Żyć pełnią życia dzisiaj, nie martwiąc się o jutro, to po prostu nierozsądna rada dotycząca życia.

Wolałbyś otrzymywać 1000 dolarów w ciągu jednego roku czy 1100 dolarów w ciągu dwunastu i miesięcy? Większość ludzi prawdopodobnie wybrałaby tę drugą opcję – z miesięcznym oprocentowaniem wynoszącym 10% w skali roku! Poza tym dodatkowe dwa tygodnie oczekiwania mogą zapewnić świetne zyski, co oznacza podjęcie mądrzejszej decyzji niż czekanie zbyt długo!

Jeszcze dwa pytania. Czy wolałbyś otrzymać dzisiaj 1000 dolarów w gotówce, czy poczekać miesiąc i otrzymać 1100 dolarów więcej? Najprawdopodobniej większość ludzi wolałaby dziś gotówkę; jest to jednak niesamowite, ponieważ nawet czekanie o miesiąc dłużej daje w obu przypadkach dodatkowe 100 dolarów; w jednym scenariuszu wydaje się to wystarczająco oczywiste, podczas gdy inny może wymagać cierpliwości i przemyślenia przed odpowiednią odpowiedzią. „Jaki będzie kolejny rok?" być może zadajesz sobie pytanie. Nie w tym przypadku; Kiedy jednak wprowadzamy „teraz", nasze mózgi często podejmują niespójne decyzje, a nauka nazywa to zjawisko dyskontowaniem hiperbolicznym. Krótko mówiąc, w miarę jak zbliżają się nagrody, nasza „emocjonalna stopa procentowa" wzrasta i stajemy się skłonni oddać więcej w zamian za nią. Niestety, większość ekonomistów wciąż nie rozumie, że ludzie reagują na stopy procentowe w sposób niekonsekwentny i subiektywny; w związku z tym ich modele opierają się na stałych stopach procentowych, co jest wysoce wątpliwe.

Hiperboliczne dyskontowanie, czyli nasze pragnienie natychmiastowych nagród, ma swoje źródło w naszej zwierzęcej przeszłości. Zwierzęta nigdy nie odmówiłyby natychmiastowej nagrody, która mogłaby pomóc im szybciej przetrwać.
Twoje szczury nie reagują dobrze na trening; nie zrezygnują dziś z jednego kawałka sera, aby jutro otrzymać więcej. Tak, wiewiórki rzeczywiście zbierają żywność i zachowują ją do

późniejszego spożycia; jednakże takie zachowanie nie ma nic wspólnego z kontrolą impulsów lub uczeniem się.

A co z dziećmi? W latach 60. Walter Mischel przeprowadził eksperyment dotyczący opóźnionej gratyfikacji, który można znaleźć, przeszukując YouTube za pomocą „eksperymentu z pianką marshmallow". Każdemu z czterolatków podano po jednej piance marshmallow do natychmiastowego spożycia lub odczekania kilku minut i otrzymania kolejnej; niestety dla większości dzieci czekanie było niemożliwe; Jednak jeszcze bardziej imponujące jest to, że Mischel odkrył, że zdolność do opóźnionej gratyfikacji jest wskaźnikiem przyszłego sukcesu zawodowego – pokazując w ten sposób, że cierpliwość naprawdę jest cnotą.

Z wiekiem przychodzi większa samokontrola, co ułatwia odkładanie nagród. Zamiast czekać dwanaście miesięcy na przyniesienie do domu dodatkowych 100 dolarów, chętnie moglibyśmy poczekać trzynaście miesięcy, gdyby pojawiła się natychmiastowa nagroda; takie jak wygórowane oprocentowanie banków od zadłużenia na kartach kredytowych lub krótkoterminowe pożyczki osobiste, które żerują na naszej chęci natychmiastowej satysfakcji.

Wniosek: chociaż natychmiastowe nagrody mogą być bardzo kuszące, hiperboliczne rabaty pozostają wadą. Kiedy przejmiemy kontrolę nad naszymi impulsami – na przykład pijąc alkohol – tym lepiej będziemy unikać tej pułapki; w przeciwnym razie stajemy się bezbronni. Z drugiej strony, jeśli sprzedajesz produkty konsumenckie, zapewnij klientom natychmiastowy dostęp do nich, ponieważ niektórzy mogą zapłacić dodatkowo, żeby nie musieli czekać, z czego Amazon w pełni korzysta; część dodatkowej opłaty za dostawę następnego dnia trafia prosto do ich kasy! Przypomnienie co tydzień może pomóc uniknąć tej pułapki –

Zobacz zmęczenie decyzją (rozdz. 53); Prosta logika (rozdz. 63) i zwlekanie (rozdz. 85).

Korki na trasie Los Angeles–San Francisco spowodowane naprawami nawierzchni trwały trzydzieści minut mojej podróży, zanim w końcu zmieniły się w chaos w moim lusterku wstecznym – a przynajmniej tak myślałem. Jednakże pół godziny później ponownie rozpoczęły się dalsze prace konserwacyjne, ale, co dziwne, poziom mojej frustracji znacznie się zmniejszył, ponieważ uspokajające znaki wzdłuż drogi ogłaszały: „Remontujemy dla Was tę autostradę!".

Dżem przypomniał mi eksperyment przeprowadzony przez psycholog z Harvardu Ellen Langer w latach 70. W tym celu poszła do biblioteki i czekała przy kserokopiarce, aż wokół niej utworzy się linia, po czym podeszła do pierwszego użytkownika i powiedziała: „Przepraszam, mam pięć stron do skopiowania; czy mogę skorzystać z twojej kserokopiarki? Jej skuteczność wyniosła 60%. Aby zwiększyć tę wartość do 94%, powtórzyła eksperyment, podając uzasadnienie: „Przepraszam. Potrzebuję teraz wydrukować pięć egzemplarzy. Czy mogę skorzystać z twojej kserokopiarki ze względu na presję czasu? Niemal w każdym przypadku pozwolono jej kontynuować. Było to zrozumiałe: ludzie w pośpiechu często przechodzą na początek kolejki, nigdy tak naprawdę nie rozumiejąc, dlaczego. Spróbowała ponownie, tym razem mówiąc: „Przepraszam, ale czy mogę iść przed tobą, bo potrzebuję kopii?" Ku jej zdumieniu prawie zawsze okazywało się to skuteczne (93%).

Usprawiedliwianie naszego zachowania zwiększa tolerancję i użyteczność. Użycie uzasadnienia typu „ponieważ" wydaje się wystarczające; bez względu na to, czy wymówka, którą podajesz, dlaczego zachowują się w ten sposób, jest dobra, czy nie; jest tak samo skuteczny! Tabliczka z informacją: „Remontujemy dla Was autostradę" tylko zagmatwałaby sytuację; tak czy inaczej, każda ekipa konserwacyjna równie dobrze mogłaby wykonywać swoją pracę w innym miejscu na autostradzie! Widzenie tego, co się dzieje, uspokaja i uspokaja, a nie utrzymuje w nieświadomości. W końcu nic nie frustruje bardziej niż bycie nieświadomym!

Przy bramce A57 na lotnisku JFK z niepokojem czekałem na lot 1234, kiedy z głośnika rozległ się komunikat: „Uwaga, pasażerowie. Lot 1234 jest obecnie opóźniony o trzy godziny. Postanowiłem udać się do biura, aby dowiedzieć się dlaczego, i wróciłem w ciągu 15 minut bez odpowiedzi ani wyjaśnienia dotyczącego jego przełożenia.
Byłem wściekły; jak śmią zostawiać nas czekających w niewiedzy! Inne linie lotnicze przynajmniej miały na tyle przyzwoitości, aby poinformować swoich pasażerów: „Lot 5678 został opóźniony o trzy godziny z powodów operacyjnych" – taka kiepska wymówka zapewniałaby przynajmniej wystarczający komfort.

Ludzie wydają się mieć obsesję na punkcie używania słowa „ponieważ", nawet jeśli nie jest to konieczne; jako liderzy niewątpliwie byliśmy świadkami tej tendencji; bez skutecznego wezwania motywacja pracowników szybko maleje. Samo stwierdzenie, że Twoja firma obuwnicza istnieje, aby produkować obuwie, nie robi już wrażenia: dzisiaj wyższe cele i historie stojące za Twoją historią również muszą odgrywać rolę – na przykład stwierdzenie, że chcesz, aby Twoje buty zrewolucjonizowały rynek (cokolwiek to może oznaczać); zapewnianie doskonałego wsparcia dla lepszego świata (lub twierdzenie Zappo, że zajmuje się szczęściem) to podstawowe elementy nadawania sensu dzisiejszym decyzjom biznesowym, jeśli chcemy sukcesu (cokolwiek to znaczy).

Jeśli giełda wzrośnie lub spadnie o pół punktu procentowego, komentatorzy rynkowi nie podają żadnego wiarygodnego wyjaśnienia – czy było to spowodowane białym szumem lub nieskończoną serią ruchów na rynku. Zamiast tego ludzie chcą namacalnych powodów, a komentatorzy wybiorą tego, na którego można zrzucić winę; ich wyjaśnienia często będą wydawać się bezsensowne, ponieważ często pojawiają się odniesienia do oświadczeń prezesów Banku Rezerwy Federalnej jako winowajców.

Jeśli ktoś zapyta, dlaczego jeszcze nie wykonałeś zadania, prosta odpowiedź może brzmieć: „Ponieważ jeszcze się tym nie zająłem". Choć na pierwszy rzut oka może to zabrzmieć absurdalnie, zazwyczaj to wystarczy, bez konieczności wymyślania bardziej prawdopodobnych powodów, dla których nie należy tego robić od razu.

Któregoś dnia patrzyłem, jak moja żona skrupulatnie oddziela czarne pranie od niebieskiego. Wydawało mi się to niepotrzebne, gdyż oba ciemne kolory są równie ważne, a mimo to ta praktyka pozwoliła mi zachować niezniszczone ubrania przez wiele lat. "Dlaczego to robisz?" Zapytałem ją; na co odpowiedziała: „Ponieważ wolę prać je osobno". Dla mnie to było wystarczające wyjaśnienie.

Nigdy nie wychodź z domu bez użycia „ponieważ". To proste, ale skuteczne słowo pomaga w płynnej interakcji międzyludzkiej i powinno być używane swobodnie.

Zobacz także Dysonans poznawczy (rozdz. 50); Błąd w opowieści (rozdz. 13) i błąd jednej przyczyny (rozdz. 97)

Zmęczenie decyzją

Tygodniami niestrudzenie pracowałeś nad tą prezentacją. Twoje slajdy programu PowerPoint zostały wypolerowane do lśniącego połysku; każda liczba w Excelu okazała się dokładna; tonacja jest przykładem krystalicznie czystej logiki. Wszystko zależy od tej oferty – jeśli się powiedzie, wszystko od niej zależy – uzyskanie zgody dyrektora generalnego będzie oznaczać awans na narożne biuro dyrektora; w przeciwnym razie może to skutkować natychmiastowym przyznaniem lub zwolnieniem zasiłku dla bezrobotnych! Asystent Twojego szefa sugeruje trzy możliwe przedziały czasowe: 8:00, 11:30. lub 18:00 - która powinna się odbyć?

Psycholog Roy Baumeister i Jean Twenge zapełnili kiedyś cały stół setkami niedrogich przedmiotów, od piłek tenisowych i świec po T-shirty, gumę do żucia i puszki po coca-coli. Następnie podzielili swoich uczniów na dwie grupy; osoby oznaczone jako decydenci zostały wyodrębnione, podczas gdy osoby niezaangażowane zostały oznaczone jako osoby niedecydujące. Pierwszej grupie powiedział: „Pokażę wam zestawy zawierające po dwa losowe przedmioty na raz i za każdym razem od was będzie zależało, czy wybierzesz jeden z dwóch do wyboru – na koniec mojego eksperymentu dam ci jeden z nich na pamiątkę Wierzyli, że ich decyzje zadecydują o tym, który przedmiot zatrzymają z każdego zestawu. Drugiej grupie poinstruował: „Zapisz, co myślisz o każdym przedmiocie, a ja wybiorę losowo jeden i podaruję ci go na koniec". Niedługo potem poinstruował każdego ucznia, aby włożył rękę do źródła lodowatej wody tak długo, jak to możliwe i utrzymywał tę pozycję aż do jej wypuszczenia. Psychologia wykorzystuje ten test jako klasyczną miarę siły woli lub samodyscypliny; ci, którym brakuje siły woli, szybko wyciągną rękę z lodowatej wody, a decydenci wycofują się szybciej niż osoby niedecydujące, ponieważ intensywne podejmowanie decyzji osłabiło ich siłę woli – efekt potwierdzony w wielu innych eksperymentach.

Podejmowanie decyzji może być wyczerpujące. Każdy, kto skonfigurował swój komputer online lub szukał informacji o długich podróżach – lotach, hotelach, atrakcjach, restauracjach i pogodzie – wie o tym aż za dobrze: po porównaniu, rozważaniu i wyborze można czuć się wyczerpanym po tym wszystkim, czego wymagało porównywanie, rozważanie i wybieranie miejsce – nauka nazywa to zjawisko zmęczeniem decyzyjnym.

Zmęczenie decyzjami może być niebezpieczne: jako konsument stajesz się bardziej podatny na komunikaty reklamowe i zakupy pod wpływem impulsu; jako decydentowi na szczeblu kierowniczym Twoja zdolność do dokonywania rozsądnych ocen może znacznie się zmniejszyć.

Siła woli może być jak bateria: po pewnym czasie się rozładowuje i trzeba ją naładować.
Jednym ze sposobów na osiągnięcie tego jest zrobienie sobie przerwy na relaks i zjedzenie
czegoś; w przeciwnym razie siła woli spadnie, gdy poziom cukru we krwi spadnie zbyt nisko;
IKEA wie o tym lepiej niż ktokolwiek inny; dlatego też restauracje są dogodnie
rozmieszczone na terenie wszystkich sklepów, ponieważ zmęczenie podejmowaniem decyzji
pojawia się podczas podróży przez przypominające labirynt obszary wystawowe i wysokie
półki magazynowe, a zmęczenie podejmowaniem decyzji pojawia się szybko; poświęć część
marży zysku na szwedzkie smakołyki, które mogą pomóc uzupełnić poziom cukru we krwi,
zanim będziesz kontynuować poszukiwania idealnych świeczników przed wznowieniem!

Czterech więźniów izraelskiego więzienia zwróciło się do sądu o wcześniejsze zwolnienie,
począwszy od przypadku 1 o godzinie 8:50: Arab skazany na 30 miesięcy za oszustwo;
Sprawa 2 (zaplanowana na 13:27) dotyczy Żyda odsiadującego 16 miesięcy za napaść;
Przypadek 3 ustalono na godzinę 15:10). Sprawa 1 (zaplanowana na 16:35) dotyczyła Żyda,
któremu za napaść skazano na 16 miesięcy; Przypadek 4 dotyczył Araba skazanego na 30
miesięcy więzienia za oszustwo. Jak sędziowie podejmowali swoje decyzje? Ważniejsze od
lojalności i surowości więźnia było zmęczenie podejmowaniem decyzji. Sędziowie
uwzględnili wnioski nr 1 i 2, ponieważ poziom cukru we krwi nie wrócił jeszcze do normy
po śniadaniu lub obiedzie, natomiast odrzucili wnioski nr 3 i 4 ze względu na
niewystarczające rezerwy energii grożące przedwczesnym uwolnieniem. Wybrali łatwą opcję
(status quo), zostawiając mężczyzn w więzieniu. Badanie setek werdyktów pokazuje, że tylko
podczas jednej sesji odsetek „odważnych" decyzji stopniowo spada z 65% do prawie
żadnych, po czym powraca po przerwie – to tyle w przypadku Lady Justice! Jednak nie
wszystko stracone: teraz wiesz, kiedy najlepiej zaprezentować swój projekt swojemu
dyrektorowi generalnemu.

Zobacz też: Paradoks wyboru (rozdz. 21); Dyskontowanie hiperboliczne (rozdz. 51); Prosta
logika (rozdz. 63) i efekt domyślny (rozdz. 81).

CZY NOSIŁbyś SWETER HITLERA?

Stronniczość zarażenia

Po upadku Cesarstwa Karolingów we Francji w IX wieku Europa pogrążyła się w anarchii. Hrabiowie, dowódcy, rycerze i inni lokalni władcy często uczestniczyli w krwawych bitwach; ich wojownicy plądrowali farmy, gwałcili kobiety, deptali pola, porywali pastorów z nabożeństw, brali pastorów jako zakładników i podpalali klasztory; zarówno władze kościelne, jak i rolnicy byli bezsilni wobec nieustannych wojen tej szlachty.

W X wieku francuski biskup wpadł na imponujący plan. Zaprosił wszystkich książąt i rycerzy Francji, aby zebrali się na jednym polu, podczas gdy księża, biskupi i opaci zbierali wszelkie relikwie, jakie udało im się znaleźć w tym regionie, aby je tam wystawić. Na pierwszy rzut oka był to widok porywający: kości, zakrwawione szmaty, cegły i dachówki, a wszystko to nosiło ślady kontaktu świętych. Biskup, jako osoba ciesząca się szacunkiem, gorąco zaapelował do obecnych przed świętymi relikwiami szlachty o zaprzestanie stosowania przemocy wobec bezbronnych ofiar i ataków na bezbronną ludność cywilną. Aby jeszcze bardziej podkreślić swoje żądania, jako kolejny dowód machał przed nimi zakrwawionymi ubraniami i świętymi kośćmi. Szlachta musiała okazywać takie symbole z wielkim szacunkiem; Wyjątkowy apel biskupa Gregory'ego do ich sumień rozprzestrzenił się po całej Europie, zachęcając do „pokoju i rozejmu Bożego". Według amerykańskiego historyka Philipa Daileadera nigdy nie należy lekceważyć strachu związanego ze świętymi w tym okresie lub z relikwiami świętych.

Jako osobie wykształconej może być ci łatwo śmiać się z tych przesądów, uznając je za głupie. Zastanów się jednak nad tym: czy założyłbyś coś, co nosił kiedyś Hitler? Mało prawdopodobne – być może pokazanie, że wciąż pozostaje twój szacunek dla niewidzialnych sił. Sweter nie uosabia już żadnego związku z Hitlerem; nie ma na nim ani kropli jego potu, a mimo to noszenie go wciąż wywołuje poczucie wstydu i szacunku dla tego, co reprezentuje jego autor. Bez wątpienia pragniemy przedstawiać idealny obraz naszym bliźnim i sobie samym; jednak sama myśl może nas zniechęcić, nawet gdy jesteśmy sami i wmawiamy sobie, że dotykanie takiego ubrania w żaden sposób nie popiera Hitlera. Niestety, takie reakcje emocjonalne mogą być trudne do przezwyciężenia nawet wśród osób, dla których ten temat jest ważny – np. polityków.
Nawet ludzie, którzy uważają się za wysoce racjonalni, czasami mają trudności z odrzuceniem jakiejkolwiek wiary w tajemnicze siły (łącznie ze mną).

Paul Rozin i jego koledzy z Uniwersytetu w Pensylwanii odkryli, że tajemniczych mocy nie można po prostu wyłączyć. Badani przynosili zdjęcia swoich bliskich, do których następnie musieli strzelać strzałkami, nie szkodząc tym, którzy są na nich przedstawieni; chociaż ich wahanie i celność w porównaniu ze zwykłymi celami okazały się znacznie mniejsze - jakby jakaś niewidzialna siła uniemożliwiała im trafienie w te cenne zdjęcia.

Stronniczość zarażania odnosi się do naszej niezdolności do oddzielenia się od pewnych obiektów – niezależnie od tego, czy pochodzą one z dawnych czasów, czy są z nimi bardziej pośrednio powiązane (jak w przypadku zdjęć). Moja przyjaciółka pracowała jako korespondentka wojenna francuskiej telewizji publicznej France 2. Podobnie jak pasażerowie rejsu po Karaibach, moja przyjaciółka również zbierała pamiątki ze swoich przygód – takie jak słomkowe kapelusze czy malowane kokosy z każdej odwiedzanej wyspy – jako pamiątkę z każdej przygody, w tym jedną do Bagdadu w 2003 r. Wkrótce po tym, jak wojska amerykańskie wtargnęły do pałacu rządowego Saddama Husajna, wkradła się do jego prywatnych kwater. Gdy już znalazła się w środku, szybko zauważyła w jadalni sześć pozłacanych kieliszków do wina i szybko z nimi uciekła. Niedawno na jednym z jej przyjęć w Paryżu moją uwagę przykuły puchary zajmujące honorowe miejsce na stole w jadalni – jeden z gości zapytał ją, czy pochodzą z Lafayette; kiedy wspomniałem jej o Saddamie Husajnie, od niechcenia odpowiedziała: „Nie, oni są od Saddama". Niezwykle zdenerwowany gość był zszokowany i zaczął niekontrolowanie kaszleć, co zmusiło mnie do komentarza: „Czy zdajesz sobie sprawę, ile cząsteczek Saddama jest już częścią ciebie, oddychając samodzielnie? Zapytałam. Jego kaszel się pogorszył.

Zobacz także stronniczość stowarzyszeniową (rozdz. 48); Więcej szczegółów można znaleźć w sekcji Heurystyka wpływu (rozdz. 66).

DLACZEGO NIE MA ŚREDNIEJ WOJNY

Wyobraź sobie, że jedziesz autobusem z 49 innymi osobami i na jednym przystanku wsiada najcięższa osoba w Ameryce; jaki procent wzrosła od tego czasu średnia waga pasażerów? Może cztery procent? Pięć? Dla kontrastu, na innym przystanku na pokład wskakuje Bill Gates; teraz nie powinniśmy skupiać się na wadze, ale na bogactwie – o ile bogactwo wzrosło w porównaniu z odpowiednio czterema procentami i pięcioma procentami? Żaden scenariusz się nie sprawdza!

Obliczmy szybko nasz drugi przykład. Początkowo każda osoba posiadająca majątek o wartości 54 000 dolarów stanowi statystyczną wartość średnią, czyli medianę. Dodaj teraz do tego Billa Gatesa, którego majątek szacuje się na około 59 miliardów dolarów, i zobacz, jak szybko średni majątek wzrósł o ponad dwa miliony procent, do wzrostu o prawie dwa miliardy procent; czyniąc jakiekolwiek pojęcie „średniego" całkowicie bezsensownym.

Nassim Taleb w swoich pracach dotyczących teorii prawdopodobieństwa odradza przekraczanie rzek o średniej głębokości czterech stóp ze względu na ryzyko, jakie stwarzają przy przekraczaniu ich, jeśli ich głębokość przekroczy cztery. Rzeki mogą przez długi czas wydawać się płytkie – zaledwie cale – zanim nagle staną się potokami głębokimi na sześć metrów, które w przypadku przepłynięcia zagrażają życiu. Średnie często mogą maskować szczegóły rozkładu — przesłaniają sposób, w jaki wartości układają się w czasie.

Na średnim poziomie narażenie na promieniowanie UV w dni czerwcowe nie stwarza zagrożenia dla zdrowia. Ale jeśli miałbyś spędzić całe lato w biurze w pomieszczeniu, a następnie udać się na Barbados i leżeć na słońcu bez ochrony przez cały tydzień bez stosowania kremów z filtrem przeciwsłonecznym – mimo że ogólnie rzecz biorąc, prawdopodobnie byłeś mniej narażony na promieniowanie UV niż osoba, która regularnie wychodziła na zewnątrz - to stwarzałoby problemy.

Wszystko to powinno być już dla ciebie dość oczywiste; może nawet siebie. Załóżmy na przykład, że każdego wieczoru podczas kolacji pijesz jeden kieliszek czerwonego wina – nie będzie to stanowić problemu zdrowotnego i jest zalecane przez wielu lekarzy. Jeśli jednak 31 grudnia nie wypijesz wcale przez cały rok i nagle wypijesz 356 szklanek (równowartość sześćdziesięciu butelek), prawdopodobnie doświadczysz powikłań zdrowotnych, niezależnie od tego, jaka była średnia w ciągu roku.

Aktualizacja: w dzisiejszym złożonym świecie dystrybucja staje się coraz bardziej nieregularna; dlatego w większej liczbie dziedzin zaobserwujemy wyniki podobne do Billa Gatesa. Jeśli chodzi o dystrybucję online i wizyty w witrynie, średnia liczba odwiedzających witrynę nie istnieje: żadna witryna nie osiąga takiego samego poziomu ruchu. Matematycy często nazywają to zjawisko tzw. prawem potęgi, przy czym niektóre witryny (np. New York

Times, Facebook czy Google) generują najwięcej odwiedzin, podczas gdy inne strony są stosunkowo nieliczne. Weźmy za przykład miasta. Tokio to jedyne miasto na świecie, którego populacja jest szacowana na ponad 30 milionów, podczas gdy 11 ma od 20 do 30 milionów, 15 od 10 do 20 milionów, 48 od 5 do 10 milionów mieszkańców, a tysiące od 1 do 5 milionów - rozkład ten jest zgodny z prawem potęgowym, w którym niektóre skrajne przypadki dominują w ogólnych rozkładach, nie pozostawiając po sobie żadnej znaczącej średniej wartości.

Jaka jest średnia wielkość firmy, populacja miasta, liczba zgonów podczas przeciętnej wojny (zarówno pod względem zgonów, jak i czasu trwania), średnia dzienna fluktuacja Dow Jones, średnia przekroczenia kosztów projektów budowlanych, ile egzemplarzy przeciętnej książki sprzedaje się na egzemplarz sprzedany przez wydawcę; średnia wielkość szkód wyrządzonych przez huragan; premia wypłacana średnio bankierowi; sukces kampanii marketingowej uśredniony dla pobrań aplikacji na iPhone'a i wynagrodzenia aktora? Można obliczyć te odpowiedzi, ale byłoby to bezowocne, ponieważ prawo mocy ma zastosowanie również tutaj.

Weźmy ten ostatni przykład jako ilustrację: kilku wybranych aktorów zarabia ponad 10 milionów dolarów rocznie, podczas gdy tysiące ludzi żyje poniżej progu ubóstwa. Czy poradziłbyś swojemu dziecku lub córce karierę aktorską w oparciu o średnie wynagrodzenie, które wydaje się akceptowalne? Prawdopodobnie nie – to byłaby głupia rada.

Wniosek: Zanim wyciągniesz pochopne wnioski na podstawie tego, że ktoś użył terminu „średnia", poświęć chwilę i oceń leżący u jego podstaw rozkład. Jeśli nietypowe przypadki (takie jak zjawisko Billa Gatesa) mają minimalny wpływ, możemy nadal używać tej koncepcji; gdy jednak dominują przypadki skrajne (takie jak Bill Gates) (jak jego sukces w firmie Microsoft), musimy całkowicie zignorować jego użyteczność i odrzucić ten termin. Powieściopisarz William Gibson radził nam wszystkim: „Przyszłość już tu jest – tylko nie jest równomiernie rozłożona".

Zobacz także Zaniedbanie stawki podstawowej (rozdz. 28); Prosta logika (rozdz. 63); Regresja do średniej (rozdz. 19); Zaniedbanie prawdopodobieństwa (rozdz. 26) i błąd hazardzisty (rozdz. 29)

PREMIE ZNISZCZAJĄ MOTYWACJĘ

MOTYWACJA ZATŁOCZENIE

Niedawno mój przyjaciel z Connecticut zdecydował się przeprowadzić do Nowego Jorku. Jego przeprowadzka wiązałaby się z przewiezieniem imponującej kolekcji antyków, takich jak rzadkie stare książki i ręcznie dmuchane okulary Murano pochodzące z poprzednich pokoleń. Wiedziałem, jak bardzo byłby przywiązany do przekazania ich firmie przeprowadzkowej; dlatego podczas mojej ostatniej wizyty zaproponowałem, że sam przeniosę niektóre delikatne przedmioty, wracając do Connecticut z Nowego Jorku. Dwa tygodnie później przyszedł list z podziękowaniami i załączony banknot pięćdziesięciodolarowy!

Szwajcaria przez lata szukała odpowiedniego podziemnego składowiska do przechowywania odpadów radioaktywnych, biorąc pod uwagę kilka lokalizacji, w tym Wolfenschiessen niedaleko Berna w środkowej Szwajcarii. Ekonomista Bruno Frey z Uniwersytetu w Zurychu udał się tam z kolegami, aby zebrać opinie ludzi na spotkaniu społeczności; ku ich zdumieniu, 50,8% poparło ich propozycję! Ich pozytywną reakcję można przypisać różnym czynnikom, m.in. dumie narodowej, zwykłej przyzwoitości, obowiązkom społecznym i perspektywie nowej pracy. Zespół przeprowadził kolejną ankietę, tym razem proponując, aby każdy mieszkaniec miasta zaakceptował propozycję, jeśli otrzyma hipotetyczną nagrodę w wysokości 5000 dolarów od szwajcarskich podatników, jeśli się zgodzi. Co wynikło? Wyniki uległy drastycznemu pogorszeniu: tylko 24,6% zgodziło się z tym.

Przedszkola dla dzieci borykają się z podobnymi trudnościami: rodzice odbierają dzieci po zamknięciu. Personel przedszkola nie może wsadzać pozostałych dzieci do taksówek ani pozostawiać ich na krawężniku, dopóki wszystkie pozostałe dzieci nie zostaną odebrane ze szkoły. Aby zniechęcić rodziców do spóźnień, wiele żłobków wprowadziło opłaty za spóźnienia; ale badania pokazują, że w rzeczywistości zwiększyło to spóźnienie, a nie je zmniejszyło. Oczywiście mogli ustanowić surowe kary, takie jak 500 dolarów za godzinę oferowane każdemu mieszkańcowi szwajcarskiej wioski – ale to nie miałoby sensu; małe, ale zaskakujące zachęty finansowe zwykle wypierają inne formy zachęt, które oferują znacznie większe zyski w postaci zysków dla wszystkich zaangażowanych w porównaniu z większymi zachętami pieniężnymi – inaczej niż w tym przypadku.

Te trzy historie ilustrują jedną ważną prawdę: pieniądze nie zawsze motywują. Czasami pieniądze wyrządzają więcej szkody niż pożytku. Mój przyjaciel dał mi pięćdziesiąt jako rekompensatę za swój zły uczynek; zamiast tego podważył to, narażając jednocześnie naszą przyjaźń. Oferowanie rekompensaty składowisku nuklearnemu było przez niektórych postrzegane jako przekupstwo i ogólnie osłabienie ducha patriotycznego; Opłaty pobierane przez żłobki za spóźnienia zmieniły ich relacje z rodzicami z osobistych na pieniężne, zasadniczo legitymizując spóźnienia rodziców.

Nauka ma termin określający to zjawisko: zatłoczenie motywacji. Kiedy ludzie robią coś z powodów niepieniężnych, charytatywnych – że tak powiem, z dobrego uczynku – ale podwyżki płac utrudniają te zamiary, a wszelkie inne motywacje ulegają osłabieniu przez jej obecność. Zamiast tego nagrody finansowe stają się siłą napędową ich działań.

Wyobraź sobie, że prowadzisz organizację non-profit. Twoi pracownicy mogą otrzymywać skromne wynagrodzenia; mimo to są bardzo zmotywowani, ponieważ wierzą, że wywierają wpływ. Jeśli jednak zdecydujesz się na wdrożenie systemu premiowego – na przykład niewielką podwyżkę wynagrodzenia za każdą przekazaną darowiznę – motywacja szybko osłabnie, gdy Twój zespół odwróci uwagę od zadań, które nie przynoszą dodatkowej nagrody; kreatywność, reputacja firmy czy transfer wiedzy nie mają już znaczenia – zamiast tego wszystkie wysiłki skupią się na jak najszybszym pozyskiwaniu datków.

Kto zatem powinien chronić się przed stłoczeniem motywacji? Szybki test może wykazać, kto może być przed tym bezpieczny: czy znasz prywatnych bankierów, agentów ubezpieczeniowych lub audytorów, którzy wykonują swoje obowiązki z pasją i wierzą w większą misję? NIE? Zachęty finansowe i premie za wyniki sprawdzają się najlepiej w branżach, w których praca jest nudna; gdzie pracownicy nie przywiązują dużej wagi do produktów lub firm, ale po prostu dokończą pracę, aby otrzymać czek z wypłatą. Jednak właściciele start-upów dobrze by zrobili, gdyby wykorzystali pasję pracowników w ramach promowania przedsięwzięcia, zamiast oferować zachęty, których i tak nie mogliby wypłacić.

Ostatnia wskazówka dla tych z Was, którzy mają dzieci: doświadczenie nauczyło nas, że młodych ludzi nie można kupić. Jeśli chcesz, aby Twoje dzieci odrabiały lekcje, ćwiczyły na grze na instrumentach muzycznych lub od czasu do czasu kosiły trawnik, a Twój portfel nie był pusty – zamiast tego zaoferuj stałą tygodniową dietę, ponieważ dzięki temu będą uczciwe, bez nadużywania jej i odmowy pójścia spać bez jakiejś formy odszkodowanie.

Zobacz także Motywacyjna tendencja do superreakcji (rozdz. 18); Wzajemność (rozdz. 6); Próżniactwo społeczne (rozdz. 33) w celu dodatkowego omówienia tych tematów.

TENDENCJA DO GADANIA

Zapytana przez ruchome kamery, dlaczego jedna piąta Amerykanów nie może zlokalizować swojego kraju na mapie świata, Miss Teen South Carolina udzieliła przed kamerami następującej odpowiedzi: „Osobiście uważam, że Amerykanie nie są w stanie tego zrobić, ponieważ niektórzy ludzie tam są w naszym kraju nie ma map; oraz moje przekonanie, że nasza edukacja, podobnie jak Republika Południowej Afryki i Irak, powinna pomóc tym krajom w kształtowaniu naszej przyszłości jako jednego spójnego społeczeństwa globalnego. Film stał się wirusowy.

Katastrofalny, przyznajesz; a mimo to nie marnujesz zbyt wiele czasu na słuchanie królowych piękności. Być może wystarczyłoby coś w rodzaju tego zdania: „Z pewnością nie ma wymogu, aby ten coraz bardziej refleksyjny przekaz tradycji kulturowych był kojarzony z podmiotowym rozumem i zorientowaną na przyszłość świadomością historyczną. Kiedy uświadomimy sobie intersubiektywne konstytuowanie wolności, zaborczo-indywidualistyczny iluzja autonomii rozpada się."

Pamiętacie Jurgena Habermasa? To wybitny niemiecki filozof i socjolog, znany z publikacji Między faktami a normami.

Obydwa są przykładami tak zwanej tendencji do gadania, polegającej na używaniu słów w celu ukrycia intelektualnego lenistwa, głupoty lub słabo rozwiniętych pomysłów. Czasami to działa, a czasami nie; dla królowej piękności ta strategia poniosła spektakularną porażkę, podczas gdy w przypadku Habermasa mogła po prostu zadziałać; im bardziej wymowny staje się język, tym łatwiej padniemy ofiarą jego uroku; w połączeniu z uprzedzeniami do autorytetów staje się to jeszcze bardziej niebezpieczne, gdy akceptujemy jego przesłanie bez kwestionowania jego prawdziwości.

Ja również uległem tendencji do pustego gadania. Kiedy byłem młodszy, francuski filozof Jacques Derrida poruszył moją wyobraźnię; Czytałem jego książki żarłocznie, ale nawet po wielu kontemplacjach i intensywnych analizach nie znalazłem w nich jasności. Później jego pisma nabrały niemal magicznej jakości, co ostatecznie zainspirowało moją rozprawę doktorską z filozofii – oba tomy były ostatecznie bezużyteczną paplaniną; w niewiedzy oba te zjawiska stały się stratą miejsca w moim umyśle.
Zmieniam się w ludzką, gadającą maszynę do dymu.

Paplanina w sporcie może być szczególnie wszechobecna. Zapierający dech w piersiach ankieterzy zmuszają równie zapierających dech w piersiach piłkarzy do opisywania każdego aspektu gry, podczas gdy tak naprawdę chcą powiedzieć tylko: „Przegraliśmy, to takie proste", ale prezenterzy potrzebują czegoś, aby wypełnić czas antenowy – i najwyraźniej jednym ze sposobów, w jaki mogą to skutecznie zrobić, jest paplając i namawiając sportowców i trenerów, aby się przyłączyli; w każdym razie tego rodzaju retoryka służy jedynie maskowaniu niewiedzy i ukrywaniu jej przed widokiem publicznym.

Środowisko akademickie było także świadkiem tego zjawiska: im mniej publikowanych jest wyników z jakiejś dziedziny nauki, tym szczególnie eksponowani są ekonomiści w swoich komentarzach i prognozach. Odnosi się to również do handlu: kiedy firmy popadają w gorszą sytuację finansową, wypowiedzi ich dyrektorów naczelnych stają się głośniejsze – często w celu ukrycia trudności lub zamaskowania trudnych okoliczności. Godnym uwagi wyjątkiem pod tym względem był były dyrektor generalny General Electric Jack Welch; w wywiadzie zauważył, że jest to trudne: ludzie boją się, że zostaną uznani za prostaków, a tak nie jest!

Wyraz werbalny jest zwierciadłem naszych umysłów; jasne myśli stają się stwierdzeniami, podczas gdy niejasne koncepcje przekształcają się w niejasne bełkot. Niestety często brakuje nam bardzo jasnych myśli; życie jest skomplikowane, więc zrozumienie tylko jednego aspektu wymaga znacznego wysiłku umysłowego i może wymagać objawienia, aby wyłoniła się jasność; do tego momentu rozsądniej byłoby postępować zgodnie z radą Marka Twaina: „Jeśli nie masz nic do powiedzenia... nic nie mów". Prostoty nie należy postrzegać jako początku, ale jako celu.

Zobacz także stronniczość władzy (rozdz. 9); Zależność domeny (rozdz. 76); i Wiedza o szoferach (rozdz. 16), aby uzyskać dalszy wgląd w tę kwestię.

Wyobraź sobie, że prowadzisz mały prywatny bank, który obsługuje fundusze zamożnych i przeważnie emerytowanych osób, jak na przykład w Will Rogers Phenomenon Twoi dwaj menedżerowie finansowi – A i B – podlegają bezpośrednio Tobie; Menedżer zarządzający pieniędzmi A obsługuje wyłącznie osoby o bardzo wysokim majątku netto, podczas gdy menedżer zarządzający pieniędzmi B obsługuje klientów bogatszych, ale nie tak ekstrawagancko bogatych, jak menedżer zarządzający pieniędzmi A. A teraz wyobraź sobie, że zarząd poprosił Cię o zwiększenie obu średnich pul pieniędzy w ciągu sześciu miesięcy, aby otrzymały pokaźne premie; inaczej znajdą kogoś innego. Gdzie powinieneś zacząć?

Prosty! Wystarczy przenieść jednego klienta ze średnim zarządzanym majątkiem pomiędzy A i B, aby zrekompensować różnicę, podnosząc jednocześnie średnie wartości zarządzanego majątku – bez konieczności pozyskiwania nowych klientów! Po zakończeniu pozostaje tylko zdecydować: gdzie i jak wydam mój bonus.

Wyobraź sobie zmianę kariery i przejęcie trzech funduszy hedgingowych, które inwestują głównie w spółki prywatne. Fundusz A generuje zdumiewające zyski, podczas gdy fundusze B i C borykają się z trudnościami. Chcesz pokazać się jako mózg, więc jaki masz plan? Aby stworzyć wrażenie, że wszystkie trzy fundusze znacznie się poprawiły bez ponoszenia opłat za wewnętrzne przekształcenie, należy przenieść kilka akcji z A do B lub C; wybrać inwestycje, które negatywnie wpływały na średnie zyski A, ale mogłyby pomóc wzmocnić B lub C; powinieneś zobaczyć, że wszystkie trzy fundusze nagle stają się zdrowsze, bez ponoszenia opłat za transformację - ludzie z pewnością docenią to, że to zrobiłeś!

Efekt ten jest znany jako migracja sceniczna lub zjawisko Willa Rogersa od nazwiska amerykańskiego komika z Oklahomy, który zasłynął z żartu, że mieszkańcy Oklahomu przeprowadzający się do Kalifornii podnoszą średnie IQ w obu stanach. Ponieważ większość ludzi nie rozpoznaje takich sytuacji wystarczająco często, zgłębimy ten temat głębiej i wyryjemy jego znaczenie w twoich wspomnieniach.

Rozważ franczyzę samochodową: możesz przejąć kontrolę nad dwoma małymi oddziałami w jednym mieście i zatrudniać sześciu sprzedawców: sprzedawcy o numerach 1, 2, 3, 4, 5 i 6 z oddziału A generalnie odnoszą większe sukcesy w sprzedaży niż ich odpowiednicy z oddziału B Sprzedawca 1 sprzedaje średnio więcej.
Każdy sprzedawca w oddziale A sprzedaje jeden samochód tygodniowo; Sprzedawca nr 2 na dwie zmiany, a następnie najlepszy sprzedawca nr 6, który zmienia się na sześć zmian w tygodniu. Dokonując obliczeń, staje się jasne, że oddział A sprzedaje samochody średnio dwóch sprzedawców tygodniowo, podczas gdy oddział B prowadzi znacząco, średnio pięciu sprzedawców na tydzień! Twoja decyzja o przeniesieniu sprzedawcy nr 4 z oddziału A do

oddziału B skutkuje wzrostem średniej sprzedaży na osobę w obu lokalizacjach; W oddziale A średnia sprzedaż wzrosła z 2,5 jednostki na osobę do 2,5, podczas gdy w oddziale B pracuje obecnie tylko dwóch sprzedawców – numer 5 i 6, co zwiększa średnią sprzedaż do 5,5 jednostki na osobę. Strategie Switcheroo nie wpływają ogólnie na nic; raczej tworzą imponującą iluzję. Dlatego dziennikarze, inwestorzy i członkowie zarządów powinni zachować ostrożność, gdy dowiadują się o rosnących średnich w poszczególnych krajach, firmach, działach, centrach kosztów lub liniach produktów.

Medycyna dostarcza nam szczególnie zwodniczego przykładu fenomenu Willa Rogersa. Guzy dzieli się zazwyczaj na cztery stadia; te, które są najłatwiejsze do wyleczenia, zaliczają się do etapu I, podczas gdy bardziej agresywne nowotwory przejdą jeszcze cztery etapy, zanim osiągną status stadium IV, powodując w ten sposób migrację etapów w miarę ich przemieszczania się. Wskaźniki przeżycia pacjentów z rakiem w pierwszym stadium są najwyższe, podczas gdy wskaźniki przeżycia pacjentów cierpiących na raka w czwartym stadium są najniższe. Co roku pojawiają się nowe procedury, które pozwalają na dokładniejsze rozpoznanie; Techniki badań przesiewowych pozwalają obecnie wykryć nawet maleńkie guzy, których nikt wcześniej nie zauważył. W efekcie pacjenci wcześniej błędnie diagnozowani jako zdrowi są obecnie zaliczani do pacjentów w pierwszym stadium choroby, co w konsekwencji powoduje wydłużenie się średniej długości życia w tej grupie osób. Czy możemy uznać to za niezwykły wyczyn medyczny? Niestety nie; raczej migracja etapowa.

Zobacz także: Błąd dotyczący zamiaru leczenia (rozdz. 98); Prawo małych liczb (rozdz. 61);

Jorge Luis Borges w swoim opowiadaniu „Del Rigidit en La Ciencia" przedstawia kraj, w którym kartografia osiągnęła tak wyrafinowany poziom, że można używać tylko najbardziej szczegółowych map; czyli dopuszczalne są mapy w skali 1:1 przedstawiające cały kraj. Obywatele szybko jednak zdają sobie sprawę, że takie mapy nie dają żadnego prawdziwego wglądu i po prostu powtarzają informacje, które już posiadają; skrajny przypadek stronniczości informacyjnej – wiara, że więcej danych oznacza lepsze decyzje.

Kiedy ostatnio szukałem hoteli w Miami, sporządziłem krótką listę pięciu potencjalnych ofert, które od razu przypadły mi do gustu. Jeden natychmiast się wyróżniał; jednak, aby mieć pewność, że znalazłem najlepszą ofertę, szukałem dalej – czytając recenzje klientów i wpisy na blogu, oglądając zdjęcia i filmy w Internecie oraz dzwoniąc do obsługi klienta, aż dwie godziny później stało się jasne, który hotel jest dla mnie idealny: to taki, który rzucił mi się w oczy od pierwszego wejrzenia; dodatkowe badania nie poprowadziły mnie na właściwą ścieżkę, a zamiast tego równie dobrze mogły spowodować, że zamiast tego zostanę w Four Seasons!

Jonathan Baron z Uniwersytetu w Pensylwanii zadał lekarzom następujące pytanie: pacjent ma objawy wskazujące z 80% prawdopodobieństwem na chorobę A; w przeciwnym razie prawdopodobieństwo przesuwa się w stronę choroby X lub Y. Jako lekarz, jak powinieneś wybierać pomiędzy tymi chorobami a metodami leczenia, które powodują podobne skutki uboczne? Logicznie rzecz biorąc, sugerowałbym wybranie Choroby A i zaoferowanie odpowiedniej terapii jako leczenia. Wyobraź sobie, że istnieje test diagnostyczny, który wskazuje na obecność choroby X i wykrycie choroby Y, ale nie we wszystkich przypadkach odzwierciedla dokładnie rzeczywistą chorobę A; w połowie przypadków wyniki byłyby pozytywne, a w drugiej połowie negatywne. Jeśli jednak ktoś rzeczywiście choruje na chorobę A, połowa wyników jego testu prawdopodobnie wykaże wynik pozytywny, a 50% wynik negatywny. Czy radziłbyś przeprowadzić test? Większość lekarzy odpowiedziała, że tak – chociaż jej wyniki prawdopodobnie nie miałyby znaczenia. Nawet jeśli test dał pozytywny wynik, prawdopodobieństwo, że choroba A przeważa nad chorobą X, zatem żadne dodatkowe informacje nie wniosły żadnej rzeczywistej wartości w kontekście podejmowania decyzji.

Lekarze nie są jedynymi profesjonalistami, którzy chcą dostarczać dodatkowych informacji. Menedżerowie i inwestorzy wydają się być zachwyceni nadmiarem informacji. Badania są często przeprowadzane, gdy podstawowe fakty są łatwo dostępne – większa ilość danych może jedynie zmarnować Twój czas i pieniądze, potencjalnie nawet postawić Cię w niekorzystnej sytuacji. Zastanów się nad tym pytaniem: które miasto ma więcej mieszkańców - San Diego czy San Antonio? Gerd Gigerenzer z niemieckiego Instytutu Maxa Plancka przedstawił to studentom z uniwersytetów w Chicago i Monachium, a 62% poprawnie odgadło: San Diego. Co zaskakujące, każdy niemiecki uczeń odpowiedział poprawnie! Ich rozumowanie? Wszyscy słyszeli o San Diego, ale niekoniecznie o San Antonio; w ten sposób wybierając San Diego zamiast San Antonio jako bardziej znane. Wręcz przeciwnie, mieszkańcy Chicago myśleli jednocześnie o obu miastach, podając więcej informacji i potencjalnie błędnie udzielając odpowiedzi.

Pomyśl o wszystkich ekonomistach pracujących dla banków, zespołów doradców, funduszy hedgingowych i rządów w latach 2005–2007, którzy opublikowali białe księgi z licznymi prognozami i komentarzami – zarówno dla banków, zespołów doradców, funduszy hedgingowych, jak i rządów – opublikowane w tym okresie – od 2005 r. -2007; wszystkie opublikowane przez nich białe księgi; obszerna biblioteka raportów badawczych i modeli matematycznych; poczyniono ogromne ilości komentarzy; wykonane dopracowane prezentacje PowerPoint; terabajty informacji dostępnych w serwisach informacyjnych Bloomberg/Reuters i czczenie boga informacji... Wszystko to okazało się bez znaczenia, gdy kryzys finansowy uderzył w rynki światowe, czyniąc ich prognozy i komentarze bezsensownymi; czyniąc te prognozy bezwartościowymi!

Unikaj gromadzenia wszystkich dostępnych danych – zamiast tego skup się na gromadzeniu tylko tego, co niezbędne. Dzięki temu będziesz mógł podejmować lepsze decyzje; wiedza zbędna jest bezwartościowa niezależnie od tego, kto o niej wie – najlepiej ujął to Daniel J. Boorstin: „największą przeszkodą w odkryciach nie jest niewiedza, ale raczej iluzja wiedzy”; w konfrontacji z rywalami rozważ zabicie ich analizą danych, a nie miękkimi słowami.

Zobacz także Nadmyślenie (rozdz. 90); News Illusion (rozdz. 99); Pominięcie stawki podstawowej (rozdz. 28) w celu dodatkowego odczytu.

BOLE TAK DOBRZE

John, żołnierz armii amerykańskiej, niedawno ukończył kurs spadochroniarski i z niecierpliwością czeka na otrzymanie od swojego przełożonego zawleczki do spadochronu. Wreszcie, w ostatniej doniosłej chwili prawdy, jego przełożony staje przed nim, przykłada zawleczkę do jego piersi i uderza w nią z taką siłą, że przebiła ciało Johna, powodując kontakt i pozostawienie wcięcia na jego skórze – od tego czasu następnie, gdy tylko nadarzy się okazja, odpina górny guzik koszuli, aby pokazać małą bliznę. Kilkadziesiąt lat później wszystkie pamiątki z wyjątkiem tej małej przypinki nadal żyją w specjalnej ramce na ścianie jego salonu.

Mark samodzielnie i pieczołowicie odrestaurował zardzewiałego Harleya-Davidsona, spędzając każdy weekend i wakacje na jego naprawie, podczas gdy jego małżeństwo było bliskie rozpadu. Wreszcie jednak, po miesiącach pracy, był gotowy do drogi i błyszczał w promieniach słońca. Jednak dwa lata później, kiedy rozpaczliwie potrzebował pieniędzy, Mark sprzedał cały swój majątek, w tym telewizor, samochód i dom… ale nie swoją najcenniejszą rzecz; nawet wtedy, gdy potencjalni nabywcy oferują podwójną wartość rzeczywistą!

Zarówno John, jak i Mark cierpią na usprawiedliwienie wysiłku: wkładając w coś dużo energii, masz tendencję do przeceniania jego rezultatów. John doświadczył fizycznego bólu z powodu sworznia spadochronu; Harley Marka kosztował go wiele godzin – prawie jego żonę! - tak bardzo, że bardzo go ceni i nigdy go nie sprzeda.

Klasycznym przykładem dysonansu poznawczego jest uzasadnienie wysiłku. Wybijanie sobie dziury w piersi w zamian za coś w rodzaju odznaki za zasługi wydaje się absurdalne. Aby to zrekompensować, umysł Johna przecenia to, podnosząc jego status z czegoś przyziemnego do czegoś na wpół świętego. Niestety wszystko to dzieje się nieświadomie i trudno temu zapobiec.

Grupy wykorzystują uzasadnienie wysiłku, aby zjednoczyć członków – na przykład poprzez rytuały inicjacyjne. Gangi i stowarzyszenia inicjują nowych członków, poddając ich bolesnym lub nieprzyjemnym testom. Badania pokazują, że im trudniejszy jest egzamin wstępny, tym bardziej członkowie są dumni z przynależności. Szkoły MBA w podobny sposób uzasadniają wysiłek: absolwenci MBA często otrzymują uznanie za zdanie rygorystycznych egzaminów wstępnych na programy MBA.
Studenci programów MBA często odczuwają zmęczenie podczas studiowania tej kwalifikacji; jednak po uzyskaniu tytułu MBA wielu uzna je za niezbędne w ich karierze po prostu ze względu na wymagania stawiane im przez zajęcia, które często były bezużyteczne lub nieistotne.

Łatwiejszą formą uzasadnienia wysiłku jest efekt IKEA: meble, które sami składamy, mogą wydawać się cenniejsze niż jakikolwiek drogi przedmiot designerski, podobnie jak ręcznie robione skarpetki, nad którymi spędzamy wiele godzin, często wydają się cenniejsze niż jakikolwiek drogi przedmiot designerski. Nawet ręcznie robione skarpetki mogą wydawać się trudne do rozstania; wyrzucenie przestarzałej pary wykonanej z należytą starannością jest trudne. Menedżerowie wkładający długie godziny ciężkiej pracy w opracowanie propozycji strategii mogą okazać się niezdolni do obiektywnej oceny; podobnie winni są projektanci, copywriterzy, twórcy produktów i inni profesjonaliści, którzy martwią się o swoje dzieła.

W latach pięćdziesiątych XX wieku wprowadzono na rynek mieszanki ciast błyskawicznych, które według producentów od razu stały się hitem wśród gospodyń domowych. Niestety, gospodynie domowe od razu poczuły do nich niechęć, udowadniając, że producenci się mylą.

Firmy reagując na ich łatwość, zwiększały trudność przygotowywania posiłków (samodzielne ubijanie jajka). Stworzyło to większe poczucie sukcesu wśród kobiet, które same je przygotowały, i zwiększyło ich uznanie dla wygodnych produktów spożywczych.

Teraz, gdy rozumiesz uzasadnienie wysiłku, możesz oceniać projekty bardziej obiektywnie. Eksperyment: ilekroć inwestujesz w coś dużo czasu i energii, cofnij się o krok, aby ocenić jego rezultat - tylko wynik. Ta powieść, którą pisałeś przez pięć lat, a której nikt nie jest zainteresowany publikacją? Może jednak nie jest to godne Nobla? A te kobiety, za którymi ganiałeś przez lata? Czy zaakceptowaliby cię chętniej, gdyby otrzymali kolejną szansę?

Zobacz także: Błąd utopionych kosztów (rozdz. 5); Dysonans poznawczy (rozdz. 50)

DLACZEGO MAŁE RZECZY SIĘ ROZLEGAJĄ?, DLACZEGO TE ELEMENTY JASNO LŚNIĄ

Załóżmy, że zasiadasz w zarządzie firmy zajmującej się sprzedażą detaliczną posiadającej 1000 sklepów; połowa zlokalizowana jest w miastach, a połowa na obszarach wiejskich. Twój dyrektor generalny poprosił konsultanta o przeprowadzenie badania na temat kradzieży w sklepach; teraz zaprezentowano ich ustalenia. Na ścianie przed nim widniało 100 nazw oddziałów, w których odnotowano wysoki wskaźnik kradzieży w stosunku do sprzedaży, wraz z jego zaskakującym wnioskiem: „Oddziały o wyższym wskaźniku kradzieży są zwykle zlokalizowane głównie na obszarach wiejskich”. Z niedowierzaniem dyrektor generalny zwrócił się bezpośrednio do swoich pracowników: „Po długich naradach i dokładnym rozważeniu nasze kolejne kroki są jasne. W przyszłości zainstalujemy dodatkowe systemy bezpieczeństwa we wszystkich oddziałach wiejskich, abyśmy mogli oglądać, jak ci wieśniacy ponownie próbują nas okraść. Czy wszyscy się zgadzamy?

Cóż... nie do końca. Po poproszeniu konsultanta o sporządzenie listy 100 oddziałów o najniższym wskaźniku kradzieży, jesteś zaskoczony, gdy na Twojej liście znajdują się sklepy wiejskie! „Lokalizacja nie jest czynnikiem decydującym” – wykrzykujesz z dumą, rozglądając się wokół stołu po swoich kolegach. 'Rozmiar ma znaczenie; w wiejskich sklepach pojedyncze zdarzenie często ma większy wpływ na liczbę kradzieży niż większe filie miejskie – stąd też tutaj wskaźniki różnią się znacznie bardziej niż w placówkach miejskich.” „Panie i panowie, przedstawiam wam prawo małych liczb – i właśnie cię to zaskoczyło!”

Prawo małych liczb jest dla ludzi trudne do zrozumienia intuicyjnie, dlatego dziennikarze, menedżerowie i członkowie zarządów często wpadają w jego pułapkę. Weźmy skrajny przykład. Zamiast współczynnika kradzieży przyjrzymy się średniej wadze pracowników w każdym oddziale. W naszym przykładzie rozważymy dwa sklepy zamiast 1000: megaoddział zatrudniający 1000 pracowników i minioddział zatrudniający dwóch pracowników; w obu sklepach średnia waga odpowiada mniej więcej średniej wadze populacji (np. 170 funtów); przy zatrudnianiu lub zwalnianiu personelu nie zmienia znacząco tej średniej. Jednak w małym sklepie zmieni się to znacznie bardziej znacząco ze względu na zmiany wpływające na to, czy kierownik sklepu ma kolegów z nadwagą, czy szczupłych, co wpływa na tę średnią wagę znacznie bardziej niż w dużych oddziałach, gdzie wszelkie decyzje o zatrudnieniu lub zwolnieniu podejmowane przez kierowników sklepu wpływają na średnią wagę więcej. W mniejszych sklepach kierownicy sklepów mogą wpływać na średnią wagę sklepu, zatrudniając/zwalniając pracownika lub menedżera, którego koledzy na pokładzie mają nadwagę/chudość (w takich przypadkach wpływa to znacząco na średnią wagę).
Wróćmy na chwilę do naszego problemu z kradzieżami w sklepach i zbadajmy go bardziej szczegółowo. Jak się okazuje, w małych oddziałach często występują większe wahania wskaźników kradzieży, od bardzo wysokich do bardzo niskich – czego nie jest w stanie

uchwycić żaden arkusz kalkulacyjny konsultantów. W przypadku wyszczególnienia wszystkich wskaźników kradzieży według wielkości — małe sklepy pojawią się najpierw na dole, następnie duże sklepy, a następnie mniejsze na górze; co oznacza, że wniosek dyrektora generalnego mógł być bezużyteczny, ale przynajmniej nie potrzebują już drogiego systemu bezpieczeństwa w małych lokalizacjach.

Wyobraź sobie, że czytasz w gazecie: „Start-upy zazwyczaj zatrudniają mądrzejszych pracowników. Badanie przeprowadzone przez Narodowy Instytut Niepotrzebnych Badań obliczyło średni IQ w amerykańskich firmach; start-upy zatrudniły materiały MENSA!" Jaka byłaby Twoja pierwsza reakcja? Miejmy nadzieję, że uniesiemy brwi. Zjawisko to ilustruje tendencję małych firm do zatrudniania mniejszej liczby pracowników; w związku z tym ich średnie IQ zmienia się częściej niż w przypadku dużych korporacji, co daje małym i nowym firmom wysokie i niskie wyniki; zatem badanie Instytutu Narodowego nie ma żadnego realnego znaczenia i potwierdza przypadek.

Uważaj, gdy słyszysz niezwykłe statystyki dotyczące małych podmiotów, takich jak firmy, gospodarstwa domowe, miasta, centra danych, mrowiska, parafie lub szkoły; to, co może wydawać się zdumiewającym odkryciem, może w rzeczywistości być nieszkodliwym wynikiem losowego rozkładu. Laureat Nagrody Nobla Daniel Kahneman w swojej ostatniej książce ujawnił, że nawet doświadczeni naukowcy ulegają temu prawu małych liczb; co można uznać jedynie za pocieszające.

Zobacz także: Wzrost wykładniczy (rozdz. 34);

ZACHOWAJ OSTROŻNOŚĆ PODCZAS OBCHODZENIA SIĘ Z TYM MATERIAŁEM!

OCZEKIWANIA

31 stycznia 2006 r. Google opublikowało wyniki finansowe za ostatni kwartał 2005 r.: przychody wzrosły o 97%, a zysk netto wzrósł o 82% rok do roku – co stanowi rekordowy kwartał odpowiednio pod względem przychodów i zysku netto. Zgodnie z oczekiwaniami, zaraz po usłyszeniu tych niesamowitych liczb, akcje natychmiast spadły o 16%. handel musiał zostać zawieszony, a później wznowiony, a akcje spadły o 15% więcej, co wywołało panikę wśród traderów na wszystkich platformach handlowych, którzy pytali na blogach, „z jakiego wieżowca najlepiej skoczyć?". '

Co poszło nie tak? Analitycy z Wall Street spodziewali się jeszcze lepszych wyników, więc gdy te nie nastąpiły, od wartości medialnego giganta odjęto 20 miliardów dolarów.

Każdy inwestor wie, że dokładne prognozowanie wyników finansowych nie jest możliwe. Chociaż można by oczekiwać, że inwestorzy zlekceważą kiepskie prognozy i uznają je za „złe przypuszczenie, mój błąd", inwestorzy często reagują bardziej surowo; jak widać w styczniu 2006 r., kiedy firma Juniper Networks nieoczekiwanie opublikowała dane dotyczące zysku na akcję, który spadł o jedną dziesiątą poniżej prognoz analityków; cena ich akcji spadła o 21%, a wartość firmy gwałtownie spadła o 2,5 miliarda dolarów, w miarę jak oczekiwania były wysokie przed ich ogłoszeniem, a wszelkie rozbieżności, niezależnie od tego, jak niewielkie, spotykały się z szybką karą ze strony inwestorów.

Wiele firm dokłada wszelkich starań, aby spełnić przewidywania analityków. Aby uciec od obaw, niektórzy zaczęli publikować szacunkowe szacunki dotyczące zarobków; był to błąd, ponieważ obecnie rynek traktuje wyłącznie te wewnętrzne prognozy – które często analizuje dokładniej – jako narzędzia prognostyczne. Dyrektorzy finansowi muszą dokładnie osiągnąć te cele; w celu osiągnięcia maksymalnego sukcesu, stosując wszystkie dostępne im techniki księgowe.

Oczekiwania mogą również prowadzić do godnych pochwały zachęt. Amerykański psycholog Robert Rosenthal przeprowadził w różnych szkołach otwierający oczy eksperyment. Nauczycieli poinformowano o (fałszywym) nowym teście, który może wykryć uczniów na skraju rozwoju intelektualnego; tak zwane „kwitnące". Dwadzieścia procent losowo wybranych uczniów zostało losowo sklasyfikowanych jako uczniowie o wysokim potencjale; nauczyciele uważali, że są to osoby osiągające wysokie wyniki.
Rosenthal prowadził eksperymenty na uczniach przez rok, po czym odkrył, że uczniowie ci mieli znacznie wyższe IQ w porównaniu z dziećmi z grupy kontrolnej – zjawisko to stało się znane jako efekt Rosenthala (lub efekt Pigmaliona).

Jednak w przeciwieństwie do dyrektorów generalnych i dyrektorów finansowych, którzy świadomie dostosowują swoje wyniki do oczekiwań, działania nauczycieli były zazwyczaj nieświadome. Bez własnej wiedzy nauczyciele mogli podświadomie skupiać więcej czasu na osobach, które zakwitły, co z kolei doprowadziło do lepszego uczenia się w grupie. Co więcej, wybitni uczniowie byli pod takim wrażeniem nauczycieli, że przypisywali im nie tylko lepsze oceny, ale także ulepszone cechy osobowości – zjawisko to nazywa się efektem aureoli.

Ale jak powinniśmy reagować na osobiste oczekiwania? Jednym z rozwiązań jest efekt placebo – pigułki i terapie, które wydają się mało prawdopodobne, aby poprawić zdrowie, a jednak tak się dzieje. Jedna trzecia pacjentów zarejestrowała ten efekt, chociaż jego dokładne działanie pozostaje nieznane; jedyne, co wiemy na pewno, to to, że oczekiwania wpływają na biochemię mózgu, a co za tym idzie, całego organizmu – jednak pacjenci z chorobą Alzheimera nie mogą na tym zyskać, ponieważ ich stan upośledza obszar odpowiedzialny za obsługę oczekiwań w mózgu.

Oczekiwania mogą wydawać się nieuchwytne, ale mają konsekwencje w świecie rzeczywistym. Oczekiwania mają moc zmieniania rzeczywistości i nie da się ich całkowicie pozbyć; ale możesz mądrzej radzić sobie z oczekiwaniami: podnoś je dla siebie i bliskich, aby zwiększyć motywację; jednocześnie obniżając oczekiwania dotyczące rzeczy, na które nie masz wpływu, takich jak giełda. Przewidywanie może pomóc uniknąć nieprzyjemnych niespodzianek!

Zobacz także Czarny Łabędź (rozdz. 75); Iluzja prognozy (rozdz. 40); Efekt halo (rozdz. 38)

PUŁAPKI PRĘDKOŚCI NA POKŁADZIE!

PROSTA LOGIKA

Trzy łatwe pytania. Szybko chwyć za długopis i szybko zapisz swoje odpowiedzi na marginesie. Pierwsze pytanie: w domu towarowym zarówno rakietka do ping-ponga, jak i plastikowa piłka kosztują 1,10 dolara. Jeśli jeden kosztuje o jednego dolara więcej, ile kosztuje drugi przedmiot? Pytanie drugie: w fabryce tekstylnej pięć maszyn produkuje pięć koszul w dokładnie pięć minut; ile czasu zajmie wyprodukowanie 100 100? Po trzecie: W stawie znajdują się lilie wodne, które każdego dnia rozmnażają się wykładniczo, zajmując coraz większy obszar, aż do całkowitego pokrycia jego powierzchni (48 dni na pełne pokrycie! Nie czytaj dalej, dopóki nie zostaną zapisane wszystkie odpowiedzi! Nie czytaj dalej, dopóki wszystkie odpowiedzi zostały zapisane! Nie czytaj przed ich zapisaniem.

Każde pytanie zawiera zarówno intuicyjne, jak i dokładne rozwiązanie; szybkie, intuicyjne odpowiedzi mogą obejmować 10 centów, 100 minut i 24 dni; są to jednak odpowiedzi nieprawidłowe i zamiast tego wymagają pięciu centów, pięciu minut i 47 dni jako rozwiązania. Na ile odpowiedziałeś poprawnie?

Profesor Shane Frederick stworzył i przeprowadził test refleksji poznawczej (CRT), przystępując do niego tysiące osób i uzyskując co najmniej jeden wynik. Jak dotąd najlepiej radzą sobie studenci Massachusetts Institute of Technology (MIT) w Bostonie, uzyskując średnio 2,18 poprawnych odpowiedzi; Drugie miejsce zajął Uniwersytet Princeton z wynikiem 1,63, podczas gdy studenci z Uniwersytetu Michigan uzyskali średnio jedynie 0,83. Jednak średnie wyniki w tym przypadku niewiele ujawniają: interesujące jest to, jak ci, którzy uzyskują wysokie wyniki, różnią się od reszty.

Frederick odkrył, że osoby z niskimi wynikami CRT zazwyczaj wybierają bezpieczniejszy wybór; zawsze coś jest lepsze niż nic! Podczas gdy ci, którzy uzyskali co najmniej 2 punkty, często preferowali bardziej ryzykowne opcje, takie jak hazard – było to szczególnie widoczne wśród mężczyzn.

Jedną rzeczą, która oddziela grupy, jest ich zdolność do kontrolowania impulsów. Dyskontowanie hiperboliczne szczegółowo omówiliśmy w rozdziale 5, gdzie omawialiśmy uwodzicielską moc „teraz". Następnie Frederick zadał uczestnikom następujące pytanie: „Wolicie mieć upragniony przedmiot teraz, czy w późniejszym życiu?"
„Czy powinienem wybrać pomiędzy otrzymaniem 3400 dolarów teraz, czy za miesiąc?" często odpowiada się na korzyść natychmiastowego otrzymania; osoby z niższymi wynikami CRT zwykle podejmują szybsze decyzje zakupowe ze względu na większą impulsywność. Z kolei osoby z wysokimi wynikami CRT zwykle decydują się poczekać kilka kolejnych tygodni

i wykazują silną wolę, aby odrzucić natychmiastową satysfakcję – i zostają wynagrodzone we właściwym czasie.

Myślenie jest wyczerpujące; Innymi słowy, racjonalne rozważanie wymaga większej siły woli niż poddanie się intuicji. Dlatego psycholog z Harvardu Amitai Shenhav i jego koledzy przeprowadzili badanie, aby sprawdzić, jak wyniki badania CRT ludzi korelują z ich przynależnością religijną; osoby, które uzyskały wysokie wyniki, często były ateistami, podczas gdy uczestnicy z niższymi wynikami CRT wierzyli w Boga i mieli boskie doświadczenia częściej niż ateiści – ma to sens, ponieważ intuicyjni decydenci zwykle nie kwestionują doktryn religijnych w sposób racjonalny.

Jeśli Twój wynik CRT pozostawia wiele do życzenia i chcesz go zwiększyć, zacznij od powitania z niedowierzaniem nawet prostych pytań logicznych. Pamiętaj: nie wszystko, co wydaje się prawdopodobne, jest prawdą! Spróbuj więc jeszcze raz: podróżujesz z punktu A do B; w jedną stronę jedziesz z prędkością 100 mil na godzinę, a w drodze powrotnej osiągasz tylko 50. Jaka była Twoja średnia prędkość podczas obu podróży? 75? Kierowco zwolnij!

Zobacz także Dyskontowanie hiperboliczne (rozdz. 51); Zmęczenie decyzją (rozdz. 53); Wzrost wykładniczy (rozdz. 34); Błąd hazardzisty (rozdz. 29) i Problem ze średnimi (rozdz. 55) jako dalsze źródła.

Drogi Czytelniku: Ku mojemu wielkiemu zaskoczeniu, znam Cię doskonale. Oto jak scharakteryzowałbym Cię: „Masz silną potrzebę, aby inni ludzie Cię doceniali i podziwiali; jednak często masz także tendencję do krytykowania siebie. Twój potencjał jest w ogromnym stopniu niewykorzystany i nie został jeszcze maksymalnie wykorzystany. Chociaż masz pewne wady osobowości, zazwyczaj można je opanować po wprowadzeniu pewnych zmian; jednakże Twoje przystosowanie seksualne stanowiło dla Ciebie wyzwanie. Choć na zewnątrz jesteś zdyscyplinowany i kontrolowany, wewnątrz często czujesz się niepewnie. Czasami możesz mieć wątpliwości, czy podjąłeś właściwą decyzję lub wykonałeś niezbędne działania. Twoje poczucie zmian i różnorodności sprawia, że czujesz się niekomfortowo i pozostawiasz niezadowolonego, gdy świat staje się stagnacyjny lub restrykcyjny. Jako niezależny myśliciel nie akceptujesz twierdzeń innych bez odpowiednich dowodów. Twoje doświadczenie nauczyło Cię, że nie jest mądrze być zbyt otwartym w ujawnianiu się innym. Twoja osobowość waha się od towarzyskiej i przyjaznej, czasami introwertycznej i powściągliwej; niektóre z Twoich aspiracji mogą nawet wydawać się wzniosłe! Bezpieczeństwo jest jednym z głównych celów Twojego życia.'

Czy rozpoznajesz siebie? Jak moja ocena zmieniłaby się z 1 (słaba) na 5 (świetna)

Bertram Forer przeprowadził w 1948 roku eksperyment, korzystając z felietonów astrologicznych z różnych czasopism, aby sporządzić dokładny fragment, który można następnie rozdać swoim uczniom do przeczytania i oceny, sugerując, że każda osoba otrzymała spersonalizowaną ocenę. Jego uczniowie przyznali Forerowi średni wynik dokładności wynoszący 86%, co zaowocowało powtarzanymi próbami przez dziesięciolecia z praktycznie identycznymi wynikami.

Najprawdopodobniej oceniłeś tekst czterema lub pięcioma gwiazdkami. Ludzie mają tendencję do rozpoznawania wielu swoich cech, czytając uniwersalne opisy – jest to zjawisko zwane efektem Forera (lub efektem Barnuma). Wyjaśnia, dlaczego pseudonauki, takie jak astrologia, astroterapia, analiza pisma ręcznego, analiza biorytmu, chiromancja, czytanie kart tarota i seanse ze zmarłymi, działają tak skutecznie.

Dlaczego istnieje efekt Forera? Po pierwsze, większość swoich wypowiedzi Forer zawarł w swojej książce na te tematy.
Po drugie, te stwierdzenia odnoszą się do każdego: „Czasami poważnie wątpisz w swoje działania”. Nikt temu nie zaprzeczy! Po trzecie, mamy skłonność do akceptowania pochlebnych stwierdzeń, które bezpośrednio nas nie dotyczą: „Jesteś dumny ze swojego niezależnego myślenia”. Kto by nie? Po czwarte, błąd potwierdzenia: akceptujemy

informacje, które potwierdzają to, co o sobie postrzegamy, odfiltrowując jednocześnie wszystko, co jest sprzeczne; pozostaje spójny portret.

Konsultanci i analitycy potrafią dokonać podobnej magii: „Akcje te mają znaczny potencjał wzrostu nawet w bardzo konkurencyjnym środowisku, jednak kierownictwu brakuje impetu, aby w pełni realizować i wdrażać pomysły swojego zespołu programistów. Kierownictwo to doświadczeni profesjonaliści z branży; jednak widać oznaki biurokratyzacji są oczywiste; w rachunku zysków i strat istnieją możliwości oszczędności, dlatego doradzamy spółce, aby w większym stopniu skupiła się na gospodarkach wschodzących, aby zabezpieczyć przyszły udział w rynku." Brzmi wystarczająco wiarygodnie?

Jak można ocenić astrologa? Aby uzyskać bezstronną ocenę, wybierz dwadzieścia osób i przypisz im numer. Niech guru scharakteryzuje każdą osobę indywidualnie na kartach, tak aby nie odkrywała, kto jest jej numerem, dopóki nie otrzyma wszystkich kopii. Prawdziwy talent może ujawnić się dopiero wtedy, gdy większość uczestników uzna, że „swój" opis jest zgodny z prawdą – wciąż czekam!

Zobacz także: Efekt pozytywny (rozdz. 95); Błąd potwierdzenia (rozdz. 7-8);

DLACZEGO WOLONTARIAT JEST DLA PTAKÓW

Szaleństwo wolontariusza

Jack, fotograf magazynów o modzie, od poniedziałku do piątku podróżuje między Mediolanem, Paryżem i Nowym Jorkiem, wykonując zlecenia z magazynów o modzie w poszukiwaniu pięknych dziewczyn z ciekawymi projektami, w nieskazitelnych warunkach oświetleniowych. Dobrze znany w kręgach towarzyskich, przechwala się swoim przyjaciołom, że jego wynagrodzenie wynoszące około 500 dolarów za godzinę jest korzystnie porównywalne ze stawkami przewidzianymi w prawie handlowym; „A moje strzały wyglądają znacznie lepiej niż u jakiegokolwiek bankiera!”

Jack prowadzi godny pozazdroszczenia styl życia, choć ostatnio stał się bardziej filozoficzny. Coś sprawiło, że zaczął kwestionować swój stosunek do mody: branża wydaje mu się teraz samolubna i pozostawia go niespokojnym w nocy, tęskniącym za bardziej satysfakcjonującą pracą, która pozwoli mu oddać społeczeństwu coś znaczącego – niezależnie od tego, jak małe.

Któregoś dnia dzwoni jego telefon. To był Patrick, jego były kolega z klasy, a obecnie prezes lokalnego klubu ptasiego: „W przyszłą sobotę odbywa się nasz coroczny zbiór domków dla ptaków – potrzebujemy wolontariuszy, którzy zbudują domki dla ptaków dla zagrożonych gatunków, a następnie umieścili je w lesie, gdy je rozstawimy. Proszę, dołącz do nas! Spotkanie zaczynamy o godzinie 8:00; mam nadzieję, że skończymy przed porą lunchu”

Co powinien powiedzieć Jack, jeśli naprawdę zależy mu na stworzeniu lepszego świata? Po prostu powinien odmówić. Dlaczego? Jack zarabia 500 dolarów na godzinę, podczas gdy stolarze zazwyczaj zarabiają 50 dolarów. Zamiast próbować samodzielnie budować wysokiej jakości domki dla ptaków (coś, co nigdy by się nie wydarzyło), dlaczego nie przepracować dodatkowej godziny jako fotograf, a następnie zatrudnić na sześć godzin profesjonalnego stolarza, aby zbudował domy najwyższej jakości, których sam amator nie jest w stanie wykonać? Jego zeznanie podatkowe pokryje różnicę w wysokości 200 dolarów, które można następnie przekazać bezpośrednio na rzecz klubu ptaków? W ten sposób jego wkład pójdzie znacznie dalej.

Jack prawdopodobnie pojawi się bystry i wcześnie w przyszłą sobotę będzie montował domki dla ptaków, co ekonomiści nazywają szaleństwem wolontariuszy. Chociaż wolontariat jest popularnym trendem; ponad jedna czwarta Amerykanów poświęca swój czas na ochotnika. Ekonomiści przestrzegają jednak przed zgłaszaniem się na wolontariat z jakiejkolwiek przyczyny – wolontariat może odebrać pracę handlowcom, którzy w przeciwnym razie mogliby wykorzystać te godziny na produktywne budowanie samodzielnie domków dla ptaków, zamiast poświęcać im czas lub ręcznie złożyć kilka domków dla ptaków, co prawdopodobnie będzie bardziej efektywne – zapewnienie mu możliwości, które przyniosłyby nagrody znacznie wykraczające poza jakikolwiek namacalny wkład tego rodzaju, jaki może zapewnić działalność wolontariacka.

Jack wie, że jego umiejętności mogą naprawdę dodać wartość tylko wtedy, gdy zostaną zastosowane bezpośrednio. Na przykład, jeśli klub ptaków planował kampanię pocztową w celu zbierania funduszy i potrzebował profesjonalnych zdjęć członków, aby uwzględnić je w swojej kampanii wysyłkowej, mógł albo zrobić je sam, albo przepracować dodatkową godzinę, aby zatrudnić innego czołowego fotografa, a pozostałe fundusze przekazać w formie darowizny czołowy fotograf.

Teraz dochodzimy do kontrowersyjnego tematu altruizmu: czy bezinteresowność w ogóle istnieje, czy jest to po prostu sposób na złagodzenie naszego ego? Choć wolontariat często służy społeczności jako sposób na pomoc, korzyści osobiste, takie jak rozwój umiejętności i możliwości nawiązywania kontaktów, również odgrywają znaczącą rolę. Nagle nie zachowujemy się już czysto altruistycznie; wielu wolontariuszy angażuje się w coś, co można nazwać „zarządzaniem szczęściem osobistym", przynosząc korzyści znacznie odbiegające od pierwotnych zamierzeń wolontariatu – ściśle mówiąc, każdy, kto czerpie korzyści z wolontariatu lub odczuwa jakąkolwiek satysfakcję z wolontariatu, nie jest czystym altruistą

Czy Jack zrobił zły krok, zgłaszając się na ochotnika w sobotę rano? Niekoniecznie; jedną z grup, która może przełamać tę tendencję, są gwiazdy takie jak Bono, Kate Winslet czy Mark Zuckerberg; zapewniają bardzo potrzebną reklamę, gdy biorą udział w projektach wolontariatu obejmujących budowę domków dla ptaków, sprzątanie plaży lub akcję łagodzenia trzęsienia ziemi. Dlatego Jack musi dokładnie ocenić, czy ich udział dodałby coś wartościowego; w przeciwnym razie najlepszym sposobem wniesienia wkładu przez poszczególne osoby byłyby prawdopodobnie pieniądze, a nie ciężka praca.

Zobacz także Deformation Professionalnelle (rozdz. 92); Błędne pominięcie (rozdz. 44);

DLACZEGO JESTEŚ SŁUGĄ SWOJEGO

Co sądzisz o pszenicy modyfikowanej genetycznie? Jest to temat budzący emocje i zbyt szybka odpowiedź może prowadzić do decyzji godnych pożałowania; przyjęcie obiektywnego podejścia wymagałoby osobnego uwzględnienia zarówno jego zalet, jak i wad. Zapisz wszystkie możliwe korzyści, zważ je według ich ważności i pomnóż ich prawdopodobieństwo przez prawdopodobieństwo – otrzymasz listę oczekiwanych wartości. Teraz zastosuj ten sam proces, rozważając potencjalne wady. Wypisz wszystkie wady, oszacuj ich potencjalne szkody i pomnóż tę liczbę przez ich prawdopodobieństwo. Odejmowanie sum dodatnich od sum ujemnych daje oczekiwaną wartość netto – jeśli ta liczba jest większa od zera, oznacza to, że jesteś zwolennikiem pszenicy GMO; w przeciwnym razie oznacza to, że się temu sprzeciwiasz. Niewątpliwie znasz podejście do teorii decyzji zwane wartością oczekiwaną, szeroko omawiane w literaturze poświęconej podejmowaniu decyzji. Są jednak duże szanse, że nigdy nie przyszło Ci do głowy przeprowadzić taką ocenę – a już na pewno żaden z profesorów piszących podręczniki nie stosował tej metody przy wyborze współmałżonka!

Nikt tak naprawdę nie polega na tej metodzie przy podejmowaniu decyzji. Po pierwsze, nasza wyobraźnia po prostu nie sięga wystarczająco daleko; nasze zrozumienie może sięgać jedynie tak daleko, jak to, co już przyszło poprzez doświadczenie. Wyobraź sobie potężną burzę, jeśli masz zaledwie 30 lat, jest trudne, natomiast obliczenie małego prawdopodobieństwa jest prawie niemożliwe ze względu na brak danych o rzadkich zdarzeniach. Po trzecie, małe prawdopodobieństwa często wymagają mniejszej liczby punktów danych i prowadzą do większych błędów w przypadku dokładnych prawdopodobieństw, tworząc nieubłagany krąg błędów. Nasz mózg też nie jest przystosowany do takich obliczeń; takie obliczenia wymagają czasu i wysiłku - a nie naszego naturalnego stanu! W naszej ewolucyjnej przeszłości ci, którzy przesadzali, często spotykali się z przedwczesną śmiercią ze strony drapieżników. Aby przyspieszyć procesy decyzyjne, dzisiejsi decydenci w dużym stopniu polegają na skrótach myślowych zwanych heurystykami.

Jedną z najczęściej stosowanych heurystyk jest heurystyka afektu. Afekt to natychmiastowa reakcja: coś, co lubisz lub czego nie lubisz; na przykład usłyszenie „strzału" wywołuje negatywne skojarzenia, podczas gdy usłyszenie „luksusu" wywołuje pozytywne; ten automatyczny jednowymiarowy impuls uniemożliwia uwzględnienie ryzyka i korzyści przy podejmowaniu decyzji.
Zamiast traktować ryzyko i korzyści jako zmienne niezależne, którymi z pewnością są, heurystyka afektu łączy je poprzez kanały sensoryczne.

Twoje reakcje emocjonalne na kwestie takie jak energia nuklearna, organiczne warzywa, prywatne szkoły i motocykle determinują twoją ocenę ryzyka i korzyści z nimi związanych. Jeśli coś poruszy cię emocjonalnie, ryzyko z tym związane wydaje się mniejsze, a korzyści większe, niż są w rzeczywistości; i odwrotnie, jeśli coś, czego nie lubisz, budzi w nim silne emocje; ryzyko i korzyści wydają się być zależne, mimo że rzeczywistość pokazuje, że jest inaczej.

Wyobraź sobie, że masz Harleya-Davidsona. Jeśli badanie wykaże, że prowadzenie takiego pojazdu może być bardziej ryzykowne, niż wcześniej sądzono, Twoja podświadomość może zareagować, inaczej oceniając płynące z niego korzyści i zapewniając jeszcze większą swobodę.

Ale w jaki sposób powstaje początkowa, spontaniczna emocja, taka jak szczęście lub złość? Naukowcy z Uniwersytetu Michigan udostępnili uczestnikom jeden z trzech obrazów trwających krócej niż jedną setną sekundy; wcześniej na krótko pojawiały się uśmiechnięte twarze, wściekłe twarze lub neutralne postacie. Następnie badani musieli wybrać, czy podoba im się losowy chiński znak, który im pokazano (nie znając chińskiego), przy czym większość uczestników preferowała te, które bezpośrednio poprzedzały symbol uśmiechniętej twarzy. Nawet pozornie nieistotne czynniki mogą mieć ogromny wpływ na nasze emocje. Hirschleifer i Shumway zbadali, w jaki sposób nieistotny czynnik odegrał rolę w wynikach rynkowych 26 głównych giełd w latach 1982–1997, testując ich związek między poranną liczbą godzin nasłonecznienia a wynikami rynku na każdej giełdzie. Odkryli intrygującą korelację, która brzmi jak powiedzenie starego rolnika: jeśli rano słońce świeci jasno, zapasy zwykle rosną w ciągu dnia – nie zawsze, ale wystarczająco często. Kto by pomyślał, że słońce może poruszyć miliardy? Poranne słońce wydaje się mieć taki sam pozytywny wpływ, jak uśmiechnięte twarze!

Bez względu na nasze intencje, emocje nami kontrolują. Decyzje często podejmowane są w oparciu o uczucia, a nie myśli; wbrew wszelkim najlepszym intencjom zastępujemy „Co o tym myślę?" z „Co o tym myślę". Więc uśmiechnij się! Od tego zależy Twoja przyszłość!

Zobacz także stronniczość stowarzyszeniową (rozdz. 48); Niechęć do straty (rozdz. 32), Efekt istotności (rozdz. 83) i Błąd zarażania (rozdz. 54)

Bruce pracuje w branży witaminowej. Jego ojciec rozpoczął to w czasach, gdy suplementy nie były jeszcze częścią codziennego stylu życia; lekarze musieliby je przepisywać. Kiedy Bruce objął stanowisko dyrektora generalnego na początku lat 90., popyt gwałtownie wzrósł, co skłoniło go do zaciągnięcia ogromnych pożyczek w celu zwiększenia produkcji. Dziś jest jedną z osób odnoszących największe sukcesy w swojej branży i prezesem krajowego stowarzyszenia producentów witamin; niemal codziennie od dzieciństwa zażywał co najmniej trzy multiwitaminy. W wywiadach z dziennikarzami na temat jego skuteczności; zapytany przez dziennikarza, czy coś zrobili, Bruce odpowiedział: „Jestem tego pewien" – wierzysz mu?

Oto kolejne wyzwanie dla Ciebie. Pomyśl o jakiejkolwiek idei lub przekonaniu, którego jesteś pewien; być może w ciągu najbliższych pięciu lat cena złota wzrośnie, Bóg istnieje, a może Twój dentysta pobiera od Ciebie zawyżoną opłatę – zapisz to wszystko w jednym zdaniu i sprawdź, czy naprawdę sobie wierzysz!

Czy nie jesteś przekonany, że twoje przekonanie jest ważniejsze niż przekonanie Bruce'a? Cóż, oto dlaczego: twoja jest obserwacją wewnętrzną, podczas gdy Bruce'a jest obserwacją zewnętrzną; innymi słowy, możesz zajrzeć w ich duszę, a nie w swoją.

W przypadku Bruce'a możesz pomyśleć: „No cóż, oczywiście w jego najlepszym interesie leży wiara w dobroczynny wpływ witamin – od ich powodzenia zależy jego bogactwo i status społeczny; przez całe życie brał pigułki, więc nigdy nie przyzna, że to strata czasu. Ale dla ciebie osobiście jest inaczej: przeprowadziłeś szeroko zakrojone badania w sobie i wyszedłeś na całkowicie bezstronnych obserwatorów.

Ale czy refleksja wewnętrzna może być naprawdę czysta i szczera? Szwedzki psycholog Petter Johannson przeprowadził badanie, w którym badani oglądali dwa zdjęcia portretowe przypadkowych osób i wybierali, która twarz była bardziej atrakcyjna; następnie poprosił ich o opisanie z bliska jego najbardziej atrakcyjnych cech. Ale dzięki genialnemu chwytowi – większość uczestników nie zauważyła, że w połowie zmienił zdjęcie – większość dalej uzasadniała, dlaczego tak bardzo woli dany obraz! Wyniki jego badań: introspekcja nie jest wiarygodna: kiedy prowadzimy poszukiwania duszy, często dokonujemy subiektywnych wyborów – co oznacza, że introspekcja jest zawodna: kiedy przeprowadzamy wewnętrzną samoanalizę
Wymyślane ustalenia w celu osiągnięcia pożądanych wyników znane są jako iluzja introspekcji – to przekonanie, że refleksja prowadzi do prawdy lub dokładności, to coś więcej niż sofistyka, ponieważ z powodu naszych silnych przekonań zwykle doświadczamy trzech reakcji, gdy ktoś nie podziela naszego punktu widzenia: Odpowiedź 1, 2 lub 3.

Pierwsza odpowiedź: Założenie o niewiedzy. Zakładasz, że druga strona nie posiada wystarczającej wiedzy; gdyby otrzymali Twoją wiedzę, mogliby podzielać Twój punkt widzenia. Działacze polityczni zazwyczaj myślą w następujący sposób: wierzą, że oświecenie przekona innych do ich obozu. Reakcja 2: Założenie idiotyzmu. Reakcja 3: Założenie złośliwości. Jeśli ktoś nie wyciąga oczywistych wniosków z dostępnych informacji i dlatego nie może wyciągnąć oczywistych wniosków, może się nam wszystkim wydawać ignorantem i głupcem. Biurokraci szczególnie lubią stosować to podejście, ponieważ chroni ono „głupich" konsumentów przed nimi samymi. Odpowiedź 1: Brak należytego procesu. Twój odpowiednik posiada wszystkie niezbędne informacje – a nawet rozumie debatę – ale celowo jest waleczny i ma złe intencje. Wielu przywódców i wyznawców religijnych postrzega niewiernych w tym samym świetle: jeśli się z nimi nie zgadzają, muszą być agentami Szatana!

Wniosek: nic nie jest tak przekonujące jak własne przekonania, dlatego introspekcja może zapewnić prawdziwą samowiedzę. Niestety, introspekcja jest często zafałszowana lub zafałszowana poprzez zbyt duże i zbyt długie zaufanie pokładane w wewnętrznych obserwacjach; po drugie, często postrzegamy siebie samych lepiej niż innych, co stwarza iluzję wyższości; lekarstwem na jedno i drugie jest bycie wobec siebie coraz bardziej krytycznym – traktuj wewnętrzne obserwacje z równym sceptycyzmem, jak roszczenia osób trzecich; zostań swoim najostrzejszym krytykiem!

Zobacz także Iluzja kontroli (rozdz. 17); Uprzedzenie egoistyczne (rozdz. 45); Błąd potwierdzenia (rozdziały 7-8) i syndrom „nie-tutaj wymyślonego" (rozdział 74), aby uzyskać więcej informacji na te tematy.

Obok mojego łóżka leżą stosy 24 książek. Choć wchodzę i wychodzę, nikt nie może opuścić mojego posiadania. Chociaż wiem, że sporadyczne czytanie nie zapewni mi żadnych prawdziwych spostrzeżeń pomimo wszystkich godzin spędzonych na czytaniu, więc zamiast tego rozsądniej byłoby, gdybym skupił się na jednej książce na raz; więc dlaczego wciąż żongluję wszystkimi 24 naraz?

Mój przyjaciel zna mężczyznę, który spotyka się z trzema kobietami jednocześnie i widzi, jak zakłada rodzinę z którąkolwiek z nich, a mimo to nie może się zdecydować na jedną – oznaczałoby to trwałe porzucenie dwóch innych; utrzymując otwarte opcje, wszystkie opcje pozostają dostępne, chociaż w rezultacie nie tworzą się żadne prawdziwe relacje.

Generał Xiang Yu w III wieku p.n.e. wysłał swoją armię przez rzekę Jangcy, aby rzucić wyzwanie dynastii Qin. Kiedy jego żołnierze spali, rozkazał podpalić wszystkie statki; następnego ranka powiedział im: „Teraz masz tylko jeden wybór: albo walczyć, aby wygrać, albo zginąć". Eliminując opcję odwrotu, pomógł skupić ich uwagę wyłącznie na walce. Hiszpański konkwistador Cortes zastosował podobną taktykę motywacyjną podczas swojego podboju Meksyku w XVI wieku, kiedy po wylądowaniu na wschodnim wybrzeżu zatonął w ramach motywacji własny statek.

Xiang Yu i Cortes wyróżniają się jako wartości odstające; większość ludzi stara się maksymalnie zwiększyć nasze możliwości. Profesorowie psychologii Dan Ariely i Jiwoong Shin pokazali siłę tego instynktu w grze online. Gracze na początku otrzymywali 100 punktów, a na ekranie pojawiały się trzy drzwi – czerwone, niebieskie i zielone. Otwarcie każdego z nich kosztuje jeden punkt; jednakże za każdy pokój, do którego weszli, mogli zdobyć dodatkowe punkty. Gracze zareagowali logicznie, decydując się pozostać w jednym pokoju do czasu jego realizacji. Następnie Arie i Shin zmienili zasady, więc jeśli drzwi nie zostały otwarte w ciągu dwunastu ruchów, zaczęły się kurczyć na ekranie, aż w końcu całkowicie zniknęły; następnie gracze biegali od drzwi do drzwi w poszukiwaniu potencjalnych skarbów; to bezproduktywne mieszanie spowodowało, że zdobyli 15% mniej punktów niż w poprzedniej grze. Na koniec Ariely i Shin dodali jeszcze jeden zwrot akcji: zmienili sposób zdobywania punktów, zwiększając rozmiary drzwi o 25%! Wreszcie dodali kolejny zwrot akcji: w tej rundzie gracze nadal zdobywali 10% punktów! Organizatorzy dodali kolejny błąd, wprowadzając kolejny zwrot akcji: jeszcze raz: drzwi mogły zamknąć się w ciągu dwunastu ruchów, gdy się pojawiły – zmuszając graczy do przeskakiwania przez drzwi od otwierania drzwi tak szybko, jak poprzednio! Następnie Arie i Shin wprowadzili kolejną zmianę; tym razem, gdy drzwi nie otworzyły się w ciągu dwunastu ruchów, drzwi zaczęły się kurczyć poza ekranem i ostatecznie zniknęły poza ekranem! Kiedy Ariely i Shin ponownie się zmienili, zmieniając zasady: drzwi musiały się otworzyć w ciągu dwunastu

ruchów, w przeciwnym razie zniknęłyby poza ekranem! Gracze zaczęli ścigać się od drzwi do drzwi, próbując zabezpieczyć dostęp do wszystkich potencjalnych skarbów, co zaowocowało 15% mniejszą liczbą zdobytych punktów! Arie i Shin dodali jeszcze jeden zwrot akcji: w tej rundzie w porównaniu z poprzednią grą uzyskali 15% mniej punktów, a dodali jeszcze jeden ostatni zwrot akcji: organizatorzy dodali kolejny zwrot akcji: po otwarciu w ciągu dwunastu ruchów stopniowo znikali z ekranu, aż w końcu zniknęły wcześniej Zniknęły całkowicie zniknęły, gdy drzwi zaczęły się kurczyć, Ariely zmienił zasady, wymagało, aby drzwi zostały teraz otwarte w ciągu dwunastu ruchów, w przeciwnym razie zaczął znikać z ekranu w ciągu dwunastu ruchów lub w inny sposób natychmiast zniknął, tworząc drzwi po 12 ruchach lub poprzedni zdobył 15 tak szybko Scraming, który wcześniej zdobył 15% mniej punktów, zdobywając 15% mniej punktów, a przy okazji dodał kolejny zwrot akcji... –
Otwarcie drzwi kosztuje teraz trzy punkty i pojawia się ten sam niepokój: gracze marnują swoje punkty, próbując utrzymać wszystkie drzwi otwarte. Nawet gdy dowiedziałem się, ile punktów było ukrytych w każdym pokoju, nie było żadnych zmian; rezygnacja z opcji była dla nich zbyt dużym wydatkiem.

Dlaczego zachowujemy się irracjonalnie? Ponieważ jego konsekwencje często nie są jednoznaczne. Na przykład na rynkach finansowych jest to oczywiste: każda opcja na papier wartościowy zawsze coś kosztuje; nie ma czegoś takiego jak bezpłatna opcja; jednak w innych sferach opcje często wydają się bezpłatne; choć w rzeczywistości i one mają swoją cenę; każda decyzja wymaga energii mentalnej i zabiera cenny czas na myślenie i życie; Dyrektorzy generalni, którzy rozważają każdą możliwą opcję ekspansji, często ostatecznie nie wybierają żadnej; firmy próbujące obsługiwać wszystkie segmenty klientów często ponoszą porażkę; sprzedawcy, którzy poszukują potencjalnych klientów, często pomimo wszelkich wysiłków nie zamykają żadnej transakcji.

Obecnie ludzie mają tendencję do skupiania się na realizacji wielu projektów jednocześnie i otwarciu się na każdą nadarzającą się okazję; ale takie podejście może szybko zniweczyć sukces. Zamiast tego musimy się nauczyć, kiedy i dlaczego zamykać drzwi; strategie biznesowe służą głównie jako stwierdzenie, w jakie działania nie należy się angażować. Zastosuj podobne podejście jak w przypadku przedsiębiorstw: wypisz, czego nie należy w życiu realizować i podejmuj wyrachowane decyzje, aby nie sięgać po określone możliwości; gdy pojawi się taka możliwość, przed podjęciem dalszych kroków porównaj ją z listą rzeczy, których nie należy realizować. Lista nie tylko pomoże Ci uniknąć kłopotów, ale także zaoszczędzi czas spędzony na podejmowaniu decyzji. Mając listę w ręku, zamiast podejmować decyzje za każdym razem, gdy otwierają się nowe drzwi – wiele drzwi nie ma sensu, nawet jeśli ich klamki wydają się wystarczająco proste – wystarczy, że będziesz się do niej odnosić przy dokonywaniu wyboru.

Zobacz także: Błąd utraconych kosztów (rozdz. 5);

OSTRZEŻENIE O NEOMANII

Jak za pięćdziesiąt lat będzie wyglądał nasz świat i jakie przedmioty będą nas otaczać na co dzień? Łatwo jest dać się wciągnąć w Neomanię; odłóżmy na bok wszelkie „fabrycznie nowe".

Ludzie zastanawiający się nad tym pytaniem pięćdziesiąt lat temu mieli fantastyczne wyobrażenia o tym, jak będzie wyglądać „przyszłość": autostrady na niebie, miasta przypominające szklane światy i pociągi pędzące między drapaczami chmur. Żylibyśmy w plastikowych kapsułach podwodnych miast, spędzając wakacje na Księżycu, zażywając pigułki, zamiast mieć biologiczne dzieci poczęte w drodze poczęcia; zamiast tego wybierajmy dzieci z katalogów, aby były naszymi dziećmi; roboty staną się najlepszymi przyjaciółmi, a nie ludźmi jako towarzyszami, podczas gdy śmierć już dawno została wykorzeniona – obraz, który sobie wyobrażali, był niedaleko!

Ale poczekaj chwilę: rozejrzyj się wokół siebie: siedzisz na krześle stworzonym w starożytnym Egipcie; noszenie spodni opracowanych około 5000 lat temu przez plemiona germańskie około 750 roku p.n.e.; skórzane buty na nogach powstały podczas ostatniej epoki lodowcowej; Twoje półki na książki wykonane są z drewna – jednego z najstarszych materiałów budowlanych znanych człowiekowi; w porze obiadowej używasz widelca tak, jak używali go Rzymianie: w porze obiadowej wrzucasz do ust kawałki martwych zwierząt i roślin – nic się nie zmieniło – nic się też nie zmieniło;

Czy zastanawiamy się, jak będzie wyglądał nasz świat za pięćdziesiąt lat? Nassim Taleb udziela nam wskazówek w swojej książce Antykruchość; wziąć pod uwagę, że większość technologii, które istniały przez ostatnie pół wieku, będzie nadal służyć ludzkości przez kolejne półwiecze, podczas gdy najnowsze technologie staną się przestarzałe szybciej, niż oczekiwano. Dlaczego? Pomyśl o wynalazkach jak o gatunku: wszystko, co przetrwało stulecia ewolucji, prawdopodobnie będzie nadal silne w przyszłości. Sprawdzona stara technologia; nie zawsze można w pełni zrozumieć jego nieodłączną logikę. Powinieneś wziąć to pod uwagę, gdy następnym razem będziesz uczestniczyć w spotkaniu strategicznym, ponieważ coś, co przetrwało stulecia, musi mieć jakąś wartość. Za pięćdziesiąt lat przyszłość prawdopodobnie będzie przypominać dzień dzisiejszy, chociaż możesz zobaczyć nowe, efektowne gadżety lub wynalazki, które na początku mogą wzbudzić zainteresowanie. Jednak często pojawiają się i znikają szybko.

Rozważając naszą przyszłość, często kładziemy zbyt duży nacisk na innowacje technologiczne i „zabójcze aplikacje", nie doceniając ich roli.

Taleb obserwował tę tendencję na przestrzeni dziejów. W latach sześćdziesiątych modne były podróże kosmiczne, przez co wielu uczniów wyobrażało sobie, że biorą udział w szkolnych wycieczkach na Marsa. Później w ciągu tej dekady domy z tworzyw sztucznych stały się modne, więc pomyśleliśmy o tym, jak ozdobić nasze przezroczyste mieszkania plastikowymi meblami. Przypisuje tę tendencję powrót do „neomania", fascynacji wszystkim, co nowe i błyszczące.

Na początku poczułem sympatię do wczesnych użytkowników – tych, którzy nie mogą żyć bez dostępu do najnowszego iPhone'a. Myślałem wtedy, że wyprzedzają swoje czasy; teraz jednak postrzegam ich jako irracjonalne jednostki cierpiące na neomanię – wydają się mniej przejmować tym, czy produkt zapewnia wymierne korzyści, a bardziej nowością niż faktyczną użytecznością.

Nie podejmuj drastycznych środków, prognozując przyszłość. Ilustracją jest klasyczny film Stanleya Kubricka z 1968 roku „2001: Odyseja kosmiczna". Ten wizjonerski film, którego akcja rozgrywa się na przełomie tysiącleci, przewidywał, że Ameryka będzie gościć tysiącletnią kolonię księżycową, obsługiwaną przez loty dojeżdżające do pracy PanAm – czego nikt się nie spodziewał. Zamiast tego sugeruję tę praktyczną zasadę: cokolwiek przetrwało X lat, będzie to trwało przez kolejne X lat — Nassim Taleb wierzy, że historyczny „filtr bzdur" może oddzielić sztuczki od czynników zmieniających zasady gry, więc jestem skłonny postawić z nim taki zakład!

Zobacz także Bieżnię hedoniczną (rozdz. 46) jako przykład tego, dlaczego propaganda działa.
Podczas II wojny światowej każdy naród tworzył filmy propagandowe. Wykorzystywano je do wzbudzania nastrojów nacjonalistycznych zarówno wśród ludności cywilnej, jak i żołnierzy oraz zachęcania do poświęceń dla swojego narodu. Po wydaniu niebotycznej kwoty na same filmy propagandowe Departament Wojny USA przeprowadził badania, czy wydatki te przyniosły jakikolwiek zwrot. Przeprowadzono badania z udziałem zwykłych żołnierzy; ich reakcja wcale nie wskazywała na wzrost entuzjazmu dla wojny!

Czy żołnierze uważali te filmy za źle wykonane? Ledwie. Żołnierze postrzegali raczej te filmy jako propagandę, przez co prawie niemożliwe było, aby jakiekolwiek przesłanie prezentowane w tych filmach miało jakąkolwiek wagę dla widzów; nawet jeśli film dostarczył argumentów lub poruszył publiczność na tyle, że zasługuje na rozważenie lub docenienie jego przesłania; jego treść byłaby po prostu postrzegana jako pusta i całkowicie ignorowana.

Dziewięć tygodni później wydarzyło się coś nieoczekiwanego: psychologowie przeprowadzili kolejną ocenę postaw żołnierzy wobec wojny; wynik: ci, którzy obejrzeli film, wyrazili znacznie większe poparcie niż ci, którzy tego nie zrobili. Jak widać propaganda zadziałała!

Naukowcy byli zdezorientowani, wiedząc, że siła przekonywania argumentu maleje z czasem, podobnie jak materiał radioaktywny. Prawdopodobnie sam tego doświadczyłeś: przeczytaj artykuł na temat korzyści terapii genowej, na początku nabierz entuzjazmu, ale po kilku tygodniach szybko stracisz zainteresowanie; w końcu pozostały tylko resztki entuzjazmu.

Co zaskakujące, propaganda często działa w drugą stronę: gdy raz trafi do ludzi, jej wpływ z czasem będzie coraz większy. Dlaczego? Psycholog Carl Hovland przeprowadził eksperyment dla Departamentu Wojny i ukuł to zjawisko jako „efekt uśpienia". Obecnie naszym najlepszym wyjaśnieniem jest to, że nasza pamięć szybciej zapomina o źródle, niż o tym, co mówił sam argument (np. Departament Propagandy), pamiętając jednocześnie o samym przesłaniu (tj. Wojna jest konieczna i szlachetna).
Dlatego informacje uzyskane z niezaufanych źródeł stopniowo zyskują z czasem zaufanie, ponieważ dyskredytujące siły rozpraszają się szybciej niż ich przekaz.

Podczas wyborów w USA coraz częściej pojawiają się negatywne reklamy polityczne, w których kandydaci próbują dyskredytować nawzajem swoje osiągnięcia lub reputację za pomocą zwodniczo prostych środków – w tym przypadku reklamy polityczne muszą być zgodne z amerykańskim prawem dotyczącym agitacji wyborczej, poprzez ujawnianie sponsorów na końcu każdej reklamy, jednak liczne badania pokazują, że że wśród niezdecydowanych wyborców nadal działają uśpione skutki, w miarę jak zanika komunikator, a ich wypowiedzi pozostają w pamięci – pozwala to kandydatom na wysuwanie najbardziej szkodliwych oskarżeń przeciwko rywalizującym kandydatom bez obawy, że którąkolwiek ze stron spotkają represje lub konsekwencje, jeśli wynik końcowy będzie inny być mniej negatywne, niż oczekiwano na mocy prawa – sprawia to, że reklamy agitacyjne są znacznie trudniejszym procesem, niż powinno się je wykorzystywać przeciwko konkurencyjnym kampaniom przeciwników obu stron w kampaniach pod względem frekwencji wyborczej lub liczby frekwencji, niż byłoby to możliwe w poprzednich sezonach kampanii.

Często zastanawiało mnie, jak reklama w ogóle może działać. Każda logicznie myśląca osoba powinna z łatwością rozpoznać reklamy i odpowiednio je zdyskwalifikować lub sklasyfikować; jednak nawet tobie, jako wnikliwemu i inteligentnemu czytelnikowi, nie zawsze uda się to zrobić pomyślnie; po kilku tygodniach możesz zapomnieć, skąd pochodzą pewne informacje – czy to artykuł informacyjny, czy tandetna reklama!

Jak przeciwdziałać efektowi snu? Po pierwsze, uważaj na wszelkie niechciane rady, nawet jeśli wydają się dobrze zamierzone – w ten sposób chronisz się w pewnym stopniu przed manipulacją. Po drugie, w miarę możliwości unikaj źródeł zawierających reklamy (mamy szczęście, że książki są wolne od reklam!). Po trzecie, zidentyfikuj i zapamiętaj, kto był źródłem każdego argumentu, z którym się spotykasz. Staraj się jak najlepiej zrozumieć ich tok myślenia oraz to, kto na czym zyskuje. Chociaż proces ten może nieco spowolnić procesy podejmowania decyzji, ale z czasem je udoskonali.

Zobacz także Kadrowanie (rozdz. 42); Efekty pierwszeństwa i świeżości (rozdz. 73); News Illusion (rozdz. 99).

ALTERNATYWNA ŚLEPOTA

Wyobraź sobie taką sytuację: przeglądasz broszurę wychwalającą zalety tytułu MBA oferowanego na lokalnym uniwersytecie. Twój wzrok przesuwa się po zdjęciach porośniętego bluszczem kampusu i ultranowoczesnych obiektów sportowych; obok zdjęć uśmiechniętych uczniów z różnych grup etnicznych, ze szczególnym uwzględnieniem młodych kobiet, przebojowych Chinek i Hindusów. Wreszcie docierasz do przeglądu, który ilustruje jego wartość finansową: opłata w wysokości 100 000 dolarów może z łatwością zostać zrównoważona przez absolwentów, którzy wygenerują dodatkowe zarobki przed przejściem na emeryturę: około 400 000 dolarów po opodatkowaniu! Żadnego myślenia.

Zło. Za taką argumentacją kryje się nie jeden, ale cztery błędy. Pierwszym z nich jest „iluzja ciała pływaka", polegająca na tym, że programy MBA przyciągają osoby nastawione na karierę, które prawdopodobnie będą osiągać ponadprzeciętne zarobki bez dodatkowych kwalifikacji, takich jak dyplom MBA. Mit drugi: studia MBA trwają dwa lata i w tym czasie można spodziewać się utraty zarobków na poziomie 100 000 dolarów; dlatego też prawdziwy koszt tytułu MBA prawdopodobnie przekroczyłby 100 000 dolarów, biorąc pod uwagę potencjalne zyski z inwestycji. Po trzecie, głupotą jest sporządzanie szacunków na okres dłuższy niż trzydzieści lat – kto wie, co stanie się w tym okresie? Wreszcie istnieją inne opcje; nie czuj się związany zasadą „zrób studia MBA lub nie rób studiów MBA" w pojedynkę. Być może dostępny jest inny program, który kosztuje znacznie mniej i oferuje również korzyści związane z rozwojem kariery. Czwarte błędne przekonanie uważam za szczególnie fascynujące; nazwijmy to ślepotą alternatywną: gdy nie uda nam się porównać istniejącej oferty z jej następną najlepszą alternatywną ofertą.

Oto przykład z finansów: wyobraź sobie, że masz trochę pieniędzy zaoszczędzonych na koncie oszczędnościowym i poproś o radę brokera inwestycyjnego, który zaleca zakup obligacji oprocentowanej w wysokości 5% zamiast tylko 1%, które zwracają konta oszczędnościowe. Czy naszym zdaniem zakup obligacji ma sens? Nikt nie wie. Uwzględnienie tylko tych dwóch opcji nie zapewni dokładnej oceny; aby naprawdę ocenić wszystkie możliwe wybory inwestycyjne, a następnie wybrać optymalny (tak robi czołowy inwestor Warren Buffet).
Buffett porównuje każdą transakcję z drugą najlepszą ofertą dostępną w danym momencie – nawet jeśli oznacza to zrobienie więcej tego, co już robimy.

W przeciwieństwie do Warrena Buffetta politycy często padają ofiarą alternatywnej ślepoty. Zastanów się nad planem miasta dotyczącym budowy hali sportowej na pustej działce; zwolennicy mogą argumentować, że przyniesie to mieszkańcom większe korzyści emocjonalne i finansowe niż pusta działka – jednak to porównanie jest błędne: zamiast tego powinni oceniać wszystkie pomysły, które stają się niemożliwe ze względu na jej budowę, takie jak szkoły, centra sztuk widowiskowych, szpitale czy spalarnie; alternatywnie mogliby sprzedać grunt i zainwestować dochody lub zmniejszyć zadłużenie miasta dzięki temu alternatywnemu rozwiązaniu.

Czy pomijasz alternatywne rozwiązania? Wyobraź sobie, że Twój lekarz odkrywa guz za pięć lat i proponuje skomplikowaną operację, która, jeśli się powiedzie, spowoduje całkowite usunięcie nowotworu, jednak ryzyko uważa się za wysokie, a ogólny wskaźnik przeżycia wynosi zaledwie 50%. Jak podejmujesz decyzję? Dokładnie rozważ swoje możliwości: pewna śmierć za pięć lat lub 50% szans na śmierć w przyszłym tygodniu; alternatywna ślepota! Być może w innym szpitalu w mieście dostępny jest wariant zabiegu chirurgii inwazyjnej, który obecnie nie jest dostępny w Twojej placówce. Operacja mająca na celu spowolnienie wzrostu guza może jedynie tymczasowo złagodzić objawy; jednakże ta inwazyjna operacja zapewnia więcej czasu i spokoju ducha niż jej alternatywy; kto wie, może w ciągu tych dziesięciu lat pojawią się bardziej zaawansowane terapie eliminujące nowotwory?

Konkluzja: Jeśli masz trudności z podejmowaniem decyzji, pamiętaj, że masz więcej niż dwie możliwości – na przykład brak operacji lub operację wysokiego ryzyka. Nie czuj się uwięziony pomiędzy absolutnym wyborem a możliwymi alternatywami; bądź otwarty!

Zobacz Paradoks wyboru (rozdz. 21); Iluzja ciała pływaka (rozdz. 2) do dalszej lektury na te tematy.

DLACZEGO CELUJEMY W MŁODYCH GUNNSÓW

Kiedy moja książka znalazła się na pierwszym miejscu listy bestsellerów, wydawca poprosił mnie o pomoc w poparciu innego tytułu przez znajomego, który znalazł się na liście pierwszej dziesiątki; wierzyli, że moja opinia dodatkowo popchnie firmę do umieszczenia na tej liście.

Zawsze byłem zdumiony, że te referencje w ogóle działają, biorąc pod uwagę, że wszyscy wiemy, że tylko pozytywne komentarze trafiają na okładki książek (w tym tej książki). Racjonalny czytelnik musi odłożyć na bok pochwały lub przynajmniej rozważyć je w połączeniu z potencjalną krytyką, która jest zawsze obecna, nawet jeśli w różnej formie. Chociaż napisałem wiele opinii na temat innych książek, żadna nie dotyczyła konkurencyjnych tytułów. Rozważając dostępne opcje, zdałem sobie sprawę, że zadziałało społeczne uprzedzenie porównawcze – tendencja do unikania pomagania tym, którzy wkrótce mogą cię przyćmić i na dłuższą metę wyjść na głupców.

Recenzje książek mogą służyć jako nieszkodliwy przykład stronniczości porównań społecznych; jednakże środowisko akademickie przeniosło to na całkowicie niebezpieczny poziom. Każdy naukowiec pragnie opublikować jak najwięcej artykułów w prestiżowych czasopismach naukowych, zyskując tym samym prawo do oceny nadesłanych przez innych naukowców zgłoszeń do publikacji. Z biegiem czasu redaktorzy proszą Cię o ocenę zgłoszeń innych naukowców – często tylko dwóch lub trzech ekspertów decyduje, które artykuły zostaną wybrane do oceny w danej dziedzinie; mając tę wiedzę na uwadze, co by się stało, gdyby początkujący badacz przedstawił wstrząsający artykuł, który grozi obaleniem uznanych ekspertów? Prawdopodobnie byliby szczególnie rygorystyczni podczas oceny – to działa na skutek społecznych porównań!

Psycholog Stephen Garcia i jego współpracownicy opisują przykład, w którym laureat Nagrody Nobla zabronił jednemu ze swoich obiecujących młodych kolegów ubiegania się o pracę na „swoim" uniwersytecie, chociaż początkowo mogłoby się to wydawać rozważne; z czasem przynosi to efekt przeciwny do zamierzonego, gdy wspomniany młody kolega dołącza do innej grupy badawczej – potencjalnie wykluczając jakikolwiek dalszy kontakt pomiędzy starym profesorem a nim lub tym młodym cudownym dzieckiem.
Garcia sugeruje, że stronniczość porównań społecznych może być jednym z czynników uniemożliwiających instytucjom utrzymanie statusu światowej klasy grup badawczych przez dłuższy okres. Nielicznym grupom badawczym udaje się utrzymać na szczycie przez wiele lat z rzędu.

Stronniczość porównań społecznych to kolejny istotny problem w przypadku firm typu start-up. Guy Kawasaki przez cztery lata był „głównym ewangelistą" Apple, a obecnie doradza przedsiębiorcom jako inwestor i doradca zajmujący się kapitałem wysokiego ryzyka. Według Kawasaki: „Gracze klasy A zatrudniają ludzi jeszcze lepszych od siebie. Jak stwierdził Steve [Jobs], gracze B rekrutują graczy C, aby mogli czuć się lepsi od nich, a gracze C rekrutują graczy D; zatrudniając graczy B, spodziewaj się, że w Twojej organizacji nastąpi coś, co nazwał „eksplozji bozo"; zatrudnianie graczy B ostatecznie skutkuje zatrudnieniem graczy Z zamiast graczy B. Rekomendacja: Zatrudnij ludzi lepszych od siebie, w przeciwnym razie wkrótce poprowadzisz zespół słabszych. Ma tu zastosowanie tzw. efekt Duninga-Krugera; Niekompetentni gracze Z często mają dar przeoczania jej zasięgu, wierząc, że posiadają więcej inteligencji, niż jest w rzeczywistości; tacy ludzie tworzą iluzoryczną wyższość, która prowadzi ich do popełniania jeszcze większej liczby błędów, co z kolei z czasem osłabia pulę talentów.

Izaak Newton miał wtedy 25 lat i kiedy jego szkoła została zamknięta z powodu wybuchu zarazy w latach 1666–167, Izaak Barrow zaproponował, że przyjdzie i obejrzy swoje badania, które Barrow natychmiast opuścił jako profesor, aby dołączyć jako jeden z uczniów Newtona - to było naprawdę szlachetne z jego strony! Jaki dał przykład etyczny. A kiedy ostatni raz słyszałeś o ustąpieniu profesora na rzecz innego kandydata lub dyrektora generalnego, który zrezygnował ze swojego stanowiska, bo zdał sobie sprawę, że jeden z jego pracowników mógłby wykonać lepszą pracę?

Wniosek: Podsumowując, czy wspierasz osoby bardziej utalentowane od siebie? Chociaż początkowo może to zagrozić Twojej pozycji, na dłuższą metę przyniesie to tylko korzyści. Inni i tak cię wyprzedzą na pewnym etapie; do tego czasu mądrze byłoby stanąć po ich dobrej stronie i uczyć się od nich – co było moją motywacją do napisania referencji na końcu. Więcej informacji zob.: Envy (rozdz. 86); Efekt kontrastu (rozdz. 10).

EFEKTY PIERWSZEŃSTWA I ŚWIEŻOŚCI

Pozwólcie, że przedstawię dwóch mężczyzn, Alana i Bena. Natychmiast zdecyduj, kogo wolisz, nie zastanawiając się zbyt długo: Alan jest mądry, pracowity, impulsywny, krytyczny, uparty i zazdrosny, podczas gdy cechy Bena obejmują te cechy, ale z niespodzianką: Ben może być również zazdrosny, uparty, krytyczny, impulsywny, ciężko pracujący, mądry również. Większość ludzi wybiera Alana, mimo że oba opisy brzmią podobnie. Twój mózg ma tendencję do zwracania większej uwagi na przymiotniki wymienione jako pierwsze, tworząc w ten sposób dwie odrębne osobowości – Alan jest pracowity, podczas gdy Ben wykazuje zazdrość i uparte cechy – coś znanego jako efekt pierwszeństwa.

Bez efektu pierwszeństwa ludzie zrezygnowaliby z wystawnych holów wejściowych w swoich siedzibach; Twój prawnik byłby równie zadowolony, gdyby na Twoich spotkaniach założył znoszone tenisówki, a nie markowe oksfordzie.

Efekt pierwszeństwa często powoduje błędy praktyczne. Laureat Nagrody Nobla Daniel Kahneman opowiada, jak na początku swojej profesury oceniał prace egzaminacyjne w kolejności: student 1, potem student 2, a następnie wszystkie kolejne pytania, na które udzielono bezbłędnych odpowiedzi, otrzymywały wyższe noty; oznaczało to, że uczniowie, którzy odpowiedzieli doskonale, stali się ulubieńcami Kahnemana, co ostatecznie miało wpływ na to, jak oceniał on inne części ich egzaminów. Aby przeciwdziałać temu efektowi, Kahneman zaczął oceniać poszczególne pytania partiami – oceniane były wszystkie odpowiedzi na pytanie 1, następnie wszystkie odpowiedzi na pytanie 2 itd. – w ten sposób przeciwdziałając temu efektowi i całkowicie go neutralizując.

Niestety, ta sztuczka nie zawsze działa w praktyce; na przykład zatrudniając nowych pracowników, ryzykujesz zatrudnieniem osoby, która jako pierwsza zrobi dobre pierwsze wrażenie. Aby zmaksymalizować efektywność podczas odpowiadania na podobne pytania jeden po drugim od wszystkich kandydatów w kolejce.

Wyobraź sobie siebie jako członka zarządu spółki. Pojawia się temat dyskusji, co do którego nie podjąłeś jeszcze decyzji, a jeden lub więcej obecnych uczestników wyraża opinię, która może mieć wpływ na Twoją ogólną ocenę. Nie wahaj się wyrazić tego, zanim zrobią to inni – w ten sposób wszyscy będą mogli się czegoś nauczyć.
Robiąc to, zyskasz większy wpływ na swoich kolegów i przeciągniesz ich na swoją stronę. Jeśli przewodniczysz komisji, pamiętaj, aby zbierać opinie w losowej kolejności, aby nikt nie miał nieuczciwej przewagi nad innym członkiem.

Nie zawsze winny jest efekt pierwszeństwa; efekt świeżości często odgrywa równie wpływową rolę. Informacje przechowywane później zwykle lepiej zapadają w pamięć – dzieje się tak, ponieważ nasze pliki pamięci krótkotrwałej zajmują tylko ograniczoną przestrzeń; gdy tylko pojawi się coś nowego, starszy element musi ustąpić miejsca.

Kiedy prymat wpływa na świeżość i odwrotnie? W obliczu podejmowania natychmiastowych decyzji w oparciu o wiele wrażeń (charakterystyki, odpowiedzi na egzaminach itp.) efekty pierwszeństwa mają większe znaczenie. Jeśli jednak wrażenia te powstawały przez dłuższy okres czasu – na przykład jeśli niedawno słuchałeś przemówienia, efekt niedawności jest bardziej widoczny; będziesz lepiej pamiętał końcowe punkty/puenty niż początkowe.

Wniosek: Dominują wrażenia początkowe i ostatnie, co oznacza, że treść pomiędzy nimi ma jedynie minimalne znaczenie. Staraj się unikać podejmowania decyzji wyłącznie na podstawie pierwszych wrażeń; niewątpliwie zwiodą Cię w tej czy innej formie. Oceniaj wszystkie aspekty uczciwie i bezstronnie – choć może to łatwiej powiedzieć niż zrobić – na przykład przeprowadzając wywiady, notując wyniki co pięć minut, a następnie uśredniając je, aby upewnić się, że wszystkie aspekty liczą się jednakowo, np. wyniki na powitanie i pożegnanie.

Zobacz także Iluzja uwagi (rozdz. 88); Efekt śpiący (rozdz. 70); Efekt wyrazistości (rozdz. 83)

DLACZEGO DOMOWE JEST NAJLEPSZE

Moje umiejętności kulinarne są raczej podstawowe i moja żona o tym wie. Jednak od czasu do czasu udaje mi się stworzyć coś jadalnego. Ostatnio kupując solę stworzyłam nietypowy sos składający się z białego wina, puree z orzechów pistacjowych, miodu, startej skórki pomarańczowej i octu balsamicznego - a gdy go spróbowała, zaczęła zeskrobywać, co uznała za zbyt odważny eksperyment; ale pomyślałem, że smakuje wspaniale i wyjaśniłem szczegóły, ale na jej twarzy nie widać było żadnej zmiany.

Dwa tygodnie później żona ponownie przygotowała solę na obiad, tym razem sama ją gotując. Przygotowała dwa sosy: swój sprawdzony beurre blanc oraz niezwykły przepis od czołowego francuskiego szefa kuchni, który smakował okropnie; później okazało się, że jest to Szwajcar! Najwyraźniej zaskoczyła mnie; Uległem syndromowi „nie tu wymyślono" (syndrom NIH), w wyniku którego każde dzieło, które sam stworzysz, staje się lepsze w porównaniu ze wszystkim, co nastąpi później.

Zespół NIH powoduje, że ludzie zakochują się we własnych pomysłach. Dotyczy to nie tylko przepisów na sosy rybne, ale wszelkich form rozwiązań, pomysłów biznesowych i wynalazków opracowywanych wewnętrznie; firmy często oceniają takie koncepcje jako bardziej znaczące niż jakiekolwiek źródła zewnętrzne; jednakże niekoniecznie musi to być dokładne w rzeczywistości. Niedawno spotkałem się z dyrektorem generalnym dostawcy oprogramowania dla firm zajmujących się ubezpieczeniami zdrowotnymi. Wyjaśnił, jak trudno było jego firmie – mimo że była liderem na rynku pod względem usług, bezpieczeństwa i funkcjonalności – sprzedawać swoje oprogramowanie bezpośrednio potencjalnym klientom. Wielu ubezpieczycieli uważa, że ich własne, wewnętrzne rozwiązania zapewniają optymalne rozwiązania, jeszcze inny dyrektor generalny powiedział mi, jak trudno było przekonać jego pracowników w centrali, aby zaakceptowali rozwiązania proponowane przez odległe spółki zależne.

Kiedy ludzie współpracują, aby rozwiązać problemy i sami ocenić te pomysły, syndrom NIH nieuchronnie się ujawni i przyjmie swój bieg. Zatem nieuchronnie ma to wpływowy skutek, który skutkuje jego wpływową manifestacją. To sprawia, że stan ten jest tym bardziej znaczący.
Podział zespołów na dwie grupy ma sens: jedna będzie generować pomysły, druga je oceniać, przy czym pomysły wygenerowane przez jeden zespół są oceniane przez drugi, a następnie odwracane – w ten sposób obie grupy mają równy czas na tworzenie pomysłów i ocenianie koncepcji od drugiego. Mamy tendencję do oceniania własnych pomysłów biznesowych

bardziej pozytywnie niż te zaproponowane przez innych – jest to cecha niezbędna do osiągnięcia sukcesu w przedsiębiorczości, ale często prowadząca do rozczarowujących zysków w start-upach.

Psycholog Dan Ariely wykorzystał swój blog w The New York Times do ilościowego określenia zespołu NIH. Czytelnicy, o które prosiliśmy, dostarczają rozwiązań sześciu problemów, takich jak: „W jaki sposób miasta mogą zmniejszyć zużycie wody, nie będąc ograniczanymi przez prawo?", przedstawiając sugestie i oceniając wykonalność; dalsze określenie inwestycji czasowych i finansowych w każdy proponowany pomysł; w końcu użył tylko pięćdziesięciu słów, więc wszystkie udzielone odpowiedzi były dokładnie dopasowane. Niezależnie od tego większość czytelników uznała swoje odpowiedzi za ważniejsze i bardziej przydatne niż odpowiedzi innych autorów, nawet jeśli zgłoszenia były praktycznie identyczne.

Na poziomie społecznym syndrom NIH może mieć katastrofalne skutki. Często odrzucamy inteligentne pomysły innych kultur tylko dlatego, że nie potrafimy docenić ich sprawdzonych zalet. Szwajcaria, gdzie każdy stan lub kanton (po francusku wymawiane: cantonessalee) posiada określone uprawnienia, była domem dla niezwykłego przypadku krajowego zaangażowania w zdrowie (NIH), kiedy jeden mały kanton odmówił zatwierdzenia prawa wyborczego kobiet pomimo oburzonego orzeczenia sądu federalnego z 1990 r., które skutecznie zmienił to – kolejny rażący przykład Narodowej Interwencji w Zdrowie. Weźmy pod uwagę także nowoczesne rondo zaprojektowane przez brytyjskich inżynierów transportu w latach 60. XX wieku i wdrożone w całej Wielkiej Brytanii. Ma rygorystyczne wymagania dotyczące plonów. Po kilkudziesięciu latach zapomnienia i oporu rozwiązania odciążające ruch, takie jak ronda, ostatecznie rozprzestrzeniły się zarówno w Ameryce Północnej, jak i Europie kontynentalnej. W samej Francji znajduje się obecnie ponad 30 00 rond, które wielu Francuzów błędnie przypisuje ich twórcy, który zaprojektował Place de l'Etoile.

Wniosek: mamy tendencję do dawania się ponieść własnym pomysłom, przez co stajemy się coraz bardziej upojeni ich mocą. Aby zachować trzeźwość i obiektywnie ocenić ich jakość z perspektywy czasu – które z Twoich pomysłów z ostatnich dziesięciu lat były naprawdę wyjątkowe? Dokładnie.

Zobacz także: Iluzja introspekcji (rozdz. 67); Efekt wyposażenia (rozdz. 23); Uprzedzenie egoistyczne (rozdz. 45); Efekt fałszywego konsensusu (rozdz. 77)

„Wszystkie łabędzie są białe". To stwierdzenie było prawdziwe przez stulecia. Każdy śnieżny okaz był dowodem tego twierdzenia; jakiś inny kolor? Nie do pomyślenia. Tak było do roku 1697, kiedy Willem de Vlamingh po raz pierwszy spotkał czarnego łabędzia podczas wyprawy do Australii; od tego czasu czarne łabędzie zaczęły symbolizować nieprawdopodobieństwa w życiu.

Pewnego dnia w 1987 roku był taki dzień – Nassim Taleb opisał to wydarzenie w swojej książce, nie ostrzegając o jego wyniku! Wydarzenie Czarnego Łabędzia.

Wydarzenia związane z Czarnym Łabędziem to niewyobrażalne wydarzenia, które radykalnie zmieniają życie, karierę i społeczeństwo – od spadających meteorytów po odkrycie złota przez Suttera w Kalifornii lub śmierć Suttera; od odkrycia Suttera po Sputnik i rozwój przeglądarek internetowych; lub inne spotkanie, które całkowicie wywraca życie do góry nogami – każde z nich jest potencjalnymi Czarnymi Łabędziami, które mogą mieć pozytywne lub negatywne konsekwencje – wszystkie kwalifikują się jako Czarne Łabędzie.

Donald Rumsfeld zasłynął kiedyś z wyartykułowania na konferencji prasowej potężnej myśli filozoficznej: są rzeczy, które wiemy na pewno („znane fakty"), pewne rzeczy pozostają nieznane (znane niewiadome) i te, które pozostają dla nas ukryte lub tajemnicze („nieznane niewiadome").

Czy obecnie badamy wielkość i zasięg wszechświata, obecność broni nuklearnej w Iranie lub to, czy Internet czyni nas mądrzejszymi czy głupszymi? Pytania te reprezentują „znane niewiadome", na które przy wystarczającym wysiłku możemy pewnego dnia mieć nadzieję uzyskać odpowiedzi; w przeciwieństwie do nieznanych niewiadomych, takich jak mania na Facebooku, której nikt nie przewidywał na początku dziesięć lat temu: była naprawdę nieoczekiwana i nieprzewidywalna.

Dlaczego Czarne Łabędzie są ważne? Choć może to zabrzmieć dziwnie, z biegiem czasu czarne łabędzie pojawiają się coraz częściej i mają coraz większe konsekwencje. Chociaż możemy z całą pewnością zaplanować swoją przyszłość, nieoczekiwane wydarzenia, takie jak Czarne Łabędzie, często mogą sprawić, że będziemy musieli zareagować.
Pętle sprzężenia zwrotnego i wpływy nieliniowe często podważają nasze najlepsze intencje, prowadząc do nieoczekiwanych rezultatów. Jednym z powodów jest wrodzona zdolność naszych mózgów do polowania i zbierania. W epoce kamienia myśliwi rzadko spotykali coś naprawdę niezwykłego – jelenie ścigane przez nas były często wolniejsze lub szybsze, grubsze lub cieńsze. Wszystko zmierzało w stronę stałego średniego poziomu.

Dziś jest inaczej; jeden przełom może pomnożyć Twoje dochody o rząd wielkości –
wystarczy zapytać Larry'ego Page'a, Usaina Bolta, George'a Sorosa, J.K. Rowling czy Bono
na przykład. Wcześniej takie losy były niewyobrażalne – dopiero niedawno takie wyczyny
były możliwe i doprowadziły do naszego współczesnego strachu przed ekstremalnymi
scenariuszami. Ponieważ prawdopodobieństwa nie mogą spaść poniżej zera, a ludzkie myśli
często wykazują błędy, należy założyć, że prawdopodobieństwo wszystkiego jest większe od
zera.

Co można zrobić? Ustaw się w sytuacjach, które pozwolą ci złapać podwózkę.

Stwórz dla siebie możliwość, że będziesz mieć szczęście i doświadczysz pozytywnego
wydarzenia Czarnego Łabędzia (choć jest to bardzo mało prawdopodobne). Rozważ zostanie
artystą, wynalazcą lub przedsiębiorcą dzięki skalowalnemu produktowi. Sprzedawanie
swojego czasu jako pracownika, dentysty czy dziennikarza nie wystarczy – chociaż nawet jeśli
będziesz zmuszony do kontynuowania tej ścieżki, unikaj środowisk, które mogłyby pozwolić
na pojawienie się negatywnych wydarzeń Czarnego Łabędzia.
Unikaj długów, inwestuj swoje oszczędności tak konserwatywnie, jak to możliwe i zaakceptuj
życie na skromnym poziomie życia, niezależnie od tego, czy nastąpi Twój wielki przełom, czy
nie.

Uwagi na temat niechęci do dwuznaczności (rozdz. 80); Iluzja prognozy (rozdz. 40);
Alternatywne ścieżki (rozdz. 39) i oczekiwania (rozdz. 62) z tej książki.

Pisanie książek o jasnym myśleniu przynosi wiele korzyści: liderzy biznesu i inwestorzy chętnie płacą mi za wygłaszanie wykładów na ten temat za dobre pieniądze, choć wydaje się to dziwne, ponieważ książki są znacznie tańsze. Na jednej z konferencji medycznych wygłosiłem referat na temat zaniedbywania stawki podstawowej, posługując się analogią z medycyny: w szczególności omawiając kłujący ból w klatce piersiowej u 40-letnich pacjentów, może on wskazywać na chorobę serca lub po prostu stres – stres jest znacznie bardziej prawdopodobny (przy wyższej podstawie), zatem rozsądnie byłoby najpierw sprawdzić tę możliwość przed wykonaniem badań w kierunku chorób serca lub stresu – coś, co wszyscy lekarze zrozumieli intuicyjnie, gdy podałem przykład z ekonomii; jednakże większość zawiodła, gdy próbowała szczegółowo zrozumieć tę ideę w porównaniu z analogiami z medycyny lub medycyny w ogóle, w porównaniu z przykładem ekonomii z medycyny. Ta analogia najbardziej zawiodła przy wyjaśnianiu tego aspektu zaniedbania stawki podstawowej: podczas używania przykładu z ekonomii najbardziej się zawiodła mówiąc o zaniedbaniu stopy bazowej (zaniedbanie stopy bazowej jest łatwiejsze).

Podobnie jak w przypadku inwestorów, występując przed publicznością, doświadczam podobnych zjawisk: gdy posługuję się przykładami z finansów lub ekonomii dla zilustrowania błędów, szybko się łapię; ale jeśli użyję przykładów z biologii, wydają się one zagubione – pokazując, jak spostrzeżenia nie przechodzą łatwo między dziedzinami – efekt znany jako zależność domenowa.

Harry Markowitz zdobył w 1990 roku Nagrodę Nobla w dziedzinie ekonomii za teorię „wyboru portfela". Proces ten określa optymalny skład portfela, biorąc pod uwagę zarówno ryzyko, jak i zwrot. Jeśli chodzi o własne oszczędności Markowitza – jak je podzielić na akcje i obligacje – wybrał po prostu podział 50/50. Laureat Nagrody Nobla nie mógł skutecznie zastosować swojego procesu metodologicznego w swoich sprawach osobistych; oczywisty przypadek zależności domeny; w związku z tym nie udaje się przenieść wiedzy ze środowiska akademickiego do życia codziennego.

Mój przyjaciel jest entuzjastą adrenaliny. Lubi wspinać się po zwisających klifach gołymi rękami i skakać z gór w kombinezonie ze skrzydłami, a także inne pełne przygód zajęcia. W zeszłym tygodniu powiedział mi, dlaczego założenie firmy może być ryzykowne; Nie zawsze można wykluczyć upadłość. Kiedy omawialiśmy jego punkt widzenia, odpowiedziałem: „Osobiście wolę zbankrutować niż martwy!". Nie docenił mojego rozumowania!

Jako autor rozumiem trudności w przechodzeniu z jednego obszaru specjalizacji do drugiego. Pisanie powieści i tworzenie postaci przychodzi mi z łatwością; puste strony nie

przerażają mnie! Z drugiej strony radzenie sobie z pustymi pudełkami i ekranami to zupełnie coś innego.
Wystrój wnętrz może być zniechęcający; Mogę godzinami wpatrywać się w przestrzeń, nie mając w głowie żadnego pomysłu.

Firmy często polegają na zależności od domeny. Firma zajmująca się oprogramowaniem może zatrudnić skutecznego sprzedawcę towarów konsumpcyjnych i odkryć, że przeniesienie jego talentów z produktów konsumenckich do sprzedaży usług okaże się niezwykle trudne. Prezenter, który wyróżnia się w przemawianiu do małych grup, może załamać się, gdy jego publiczność przekroczy 100 osób; lub doświadczonemu marketerowi może nagle brakować strategicznej kreatywności po przejściu ze stanowiska dyrektora generalnego.

Markowitz podaje nam przykład, który pokazuje, jak trudne może być przejście od życia zawodowego do prywatnego. Znam dyrektorów generalnych, którzy wyróżniają się jako liderzy w pracy, a mimo to wydają się pustymi skorupami, gdy przychodzi czas na intymne relacje poza ścianami biura. Jak to często bywa, lekarze są zawodem najbardziej przestępczym, jeśli chodzi o palenie papierosów i używanie wyrobów tytoniowych. Policjanci są zwykle dwa razy bardziej agresywni w domu w porównaniu z cywilami, podczas gdy krytycy literaccy otrzymują słabe recenzje swoich książek. Terapeuci par mają zwykle bardziej niepewne małżeństwa niż ich klienci; według profesora matematyki Barry'ego Mazura. „Kilka lat temu próbowałem zdecydować, czy powinienem przenieść się ze Stanford do Harvardu". Po zanudzeniu moich przyjaciół niekończącymi się dyskusjami, jeden z nich zasugerował, abym sporządził listę kosztów i korzyści wraz z oczekiwaną użytecznością do przybliżonych obliczeń. Niewiele myśląc, moja odpowiedź brzmiała: „Daj spokój, Sandy, to poważna sprawa". Nie przemyślewszy właściwie swojej odpowiedzi, odpowiedziałam:

Przenoszenie wiedzy z jednego obszaru do drugiego może stanowić wyzwanie, szczególnie między środowiskiem akademickim a środowiskiem rzeczywistym, a zwłaszcza między środowiskiem akademickim a otoczeniem rzeczywistym, takim jak środowisko akademickie a scenariusze z życia codziennego. Niestety, dotyczy to nawet wiedzy zawartej w tej książce: zastosowanie jej w życiu codziennym może być trudne; nawet dla mnie, jako autora, to przejście okazało się trudne! Inteligencji książkowej nie da się łatwo przełożyć na mądrość uliczną.

Zobacz także Deformation Professionale (rozdz. 92); Wiedza szofera (rozdz. 16) i tendencja do gadania (rozdz. 57)

MIT PODOBNEGO MYŚLENIA

Jaką muzykę wolisz: lata 60. czy 80.? Jak zareagowałaby opinia publiczna? Ludzie mają tendencję do rzutowania swoich preferencji na innych; ci, którzy kochają lata 60., mogą założyć, że większość innych też je lubi; podobnie entuzjaści lat 80. mogą założyć, że większość innych ludzi również podziela ich gust muzyczny. Często możemy przeceniać jednomyślność wśród otaczających nas ludzi i zakładać, że wszyscy zgadzają się z naszymi myślami i przekonaniami – zjawisko to znane jest jako efekt fałszywego konsensusu.

Psycholog ze Stanford, Lee Ross, po raz pierwszy zbadał ten problem w 1977 r., tworząc tablicę kanapkową z napisem „Jedz u Joe's" i prosząc losowo wybranych studentów, aby nosili ją po kampusie przez trzydzieści minut, szacując, ilu innych studentów zgłosiłoby się do tego na ochotnika; ci, którzy chcieli nosić ten znak, zakładali, że większość innych osób (62%) się zgodzi, podczas gdy ci, którzy grzecznie odmawiali, uważali, że większość (67%) uznałaby ten pomysł za zbyt głupi; obie grupy studentów wyobrażały sobie, że należą do popularnej większości.

Efekt fałszywego konsensusu można zaobserwować wśród grup interesu i frakcji politycznych, które konsekwentnie przeceniają popularność swoich przyczyn, takich jak globalne ocieplenie. Bez względu na to, jak istotna jest dla Ciebie ta kwestia, najprawdopodobniej uważasz, że większość ludzi podziela Twój punkt widzenia na ten temat. Politycy również mają tendencję do przeceniania swojej popularności ze względu na wrodzone nastawienie optymistyczne, które nie może pomóc, ale utwierdza ich w przekonaniu, że ich perspektywy wyborcze są większe, niż są w rzeczywistości.

Jeszcze gorzej jest z artystami: podejmując się nowych projektów, oczekują większego sukcesu niż kiedykolwiek wcześniej. Moim osobistym przykładem była moja powieść Massimo Marini, która odniosła niekwestionowany sukces; w końcu wypadła nieźle w porównaniu ze swoimi poprzednikami (choć i te zebrały pozytywne recenzje), co moim zdaniem wydawało się równie dobre. Niestety dla mnie opinia publiczna nie zgodziła się z tym i udowodniła, że się mylę: zjawisko to znane jest jako efekt fałszywego konsensusu.

Dotyczy to również biznesu: to, że dział badawczo-rozwojowy wierzy, że jego produkt będzie atrakcyjny dla konsumentów, nie oznacza, że oni też to zrobią. Firmy kierowane przez specjalistów w dziedzinie technologii zwykle podejmują decyzje, mając na uwadze tę stronniczość.
Wynalazcy zwykle są oczarowani zaawansowanymi funkcjami swoich produktów i błędnie zakładają, że zainteresują one również klientów.

Efekt fałszywego konsensusu jest fascynujący z jeszcze jednego powodu. Kiedy ludzie nie podzielają naszych opinii, szybko etykietujemy ich jako nienormalnych lub podejrzanych. Eksperyment Rossa potwierdził to; uczniowie noszący płyty warstwowe postrzegali tych, którzy się nie zgadzali, jako aroganckich lub egocentrycznych, podczas gdy ci z innego obozu postrzegali ich jako osoby poszukujące uwagi lub osoby noszące znaki jako idiotów i twórców hałasu.

Być może pamiętasz błąd dowodu społecznego – pogląd, że pomysł staje się lepszy w miarę, jak coraz więcej osób go popiera – co sugeruje efekt fałszywego konsensusu podobny do tego, który obserwuje się podczas wyborów opartych na fałszywym konsensusie. Nie. Dowód społeczny to ewolucyjna strategia przetrwania. Podążanie za tłumem częściej ratowało naszą skórę w ciągu ostatnich 100 000 lat niż chodzenie samotnie. Chociaż w tworzeniu efektów fałszywego konsensusu nie biorą udziału żadne wpływy zewnętrzne, nadal pełnią one funkcję społeczną; stąd ewolucja ich nie wyeliminowała. Nasze mózgi nie zostały stworzone do rozpoznawania prawdy; zamiast tego ich celem jest spłodzenie potomstwa tyle razy, ile to możliwe. Ktokolwiek był postrzegany jako odważny i przekonujący (poprzez efekt fałszywego konsensusu), pozostawił imponujące pierwsze wrażenie, przyciągnął więcej zasobów i zwiększył swoje szanse na przekazanie swoich genów przyszłym pokoleniom. Wątpiących postrzegano jako mniej atrakcyjnych.

Wniosek: Przyznanie, że Twój światopogląd nie rezonuje z nastrojami publicznymi, to tylko połowa sukcesu – nie zakładaj, że osoby o innych poglądach są idiotami, zanim całkowicie ich odrzucisz i nie ufasz im, najpierw przyjrzyj się mocno, obiektywnie swoim przypuszczeniom i spróbuj rzucić sobie wyzwanie zanim zareagujesz negatywnie na osoby o odmiennych poglądach.

Zobacz także Dowód społeczny (rozdz. 4) i Syndrom nie-tu wynalezionego (rozdz. 75), aby uzyskać dalsze omówienie tych koncepcji.

Niechęć do dwuznaczności

Dwa pudełka. Pudełko A zawiera 100 kulek: 50 czerwonych i 50 czarnych. W pudełku B, niezależnie od tego, która z nich zostanie wybrana bez patrzenia, 100 kulek tego samego rozmiaru, ale nie wiadomo, które z nich będą kulami czerwonymi, a które czarnymi, jeśli którekolwiek zostaną stamtąd przez przypadek wyciągnięte - jeśli wypadnie czerwona kula, wygrywasz 100 $! Które pudełko byś wybrał: A czy B? Większość ludzi wybiera opcję A.

Zagraj ponownie, używając dokładnie tych samych pudełek i spróbuj wylosować jedną czarną kulę, tym razem za 100 $! Które pudełko wybralibyście tym razem? Najprawdopodobniej będzie to A; jednak logicznie rzecz biorąc, w B byłoby mniej czerwonych kul (a tym samym więcej czarnych), co tym razem uzasadnia Twój wybór.

Błąd jest powszechny; nie martw się: zjawisko to jest znane jako Paradoks Ellsberga i nazwane na cześć Daniela Ellsberga, byłego psychologa z Harvardu (później ujawnił on prasie ściśle tajne dokumenty Pentagonu, co ostatecznie doprowadziło do rezygnacji prezydenta Nixona). Paradoks Ellsberga dostarcza empirycznego dowodu na to, że mamy tendencję do faworyzowania znanych prawdopodobieństw nad nieznanymi (ramka A zamiast B).

Wracamy więc do ryzyka i niepewności (lub niejednoznaczności) oraz różnic między nimi. Ryzyko oznacza, że znane jest prawdopodobieństwo; niepewność ma miejsce wtedy, gdy prawdopodobieństwo pozostaje nieznane; biorąc pod uwagę ryzyko, możesz zdecydować, czy podjęcie hazardu ma sens. Niepewność jeszcze bardziej utrudnia podejmowanie decyzji i często prowadzi do katastrofalnych skutków. Ryzyko i niepewność można łatwo pomylić, co często prowadzi do strasznych konsekwencji dla każdego, kto próbuje dokonać obliczeń pomiędzy jednym a drugim. Statystyka to starożytna, licząca 300 lat nauka zajmująca się badaniem ryzyka. Wielu profesorów studiuje jego koncepcje; jednakże nie istnieje żaden podręcznik dotyczący niepewności; dlatego staramy się dopasować niepewność do kategorii ryzyka, ale nie ma to większego sensu. Poniżej znajdują się dwa przykłady, gdzie ta teoria się sprawdza, i jeden, gdzie nie: jeden z medycyny (gdzie sprawdza się dobrze) i jeden z ekonomii (gdzie nie).

Ludzie na Ziemi stanowią miliardy. Nasze ciała nie różnią się znacząco, osiągają podobny wzrost i wiek (nikt nigdy nie osiągnie wzrostu 30 metrów).
Można żyć 10 000 lat (lub tylko milisekund!). Większość ludzi ma dwoje oczu, cztery zastawki serca i 32 zęby; oznacza to, że z perspektywy innego gatunku wyglądalibyśmy podobnie do myszy. Z tego powodu, gdy mamy do czynienia z chorobami o podobnych

cechach, takimi jak rak, warto powiedzieć na przykład: „Istnieje 30% ryzyko, że umrzesz na raka". Z drugiej strony twierdzenie, że „istnieje 30% szans, że euro upadnie w ciągu pięciu lat" nie miałoby żadnego sensu. Dlaczego? Gospodarka funkcjonuje w środowisku nieprzewidywalności. Żadna historia walut nie pozwala nam określić prawdopodobieństwa z jakąkolwiek pewnością; a różnica między ryzykiem a niepewnością ilustruje również, dlaczego ubezpieczenia na życie i swapy ryzyka kredytowego znacząco się od siebie różnią. Swapy ryzyka kredytowego (CDS) to polisy ubezpieczeniowe na wypadek określonych niewykonań w przypadku niezdolności firmy do zapłaty, podobnie jak ubezpieczenie na życie obejmuje ryzyko w łatwej do obliczenia formie; CDS wprowadzają do naszego życia niepewność, która przyczyniła się do zawirowań finansowych w 2008 roku. Kiedy usłyszysz wyrażenia takie jak „ryzyko hiperinflacji wynosi x procent" lub „nasza pozycja kapitałowa jest zagrożona y procent", zwróć uwagę: powinny one wywołać sygnał ostrzegawczy.

Aby uniknąć pochopnych ocen, musisz nauczyć się akceptować dwuznaczność. Niestety, może to być trudne i nie do pokonania zadanie, na które nie masz bezpośredniego wpływu. Twoje ciało migdałowate odgrywa tutaj kluczową rolę – ten obszar wielkości orzecha w centrum mózgu, odpowiedzialny za przetwarzanie pamięci i emocje, również tutaj odgrywa kluczową rolę: jego kształt określa twoją zdolność lub jej brak w radzeniu sobie z niepewnością; Twoje skłonności polityczne odzwierciedlają tę dynamikę, ponieważ Twoja tolerancja niepewności różni się w zależności od jej konstrukcji; pod wieloma względami ma to związek z tym, jak często Twój głos skłania się w stronę konserwatyzmu – co częściowo wynika z przyczyn biologicznych stojących za ich skłonnościami politycznymi!

Kto chce myśleć jasno, musi zrozumieć różnicę między ryzykiem a niepewnością. Tylko w niektórych przypadkach możemy polegać na wyraźnych prawdopodobieństwach – taką pewność mogą zapewnić kasyna, rzuty monetą lub podręczniki prawdopodobieństwa – często pozostajemy z niepokojącymi niejasnościami, których radzenie sobie z nimi wymaga cierpliwości. Naucz się akceptować to wszystko jako część życia!

Zobacz także: Czarny Łabędź (rozdz. 75); Zaniedbanie prawdopodobieństwa (rozdz. 26); Zaniedbanie stawki podstawowej (rozdz. 28); Błąd dostępności (rozdz. 11) i ścieżki alternatywne (rozdz. 39) do dalszych rozważań. (82-91).

DLACZEGO KONTYNUUJESZ STATUS QUO

Niedawno w restauracji z desperacją przejrzałem listę win: Irouleguy? Harslevelu? Susumaniello? Chociaż nie był ekspertem, było oczywiste, że ich sommelier próbował zaimponować nam swoimi światowymi wyborami. Wreszcie na stronie ósmej znalazło się odkupienie w formie „Naszego francuskiego wina domowego: Reserve du Patron, Bourgogne 52 \$". Od razu porządkująca się jedna myśl: „Na pewno nie może być gorzej…".

Odkąd kupiłem iPhone'a kilka lat temu, pozwolił mi on dostosować wszystko – w tym wykorzystanie danych, synchronizację aplikacji, ustawienia szyfrowania i poziom głośności migawki aparatu – dokładnie według moich specyfikacji. Ale możesz zgadnąć poprawnie: żaden nie został jeszcze skonfigurowany!

W głębi duszy nie mam żadnych wyzwań technicznych; raczej jestem po prostu kolejną ofiarą „efektu domyślnego". Kiedy coś wydaje nam się wygodne i zachęcające, mamy tendencję do trzymania się ustawień domyślnych – np. ustawień wina domowego i fabrycznych ustawień telefonu komórkowego, w których zwykle jesteśmy szczęśliwi. Podobnie jak ja, wiele innych osób woli opcje standardowe od indywidualnych wyborów - np. kupując nowe samochody wielu kupujących wybiera domyślny kolor niezależnie od jego dostępności w innych modelach; wielu kupujących wybiera go niezależnie. Wielu woli opcję domyślną niż cokolwiek innego!

W swojej książce Nudge ekonomista Richard Thaler i profesor prawa Cass Sunstein ilustrują, w jaki sposób rządy mogą skutecznie kierować swoimi obywatelami, nie naruszając konstytucyjnie chronionych wolności. Władze muszą jedynie zaoferować pewne opcje – zawsze włączając opcję „out" dla tych, którzy nie mogą się zdecydować między nimi – aby ludzie mogli podjąć świadomą decyzję dotyczącą polisy ubezpieczeniowej samochodu dla siebie i swoich sąsiadów. New Jersey i Pensylwania pokazały to, oferując swoim mieszkańcom dwie polisy ubezpieczeniowe na samochód. New Jersey reklamowało tę polisę jako opcję standardową i większość ludzi chętnie zaakceptowała jej niższy koszt i zrzeczenie się niektórych praw do odszkodowania w razie wypadku. Kierowcy z Pensylwanii wydawali się bardziej skłonni wybrać drugą, droższą opcję jako standardowy wybór i szybko sprawili, że stała się ona bestsellerem. Wynik ten był dość niezwykły, biorąc pod uwagę, że kierowcy w obu stanach są generalnie podobni.
Zakres może się różnić w zależności od preferencji danej osoby i pożądanego budżetu.

Rozważmy ten eksperyment: istnieje dotkliwy niedobór dawców narządów, a mimo to tylko 40% decyduje się na dawstwo narządów. Eric Johnson i Dan Goldstein przeprowadzili ankietę, w której pytali ludzi, czy po śmierci chcą aktywnie zrezygnować. Dzięki temu, że dawstwo narządów stało się opcją domyślną, a nie domyślną opcją wyrażenia zgody/rezygnacji, liczba osób pobierających narządy wzrosła dramatycznie z 40% do ponad 80%! Pokazało to ogromną różnicę pomiędzy domyślną opcją opt-in a domyślną rezygnacją.

Jeśli nie określono żadnej standardowej opcji, zwykle zadowalamy się istniejącymi ustawieniami domyślnymi, rozszerzamy i sprawdzamy ich bieżący stan. Natura ludzka woli to, co zna; mając wybór między wypróbowaniem czegoś nowego a pozostaniem przy tym, co już wiemy, wielu woli trzymać się tego, co znane, mimo że wiedzą, że każda zmiana przyniesie im korzyści; mój bank pobiera ode mnie opłatę w wysokości 60 dolarów rocznie za wysyłanie wyciągów z konta pocztą; pobranie ich zamiast tego zaoszczędziłoby ten wydatek, ale w jakiś sposób ta usługa nadal mnie irytuje; może dlatego, że czuje się wystarczająco bezpiecznie?

Skąd zatem bierze się tendencja do utrzymywania status quo? Niechęć do straty odgrywa w tym zjawisku integralną rolę. Straty dotykają nas dwa razy silniej niż zyski, co sprawia, że zadania takie jak renegocjacja umów są niezwykle trudne – każde ustępstwo, którego udzielasz, waży dwa razy więcej niż wszystko, co otrzymujesz w zamian, tworząc straty netto w wyniku takich wymian.

Zarówno efekt domyślny, jak i stronniczość status quo pokazują naszą silną skłonność do trzymania się obecnego stanu rzeczy, nawet jeśli stawia to nas w niekorzystnej sytuacji. Zmieniając ludzkie zachowanie poprzez zmianę ustawień domyślnych, możesz skuteczniej wpływać na ludzkie decyzje.

„Może nasze życie opiera się na wielkiej, ukrytej, domyślnej koncepcji" – zasugerowałem towarzyszowi kolacji, mając nadzieję sprowokować go do głębokiej dyskusji filozoficznej. Zamiast tego po spróbowaniu wina Reserve du Patron stwierdził po prostu: „może po prostu potrzebuje czasu".
Zobacz także zmęczenie decyzją (rozdz. 53); Paradoks wyboru (rozdz. 21); Niechęć do straty (rozdz. 32).

DLACZEGO „OSTATNIA SZANSA" WPROWADZA NAS W PANIKĘ

Strach przed żalem || Paul jest właścicielem udziałów w spółce A, ale w ciągu roku rozważał ich sprzedaż i zakup udziałów od spółki B – ostatecznie zdecydował się tego nie robić i zdał sobie sprawę, że dzisiaj zarobiłby dodatkowe 1200 dolarów, gdyby zamiast tego to zrobił. W międzyczasie George posiadał akcje spółki B, ale sprzedał je, aby zamiast tego kupić akcje A; dzisiaj obaj mężczyźni zdają sobie sprawę, że lepiej by sobie poradzili, pozostając przy B, i zyskali dodatkowe 1200 dolarów zysku, gdyby wytrzymali dłużej; kto czuje większy żal? Paweł czy Jerzy?

Żal to uczucie podjęcia złej decyzji, żałowania, że ktoś nie dał nam kolejnej szansy. Na pytanie, kto czułby się gorzej po dokonaniu złego wyboru, tylko 8% wybrało Paula, a 92% wybrało George'a, mimo że obie sytuacje były identyczne: zarówno Paul, jak i George dokonali złych wyborów dotyczących akcji, przez co stracili z kieszeni taką samą kwotę; Paul miał już udziały w A, choć George musiał je sam kupić, Paul był bierny, a George działał aktywnie – wydaje się, że ci, którzy nie podążają za logiką głównego nurtu, bardziej żałują.

Nie zawsze działanie jest źródłem żalu; czasami bezczynność może wywołać większy wpływ emocjonalny niż podjęcie działań w tej sprawie. Weźmy na przykład wydawnictwo, które samotnie odmawia publikowania modnych e-booków; jego właściciel twierdzi, że książki powinny pozostać drukowane na papierze, zgodnie z tradycją. Wkrótce potem dziewięciu wydawców planujących wprowadzenie strategii dotyczących e-booków nie powiodło się; w ten sposób przetrwali jedynie konwencjonalni wydawcy gazet, zanim zbankrutowali – w tym jeden, który próbował, ale ostatecznie się poddał i poszedł drogą konwencjonalnego wydawcy, a ostateczną ofiarą stały się tradycyjne wydawnictwa; ostatecznie, kto najbardziej odczuwał tę serię podjętych decyzji? A kto zdobył największe poparcie? Po prawej: konwencjonalny wydawca wyłącznie papierowy ze swoim tradycyjnym stanowiskiem przeciwko publikowaniu modnego e-narzekacza!

Weźmy na przykład książkę Daniela Kahnemana Thinking, Fast and Slow: Po każdej katastrofie lotniczej słyszymy o osobie, która zamierzała lecieć dzień wcześniej lub później, ale z jakiegoś powodu w ostatniej chwili zmieniła rezerwację – tworząc wyjątek, który zdobywa nasze współczucia bardziej niż „normalni" pasażerowie na pokładzie nieszczęsnego lotu od samego początku.
Strach przed żalem może sprawić, że będziemy działać irracjonalnie; aby uniknąć jego niepożądanego uścisku, często zachowujemy się konserwatywnie, aby nie odbiegać zbytnio od tego, czego oczekują od nas inni. Nikt nie jest odporny; nawet wyjątkowo pewni inwestorzy mają tendencję do wyprzedawania bardziej egzotycznych akcji 31 grudnia (dzień D dla przeglądu wyników i obliczenia premii), aby nie odbiegać zbytnio od stada. Podobnie strach przed żalem (znany jako efekt wyposażenia) powstrzymuje ludzi przed wyrzucaniem

przedmiotów, które nie są już potrzebne – w obawie przed konsekwencjami żalu, gdyby okazało się, że mimo wszystko potrzebujesz tych zużytych butów do tenisa!

Wyrzuty sumienia mogą być szczególnie przytłaczające w połączeniu z ofertą „ostatniej szansy", taką jak broszury o safari, które twierdzą, że zapewniają „ostatnią okazję zobaczenia nosorożca przed wyginięciem jego gatunku". Ale dlaczego ktoś miałby teraz lecieć aż z Europy w tak irracjonalnym celu?

Załóżmy, że od dawna marzyłeś o posiadaniu własnego domu, ale gruntów jest coraz mniej i pozostało tylko kilka działek z widokiem na jezioro; trzy przyszły i odeszły, pozostawiając tylko jednego jako ostatnią szansę! W panice na myśl o ostatniej dostępnej okazji, kupujesz tę działkę za wygórowaną cenę, wierząc, że to może być to. w rzeczywistości jednak nieruchomości z przepięknym widokiem na jezioro będą nadal pojawiać się na rynku; ostatnie szanse mogą wprawić nas w panikę, prowadząc nas tą drogą – nawet w przypadku doświadczonych zawieraczy transakcji!

Zobacz także błąd niedoboru (rozdz. 27); Efekt wyposażenia (rozdz. 23); Alternatywne ścieżki (rozdz. 39) i kadrowanie (rozdz. 42

Wyobraźcie sobie przez chwilę, że marihuana od jakiegoś czasu jest w centrum głównego nurtu dyskursu medialnego, a programy telewizyjne przedstawiają łowców marihuany, tajnych hodowców i handlarzy; prasa tabloidowa drukująca zdjęcia 12-letnich dziewcząt palących jointy; gazety omawiające aspekty medyczne, a także filozoficzne rozważania na temat używania marihuany – wydaje się, że wszyscy o tym mówią! Załóżmy, że palenie nie wpływa w żaden sposób negatywnie na prowadzenie pojazdu – każdy kierowca może w pewnym momencie przez przypadek wziąć udział w wypadku; podobnie kierowcy ze stawami mogą od czasu do czasu brać udział w wypadkach, tak jak każdy inny - całkowicie przez przypadek!

Kurt jest lokalnym dziennikarzem. Pewnego wieczoru, jadąc do domu, natrafia na miejsce wypadku z samochodem owiniętym wokół pnia drzewa. Dzięki swoim powiązaniom z lokalnymi organami ścigania dowiaduje się, że na tylnym siedzeniu tego samochodu znaleźli marihuanę, co skłoniło go do szybkiego powrotu do redakcji z nagłówkiem: „Marihuana zabija kolejnego kierowcę”.

Jak wspomniano wcześniej, zakładamy, że nie ma statystycznego związku pomiędzy używaniem marihuany a wypadkami samochodowymi i wypadkami z nimi związanymi, co sprawia, że nagłówek Kurta jest nieuzasadniony, a jego twierdzenia niepoparte faktami. Kurt padł ofiarą czegoś, co nazywa się efektem wyrazistości – w którym wybitne cechy lub atrybuty przyciągają więcej uwagi, niż na to zasługują; marihuana, ponieważ jest tu tak oczywista, sprawiła, że uwierzył, że ten incydent był przez nią spowodowany.

Gdy Kurt rozpoczyna karierę dziennikarstwa biznesowego, następuje ważne wydarzenie: jedna z największych firm na świecie właśnie ogłosiła, że na stanowisko dyrektora generalnego mianuje kobietę! Kurt, zachwycony takim rozwojem wydarzeń, natychmiast zaczyna pisać swój komentarz: kobieta prawdopodobnie awansowała ze względu na to, że jest kobietą – podczas gdy w rzeczywistości prawdopodobnie nie miało to nic wspólnego z płcią (ponieważ mężczyźni zazwyczaj zajmują najwyższe stanowiska); gdyby inne działające już firmy uważały, że kobiety na stanowiskach kierowniczych są tak ważne, prawdopodobnie zrobiłyby to już dawno temu; Już w tym newsie płeć staje się dominująca, co dodaje Kurtowi i jego czytelnikowi dodatkowego znaczenia.

Dziennikarze nie są osamotnieni, jeśli chodzi o padają ofiarą efektu wyrazistości – wszyscy jesteśmy. Dwóch mężczyzn okrada sklep.
Nigeryjscy imigranci okradają bank, zostają natychmiast aresztowani i wkrótce potem ujawnieni podczas przesłuchania przez funkcjonariuszy organów ścigania. Chociaż żadnej konkretnej grupy etnicznej nie można pociągnąć do nieproporcjonalnej odpowiedzialności

za napady na banki, nadal kojarzymy bezprawnych imigrantów z Nigerii z napadami na banki; zniekształca nasze myślenie; zakładamy, że znowu są bezprawnymi imigrantami! Podobnie, jeśli Ormianin dopuszcza się gwałtu, często obwinia się go za to, a nie inne czynniki występujące wśród Amerykanów, które istnieją wśród Amerykanów, a nie inne czynniki występujące u Amerykanów, które również przyczyniają się do powstawania uprzedzeń, mimo że zdecydowana większość żyje zgodnie z prawem i jest zapominana — przypominamy szczególnie godne uwagi zdarzenia, które dotyczą imigrantów, gdy tylko usłyszymy o czymś z nimi związanym, a zwykle zaczyna się to od uderzająco negatywnych incydentów!

Efekt istotności może kształtować zarówno nasze postrzeganie wydarzeń z przeszłości, jak i to, jak wyobrażamy sobie przyszłość. Daniel Kahneman i Amos Tversky odkryli, że podczas prognozowania często przywiązujemy nadmierną wagę do najistotniejszych informacji, co może wyjaśniać, dlaczego inwestorzy silniej reagują na sensacyjne wiadomości (takie jak zwolnienia dyrektorów generalnych) niż mniej uderzające informacje, takie jak długoterminowe prognozy wzrostu zysków. Nawet profesjonalni analitycy nie zawsze mogą obejść jego wpływ.

Wniosek: Istotne informacje mają ogromny wpływ na nasze myśli i działania. Mamy tendencję do pomijania czynników wolno rozwijających się i mających długoterminowe skutki, które zwykle całkowicie zaniedbujemy. Nie daj się zaślepić nieprawidłowościami; na przykład książka w przyciągającej wzrok, jaskrawo czerwonej okładce trafia na listę bestsellerów, co skłania czytelników do przypisania swojego sukcesu wyłącznie okładce — nie ulegaj tej pokusie: zbierz dość siły psychicznej, aby walczyć z pozornie oczywistymi wyjaśnieniami!

Zobacz także Efekt Halo (rozdz. 38); Efekty pierwszeństwa i świeżości (rozdz. 73); Błąd potwierdzenia (rozdziały 7-8); Indukcja (rozdz. 31); Podstawowy błąd atrybucji (rozdz. 36) i heurystyka afektu (rozdz. 66)

DLACZEGO PIENIĄDZE NIE SĄ NAGO.

Pewnego jesiennego dnia na początku lat 80. XX w. był wietrzny wiatr, wokół wirowały mokre liście. Pchając rower pod górę w stronę szkoły, zauważyłem coś dziwnego u moich stóp: duży, rdzawobrązowy liść okazał się wart 500 banknotów za franki szwajcarskie – dzisiaj około 250 dolarów; absolutna fortuna w tamtym czasie dla licealisty! Pieniądze te wkrótce zniknęły z mojej kieszeni; Szybko wykorzystałem to na zakup jednego z najlepszych dostępnych modeli z hamulcami tarczowymi i przerzutkami Shimano (chociaż mój poprzedni rower działał dobrze!), mimo że mój stary rower nadal działał dobrze jak wcześniej!

Choć nie byłem wtedy całkowicie bez środków do życia, udało mi się zaoszczędzić kilkaset franków na koszeniu trawy w mojej okolicy, nigdy nie przeszło mi przez myśl, żeby tak ciężko zarobione pieniądze wydać na coś tak błahego jak pójście do kina czy zakupy - moje wydatki nie były nadmierne i nabrały większego sensu, gdy zastanowiłem się nad tym zachowaniem; pieniądz może być różnie postrzegany jedynie w zależności od jego źródła; dlatego wiąże się z emocjonalnymi skojarzeniami, które dodają dodatkowe warstwy.

Dwa pytania. Wyobraźmy sobie, że po roku ciężkiej pracy i na koniec okaże się, że masz na koncie dodatkowe 20 000 dolarów niż na początku, co byś z tym zrobił? A) Zostaw to w swoim banku. B) Zainwestuj. C) Użyj go do niezbędnych ulepszeń, takich jak remont zagrzybiałej kuchni lub wymiana zużytych opon. D) Zafunduj sobie ekstrawagancki rejs wakacyjny.

Jak to jest typowe dla większości ludzi, prawdopodobnie wybierzesz odpowiedź A, B lub C.

Drugie Pytanie. Co byś zrobił, gdybyś wygrał na loterii 20 000 dolarów? Wybierz spośród A, B, C lub D jak powyżej; większość ludzi wybiera teraz C lub D, co ujawnia błędne myślenie; chociaż możesz to policzyć, jak chcesz; 20 000 dolarów pozostaje 20 000 dolarów.

Kasyna dostarczają nam wielu przykładów podobnych złudzeń. Przyjaciel kładzie 1000 dolarów na stole do ruletki – tylko po to, by wszystko stracić – po czym twierdzi: „Nie przepuściłem 1000 dolarów; Wygrałem to wszystko wcześniej. Zapytany przez innych o straty, odpowiada: „Ale to tyle samo!”. i upiera się: „Wcale nie!
„Nie mów mi!” Śmieje się. Pieniądze, które wygramy, odkryjemy lub odziedziczymy, traktujemy z większą nieostrożnością niż pieniądze zarobione ciężką pracą; ekonomista Richard Thaler nazwał ten efekt efektem pieniądza domowego; prowadzi nas do podejmowania większego ryzyka; Zwycięzcy loterii często znajdują się w gorszej sytuacji, gdy spieniężają swoje wygrane; w tym sensie stare powiedzenie – część wygraj, część przegraj – może jedynie służyć minimalizowaniu realnych strat.

Thaler podzielił swoich uczniów na dwie grupy. Jeden dowiedział się, że wygrał 30 dolarów i mógł wziąć udział w rzucie monetą, w którym reszka oznaczała zysk w wysokości 9 dolarów, a reszka oznaczałaby stratę 9 dolarów; 7 na 10 uczniów zdecydowało się zaryzykować i wziąć udział. Z kolei inna grupa odkryła, że na pierwszy rzut oka nic nie wygrała, a mimo to miała wybór między otrzymaniem 30 dolarów zgodnie z obietnicą a ponownym rzutem monetą, w którym orzeł wygrał 21 dolarów, a reszka 39 dolarów netto. Jednak tylko 43% wybrało którąkolwiek opcję, mimo że obie oferowały tę samą oczekiwaną wartość: 30 dolarów

Stratedzy marketingowi rozumieją siłę efektu domowego pieniądza. Witryny hazardowe online nagradzają Cię kwotą 100 dolarów za rejestrację, wydawcy kart kredytowych przyznają darmowe środki na połączenia przy wypełnianiu formularzy zgłoszeniowych, linie lotnicze rozdają mile za dołączenie do klubów często podróżujących, a operatorzy telekomunikacyjni zapewniają środki na połączenia, aby pomóc ludziom przyzwyczaić się do wykonywania połączeń częściej – wszystko dzięki tej subtelnej strategii zwanej efektem domowego pieniądza! Wiele szału na kupony wynika z tego zjawiska.

Wniosek: Zachowaj ostrożność, gdy wygrywasz pieniądze lub otrzymujesz coś za darmo od firmy. Istnieje duże prawdopodobieństwo, że z czystego entuzjazmu spłacisz to z odsetkami; dlatego lepiej jest pozbyć się wszelkich bogactw z tych pozornie darmowych pieniędzy, zamienić je na odzież robotniczą, zdeponować na swoim koncie bankowym lub jak najszybciej wpłacić z powrotem do własnej firmy.

Zobacz także: Efekt wyposażenia, Błąd niedoboru i Niechęć do strat w rozdziałach 23-32, aby uzyskać dalszą analizę rozwiązań, które nie działają (rozdziały 23-25 i 32-33)

Mój przyjaciel jest artystą; jego książki zawierają około 100 stron co siedem lat i drukują maksymalnie dwa wiersze dziennie! Zapytany o swoją marną produktywność, odpowiedział: „Badania są o wiele przyjemniejsze niż pisanie". W związku z tym siedzi przy biurku, godzinami surfuje po Internecie lub przegląda mało znane książki w poszukiwaniu wspaniałych i zapomnianych historii, które mógłby spisać, zanim wmówi sobie, że nie ma to sensu, dopóki nie będzie w „odpowiednim nastroju". Niestety, zdarza się to na tyle rzadko, że uzasadnia to zwlekanie z pisaniem, gdyż wmawiał sobie, że zaczyna dopiero, gdy pojawi się „właściwy nastrój" i zapanuje nad nim – co zdarza się rzadko!

Inny przyjaciel przez ostatnie dziesięć lat codziennie próbował rzucić palenie; każdy papieros mógł być jego ostatnim. Tymczasem moje zeznania podatkowe leżą niedokończone na moim biurku od sześciu miesięcy; choć nie straciłem nadziei, że w końcu się zapełnią.

Prokrastynacja to tendencja do odkładania na później działań wymagających poświęceń – pójście na siłownię, zmiana polisy ubezpieczeniowej na tańszą czy pisanie listów z podziękowaniami to tylko kilka przykładów takich zadań, które mogą wymagać wykonania, a postanowienia w nich nie pomogą instancje.

Odkładanie na później jest szaleństwem, biorąc pod uwagę, że żadne zadanie nie kończy się samo. Wiemy, że są przydatne, więc dlaczego odkładamy je na inny raz? Ponieważ pomiędzy siewem a żniwami upływa czas. Profesor psychologii Roy Baumeister zademonstrował tę ideę poprzez genialny eksperyment. Postawił uczniów przed piekarnikiem pełnym wypiekanych czekoladowych ciasteczek, rozsyłając do pomieszczenia ich nieodparcie pachnący aromat. Następnie umieścił miskę pełną rzodkiewek w pobliżu piekarnika i poinstruował uczniów, że mogą spożywać tyle, ile chcą, bez ograniczeń; pliki cookie były jednak surowo zabronione. Zostawił ich samych w pokoju na trzydzieści minut. Uczniowie z drugiej grupy mogli swobodnie zajadać się ciasteczkami, po czym obie grupy przystąpiły do rozwiązywania trudnego zadania matematycznego z udziałem ciasteczek; ci, którym zakazano jedzenia czegokolwiek, odpadali dwa razy szybciej niż ci, którzy pozwalali na nieograniczone spożywanie ciasteczek; ten okres samokontroli minął pomyślnie.
Siła woli została wyczerpana, pozostawiając ich bez wystarczającej energii mentalnej i siły woli, aby sprostać stojącemu przed nimi zadaniu. Siła woli działa jak bateria; po ich wyczerpaniu przyszłe wyzwania mogą okazać się nie do pokonania.

Samokontrola nie może być dostępna przez cały czas; potrzebuje czasu i przestrzeni na odmłodzenie. Na szczęście aby osiągnąć ten cel, wystarczy uzupełnić poziom cukru we krwi i zrelaksować się – dwie proste, ale ważne strategie!

Chociaż wystarczające jedzenie i regularne przerwy są niezbędnymi elementami sukcesu, kolejnym kluczowym elementem jest stosowanie różnych sztuczek, aby pozostać na właściwej ścieżce. Może to obejmować eliminację czynników rozpraszających – na przykład pisząc powieści często wyłączam dostęp do Internetu, aby nie zostać zboczonym z drogi w momencie dotarcia do zawiłej części tekstu. Ale najpotężniejszą techniką ze wszystkich jest wyznaczanie terminów; psycholog Dan Ariely odkrył, że władze zewnętrzne – takie jak nauczyciele lub urzędnicy urzędu skarbowego – zwykle sprawdzają się najlepiej. Terminy narzucone przez siebie działają tylko wtedy, gdy zadanie zostało podzielone na etapy, przy czym każda część ma swój własny termin wykonania; stąd te mgliste postanowienia noworoczne skazane na porażkę!

Zwlekanie jest zarówno ludzkie, jak i irracjonalne; dlatego też, aby skutecznie z nim walczyć, należy zastosować podejście zintegrowane. Mojej sąsiadce udało się napisać pracę doktorską w trzy miesiące, stosując taką strategię: wynajęcie małego pokoju bez połączenia telefonicznego i internetowego i ustalenie trzech dat w każdej części swojej pracy w każdym terminie, który ogłaszała każdemu, kto chce jej wysłuchać (łącznie z drukowaniem ich w swojej firmie) karty!) Uzupełniała siły w porze lunchu lub wieczorem, czytając magazyny o modzie lub śpiąc.

Zobacz także: Błędne pominięcie (rozdz. 44); Błąd planowania (rozdz. 91); Błąd w działaniu (rozdz. 43); Dyskontowanie hiperboliczne (rozdz. 51); Efekt Zeigarnika (rozdz. 93)

ZBUDUJ WŁASNY ZAMEK

Zazdrość. Co wzbudziłoby Twoją zazdrość najbardziej? Istnieją trzy scenariusze zazdrości, które mogą Cię zirytować: A) Gdy pensje Twoich znajomych rosną, a Twoje pozostają takie same. B) Ich średnie pensje spadają, podczas gdy Twoje. C) Twoje średnie wynagrodzenie spada i odwrotnie.

Jeśli Twoja odpowiedź brzmiała A, nie martw się: to całkiem normalne: kolejna ofiara zielonookiego potwora!

Oto rosyjska opowieść: Rolnik znajduje magiczną lampę. Po jego potarciu, znikąd pojawia się bezimienny dżin, obiecując im jedno życzenie. Po pewnym czasie myślenia i rozważeniu dostępnych opcji rolnik w końcu podejmuje decyzję: Mój sąsiad ma krowę; dlatego mam nadzieję, że umrze, abym mógł odziedziczyć jej".

Choć może to zabrzmieć absurdalnie, prawdopodobnie możesz utożsamić się z rolnikiem. Przyznaj: podobne myśli musiały przyjść Ci do głowy w pewnym momencie życia. Weź pod uwagę swojego kolegę, który zarabia dużą premię, podczas gdy Ty otrzymujesz tylko bon upominkowy: zazdrość może prowadzić do nierozsądnych działań, takich jak odmowa mu dalszej pomocy, a nawet przebicie opon w jego Porsche; w tajemnicy cieszysz się, gdy złamie mu nogę, jazda na nartach to wynik, z którego w tajemnicy się cieszysz.

Zazdrość wyróżnia się spośród wszystkich emocji jako taka, którą łatwo się otrząsnąć, w przeciwieństwie do złości, smutku czy strachu. Według analizy Balzaca zazdrości jako występku – gdyż nie niesie ze sobą żadnej pojedynczej korzyści – zazdrość może służyć tylko jednemu celowi – szczeremu pochlebstwu; w przeciwnym razie jest to strata czasu. Zazdrość może przybierać różne formy: własność, status, zdrowie, młodość, talent, popularność, uroda. Ponieważ reakcje fizyczne obu stron są podobne, zazdrość można łatwo pomylić z zazdrością; różnica polega na tym, czego dotyczy (status, pieniądze, zdrowie itp.). Aby zazdrość zaistniała, potrzebne są co najmniej dwie strony, podczas gdy zazdrość wymaga co najmniej trzech (Peter jest zazdrosny, że Sam nie odbiera jego telefonu, podczas gdy zamiast tego dzwoni do niego piękna dziewczyna z sąsiedztwa).

Zazdrość często może sprowadzić nas na niezdrową ścieżkę, zwracając się przeciwko osobom najbardziej do nas podobnym pod względem wieku, kariery i miejsca zamieszkania. Ale dlaczego czujemy urazę do przedsiębiorców z innego stulecia, roślin czy zwierząt, które nie stwarzają zagrożenia lub nie mają statusu społecznego – w żadnym wypadku nie jest to zasłużona zazdrość!
Jako pisarz nie zazdroszczę milionerom z całego świata; raczej te w moim mieście. Na pierwszym miejscu są muzycy, menadżerowie czy dentyści. Dyrektorzy generalni zazdroszczą

innym dużym dyrektorom generalnym; supermodelki zazdroszczą supermodelkom odnoszącym większe sukcesy; jak to najlepiej ujął Arystoteles: „Gartniarze zazdroszczą garncarzom".

Załóżmy na przykład, że Twój sukces finansowy pozwala Ci przenieść się z jednej z trudniejszych dzielnic Nowego Jorku do Upper East Side na Manhattanie. Na początku ten ruch może wydawać się świetny; znajomi mogą podziwiać Twoje mieszkanie i adres. Ale szybko potem zdajesz sobie sprawę, że wokół ciebie znajdują się mieszkania o różnych proporcjach, a także nowe grupy rówieśnicze składające się z osób znacznie bogatszych w porównaniu do twojej starej grupy rówieśniczej, co powoduje, że na powierzchnię wychodzą nowe problemy - zazdrość i niepokój o status wśród nich.

Jak walczyć z zazdrością? Po pierwsze przestań porównywać się z innymi. Po drugie, znajdź swój krąg kompetencji i wypełnij go samodzielnie; wydziel obszar, w którym możesz zabłysnąć – nieważne jak mały – tak, aby wszyscy wiedzieli, że TY jesteś panem tego zamku.

Jak wszystkie emocje, zazdrość ma swoje korzenie w ewolucji człowieka. Jeśli hominid z pobliskiej jaskini zabrał więcej mięsa mamuta, niż było to w porządku dla nas, przegranych, zazdrość motywowała nas do działania; niedbali łowcy-zbieracze umierali z głodu, podczas gdy inni ucztowali. Dziś jednak zazdrość nie odgrywa już tak integralnej roli. Jeśli mój sąsiad kupi sobie Porsche, nie znaczy to dla mnie mniej!

Kiedy czuję, jak narasta we mnie zazdrość, żona przypomina mi: „Możesz zazdrościć tym, kim pragniesz się stać".

Zobacz także błąd w porównaniu społecznym (rozdz. 72); Bieżnia hedoniczna (rozdz. 46).

Personifikacja Przez 18 lat amerykańskim mediom zakazano pokazywania zdjęć trumien poległych żołnierzy. Kiedy w lutym 2009 roku sekretarz obrony Robert Gates zniósł ten zakaz, tysiące zdjęć trafiło do Internetu. Oficjalnie członkowie rodziny muszą wyrazić zgodę, zanim cokolwiek będzie mogło zostać opublikowane; w rzeczywistości jednak tej zasady nie można skutecznie egzekwować. To ograniczenie miało jeden cel – zatuszowanie prawdziwych kosztów wojny – poprzez ukrycie ich prawdziwych liczb jako statystyk, podczas gdy prawdziwi ludzie budzą w nas wszystkich emocje.

Dlaczego tak się dzieje? Przez tysiąclecia grupy były niezbędne do naszego przetrwania, dlatego w ciągu ostatnich 100 000 lat rozwinęliśmy niesamowitą umiejętność czytania w myślach innych ludzi – ten termin naukowy znany jest jako „teoria umysłu". Oto eksperyment, który to pokazuje: otrzymujesz 100 dolarów i musisz je z kimś podzielić, przy czym Twoja sugestia jest brana pod uwagę, czy jeśli ta osoba przyjmie Twoją ofertę, pieniądze zostaną odpowiednio podzielone lub zwrócone - jeśli druga osoba się nie zgodzi, musisz zwrócić to wszystko bez otrzymania czegokolwiek w zamian – jak to się potoczy?

Na pierwszy rzut oka rozsądnie byłoby dać nieznanemu nieznajomemu bardzo niewiele – na przykład zaledwie 1 dolara – ponieważ wszystko byłoby lepsze niż nic. Jednak ekonomiści przeprowadzający eksperymenty z wykorzystaniem gier ultimatum (termin techniczny) zaobserwowali, że badani zachowywali się zupełnie inaczej podczas uczestnictwa. Oferowali od 30% do 50%, wszystko poniżej tego, co uznano za nieuczciwe – przykład naszej empatii wobec drugiego człowieka. Gra w ultimatum może otworzyć oczy na różnice w naszym postrzeganiu w zależności od tego, kto patrzy.

Jednak jedną małą modyfikacją można znacznie złagodzić to uczucie: przenieść graczy do oddzielnych pomieszczeń. Kiedy ludzie nie mogą już widzieć swoich rówieśników lub nigdy ich nie spotkali – lub nigdy o nich nie wiedzieli – symulowanie swoich uczuć staje się znacznie trudniejsze; ostatecznie stają się abstrakcją, a ich udział spada średnio poniżej 20%.

Paul Slovic przeprowadził kolejny eksperyment, prosząc o datki. Jedna z grup zobaczyła zdjęcie Rokii z Malawi – niedożywionego dziecka żyjącego z fundacji charytatywnej – zanim pokazano jej jej zdjęcie i pokazano, ile pieniędzy mogłoby pomóc.
Po wyświetleniu statystyk dotyczących głodu w Malawi osoby z jednej grupy przekazały średnio 2,83 dolara z 5 dolarów, które otrzymały, na wypełnienie krótkiej ankiety; po przedstawieniu statystyk opisujących problem ponad trzech milionów niedożywionych dzieci, średnie darowizny spadły o 50%; wydawało się to sprzeczne z intuicją, ponieważ można by sądzić, że hojność ludzi wzrośnie wraz ze świadomością jej skali; niestety nie wydaje się, aby tak było; Naszymi działaniami kierują ludzie, a nie statystyki!

Organizacje medialne od dawna zdają sobie sprawę, że nudne raporty oparte na faktach i wykresy słupkowe nie przyciągają czytelników; w rezultacie ich wytycznymi dotyczącymi relacjonowania historii od dawna było nadanie każdemu wydarzeniu „obrazu". Na przykład gdy donosimy o firmie lub stanie pojawiającym się w wiadomościach, obok niej zwykle pojawia się zdjęcie jej dyrektora generalnego (szczerzącego zęby lub krzywiącego się, w zależności od zapotrzebowania rynku), a prezydenci lub gubernatorzy stanów stają się ikonami tych historii; kiedy uderza coś w rodzaju trzęsienia ziemi, jego ofiary stają się twarzą wszystkiego.

Ta obsesja wyjaśnia sukces jednego z największych wynalazków kultury: powieści. Ta literacka „zabójcza aplikacja" rzutuje indywidualne i międzyludzkie konflikty na indywidualne losy. Zamiast naukowca piszącego wyczerpującą rozprawę na temat tortur psychologicznych w purytańskiej Nowej Anglii, wciąż czytamy Szkarłatną literę Hawthorne'a; podobnie w przypadku Wielkiego Kryzysu? Choć większości z nas statystyki mogą wydawać się odległe, jak wynika z „Gron gniewu" Steinbecka, pozostają one żywe w pamięci.

Wniosek: Bądź ostrożny, gdy spotykasz się z ludzkimi historiami. Dowiedz się o ich faktach i rozkładzie statystycznym, aby móc lepiej kontekstualizować ich narrację. Jeśli jednak chcesz poruszyć lub zmotywować ludzi do własnych celów, upewnij się, że Twoja opowieść zawiera imiona i twarze, ponieważ dzięki temu opowiadanie historii będzie skuteczniejsze.

Zobacz także stronniczość opowieści (rozdz. 13); News Illusion (rozdz. 99); Linkowanie stronniczości (rozdz. 22)

Po ulewnych opadach deszczu w południowej Anglii rzeka wylała z brzegów. Policja zamykała i kierowała ruch na skrzyżowaniu na dwa tygodnie, ale przynajmniej raz dziennie co najmniej jeden samochód przejeżdżał obok znaków ostrzegawczych i wpadał do rwącej wody, zupełnie nieświadomy tego, co ich czekało.

Psychologowie z Harvardu, Daniel Simons i Christopher Chabris, przeprowadzili eksperyment, w którym dwa zespoły studentów podały piłkę do koszykówki tam i z powrotem pomiędzy drużynami ubranymi w czarne lub białe T-shirty – przy czym czarnoskórzy ubrani w czarne T-shirty byli bardziej skuteczni w podawaniu piłek niż ich odpowiednicy w przekazując je tyłem. Ten krótki klip zatytułowany „The Monkey Business Illusion" można obejrzeć w Internecie (obejrzyj go, zanim przeczytasz więcej!). Zajrzyj tutaj, zanim przeczytasz dalej!). Widzowie proszeni są o policzenie, jak często gracze w białych koszulkach podają piłkę pomiędzy obie drużyny mijają kręgi, krążąc tam i z powrotem oraz przechodząc tam i z powrotem. W pewnym momencie filmu wydarzyło się coś nieoczekiwanego: nagle wszedł uczeń przebrany za goryla i zaczął uderzać się w klatkę piersiową, po czym szybko odszedł. Zostajesz poproszony o: koniec, jeśli zauważyliście coś niezwykłego; połowa widzów z niedowierzaniem odpowiadała, że w ogóle doszło do dziwnego zachowania; nie mogli pojąć takiej obecności - na pewno goryla tu nie ma?

Małpi Test Biznesowy jest jednym z najbardziej znanych eksperymentów w psychologii i podkreśla to, co psychologowie nazywają iluzją uwagi: wydaje nam się, że zauważamy wszystko, co dzieje się wokół nas, podczas gdy w rzeczywistości zauważamy tylko to, na czym się koncentrujemy – tutaj podania wykonane przez Team White; niezapowiedziane zakłócenia mogą być nawet tak duże i widoczne jak goryl!

Czasami wykonywanie rozmów telefonicznych podczas jazdy może zagrozić naszej percepcji uwagi. W większości przypadków nie stwarza to żadnych problemów; Wykonywanie połączeń generalnie nie ma negatywnego wpływu na zadania związane z prowadzeniem pojazdu, takie jak utrzymywanie pasa ruchu i hamowanie w razie potrzeby. Ale kiedy wydarzy się coś nieoczekiwanego – jak dziecko biegnące przez ulicę – twoja uwaga staje się zbyt rozciągnięta, aby odpowiednio zareagować na czas; badania pokazują, że jest to prawdą w przypadku telefonów komórkowych lub alkoholu.
Niezależnie od tego, jak trzymasz telefon i jak z niego korzystasz, jego wpływ na czas reakcji na nieoczekiwane zdarzenia pozostaje ograniczony.

Czy rozpoznajesz wyrażenie: „Słoń w pokoju"? Odnosi się to do oczywistego tematu, którego nikt nie chce omawiać; niewypowiedziane tabu. Dla kontrastu, moglibyśmy zdefiniować „goryla w pokoju" jako: kwestię, którą należy natychmiast omówić, a która jest pomijana lub lekceważona, ponieważ nikt o tym nie wie.

Swissair była linią lotniczą tak skupioną na ekspansji, że zignorowała szybko zmniejszającą się płynność, co doprowadziło do jej bankructw w latach 2001 i 2002. Można też rozważyć złe zarządzanie w krajach bloku wschodniego, które doprowadziło do ich separacji, co doprowadziło do upadku muru berlińskiego i ryzyka w księgach banków, co przed 2007 rokiem nikt się tym specjalnie nie przejmował. Te przykłady pokazują nam, jak często goryle wędrują wśród nas, a my nie zdajemy sobie z tego sprawy.

Nie każde niezwykłe wydarzenie nam umyka; raczej to, czego nie zauważamy, pozostaje przez nas zlekceważone i niezauważone; w ten sposób nie jesteśmy świadomi jakichkolwiek istotnych elementów, które przeoczyliśmy i rodzimy fałszywe przekonanie, że wszystko, co ważne, jest przez nas obserwowane.

Od czasu do czasu uwolnij się od iluzji uwagi. Przemyśl wszystkie możliwe i pozornie nieprawdopodobne scenariusze – mogą zaistnieć nieoczekiwane zdarzenia, o których nikt nie mówi; czające się problemy, którymi nikt się nie zajmuje, nie są rozwiązywane; uważaj na ciszę tak samo jak na hałas; sprawdzaj obszary peryferyjne, a nie tylko centralne; spodziewać się czegoś niezwykłego, ale ogromnego – bycie wielkim nie gwarantuje bycia zauważonym; należy się spodziewać, że pojawi się także coś niezwykłego!

Zobacz także: Efekt pozytywny (rozdz. 95); Błąd potwierdzenia (rozdziały 7-8), błąd dostępności (rozdział 11) oraz efekty pierwszeństwa i niedawności (rozdział 73)

Wyobraź sobie, że ubiegasz się o wymarzoną pracę: dopracowujesz swoje CV, aż błyszczy, błyszczy podczas rozmowy kwalifikacyjnej i podkreślasz wszystkie swoje osiągnięcia i umiejętności, bagatelizując jednocześnie wszelkie słabości i niepowodzenia. Kiedy pytają, czy mógłbyś zwiększyć sprzedaż o 30% przy jednoczesnym obniżeniu kosztów o 30%, twoja odpowiedź powinna brzmieć: „Rozważ to". Niezależnie od wszelkich wewnętrznych obaw dotyczących tego, jak to się stanie, skup się najpierw na wywarciu wrażenia na rozmówcach; szczegóły zostaną ujawnione postępuj później; wszelkie próby udzielenia odpowiedzi innych niż fantastyczne mogą potencjalnie wykluczyć Cię z rywalizacji i ostatecznie skutkować dyskwalifikacją Cię z dalszego rozpatrywania przez osoby przeprowadzające rozmowę kwalifikacyjną; udzielaj nawet półrealistycznych odpowiedzi, które mogłyby Cię pominąć - niezależnie od tego, jak dobrze brzmią w zamian.

Wyobraź sobie siebie jako dziennikarza z wyjątkowym pomysłem na książkę, o którym wszyscy mówią. Po znalezieniu zainteresowanego wydawcy, który chciałby wpłacić zaliczkę, pyta, kiedy może spodziewać się rękopisu (czy może być gotowy za pół roku?). Jąkasz się: „Hmm... Nie mam pojęcia. Ile czasu zajęło mi to ostatnim razem?" Odpowiadasz: „Uznaj to za zakończone". Gdy umowa zostanie podpisana, a pieniądze na koncie bankowym, zawsze pozostaje czas na inne projekty i pisanie historii!

Oficjalnym określeniem takiego zachowania jest strategiczne wprowadzenie w błąd: im wyższa stawka, tym bardziej przesadzone powinny być Twoje twierdzenia. Chociaż strategiczne wprowadzenie w błąd nie sprawdzi się wszędzie – na przykład jeśli okulista obiecuje pięć razy z rzędu zapewnić doskonały wzrok, a po każdym zabiegu daje gorsze niż wcześniej wyniki, w końcu możesz całkowicie przestać wierzyć w jego obietnice – strategiczne wprowadzenie w błąd może nadal okażą się przydatne podczas jednorazowych wysiłków, takich jak rozmowy kwalifikacyjne (gdzie jedna firma nie zatrudni Cię więcej niż raz!). Jednak tutaj też to nie powinno działać; zamiast tego może dobrze działać w przypadku tylko jednorazowych prób lub unikalnych prób obejmujących unikalne próby – coś, czego okulista by nie zrobił.

Megaprojekty są szczególnie podatne na wprowadzenie w błąd, gdy ich odpowiedzialność jest rozproszona, na przykład gdy rząd, który pierwotnie je sfinansował, nie sprawuje już władzy, wiele przedsiębiorstw uczestniczy w nich i często wytyka palcami, lub gdy data zakończenia przypada za kilka lat.
Bent Flyvbjerg z Oksfordu doskonale zna projekty na dużą skalę. Przekroczenia kosztów i harmonogramu są powszechne, ponieważ zwycięskie oferty nie zawsze odzwierciedlają ogólną doskonałość; sprowadza się raczej do tego, co najlepiej wygląda na papierze – czegoś, co Flyvbjerg nazywa „odwróconym darwinizmem": zwykle wygrywa ten, który wytwarza

najwięcej gorącego powietrza. Czy strategiczne wprowadzenie w błąd jest po prostu zwodniczą praktyką? Niekoniecznie; tak jak kobiety noszące makijaż są oszukańcze, podczas gdy mężczyźni leasingujący Porsche, aby pokazać swoje możliwości finansowe, są zwodnicze – podstępne, ale społecznie akceptowalne, więc nie denerwujemy się tym – to samo dotyczy praktyk wprowadzania w błąd stosowanych, gdy kobiety noszą makijaż lub mężczyźni leasingują Porsche na pokaz sprawność finansowa jest obiektywnie oszukiwana, ale społecznie akceptowalna, więc też nas to nie denerwuje! To samo dotyczy strategicznych schematów wprowadzania w błąd stosowanych podczas negocjacji – nawet jeśli tylko jedna strona wie o taktykach wprowadzania w błąd stosowanych przeciwko drugiej stronie, ale może uniknąć wprowadzenia w błąd podczas negocjacji; to samo się liczy, jeśli zostanie zastosowane strategicznie wprowadzenie w błąd może ujść na sucho, jeśli zostanie zastosowane w kategoriach oszustwa, również jeśli zostanie zastosowane strategicznie – tak jak mężczyźni leasingujący Porsche w celu zasygnalizowania sprawności finansowej, aby zasygnalizować, że zdolność finansowa po prostu kłamie w tym względzie, jest to kłamstwo, ale nie przejmujcie się tym społecznie akceptowalne, więc nie zawracajmy sobie głowy strategicznym przedstawianiem fałszywych informacji. To samo dotyczy strategicznego wprowadzenia w błąd użytego przeciwko nim, zarówno oszukańczo użytego przeciwko jednemu, jak i drugiemu, niż oczekiwano, lub traktowanego w różny sposób, w zależności od tego. To samo z błędnie przedstawionym, gdy jest używane, gdy błędnie przedstawiane są.

Strategiczne wprowadzenie w błąd nie zawsze może mieć poważne konsekwencje; jednak jeśli chodzi o sprawy naprawdę ważne, takie jak zdrowie lub przyszli pracownicy, zachowaj ostrożność. W kontaktach z ludźmi (czy to kandydatami na urząd, autorami czy okulistami) nie polegaj na tym, co mówią; zamiast tego spójrz na ich wcześniejsze występy. Kiedy mamy do czynienia z projektami (niezależnie od tego, czy są to podobne projekty, czy nowe propozycje, które wydają się nierealistycznie optymistyczne). Uważaj na wszystko, co wydaje się nierealistycznie optymistyczne; poproś księgowego o dokładne przeanalizowanie planów; dodać do umów klauzulę przewidującą kary w przypadku ich wystąpienia; i przelać te pieniądze bezpośrednio na rachunek powierniczy, aby zabezpieczyć jego rachunek powierniczy, jako dodatkowy środek zapobiegający przekroczeniu kosztów.

Zobacz także Efekt nadmiernej pewności siebie (rozdz. 15), aby poznać szczegóły i dowiedzieć się, gdzie znajduje się wyłącznik.

Myślenie za dużo

Żyła sobie kiedyś inteligentna stonoga, która siedziała bezczynnie przy krawędzi stołu, gdy zauważyła w pokoju smakowite ziarenko cukru. Szybko ocenił swoje możliwości: po której nodze stołu powinien najpierw się czołgać w górę, czy w dół? Następnie musiał ustalić, kto powinien zrobić pierwszy krok i w jakiej kolejności. Ponieważ był biegły w matematyce, przeprowadził wszystkie niezbędne obliczenia i wybrał jedną ścieżkę spośród wszystkich, zanim w końcu podjął pierwszy krok. Niestety, choć jego kalkulacje i kontemplacje spowodowały, że zaplątał się w powietrzu, co spowodowało, że zatrzymał się jak wryty, zanim udało mu się osiągnąć dalszy postęp; w efekcie zagłodził go i ostatecznie zagłodził, zanim można było osiągnąć jakikolwiek postęp, i wygłodził, zanim zbliżył się w życiu bliżej lub dalej, niż kiedykolwiek sobie wyobrażał, i umarł z głodu z powodu nadmiernego myślenia.

Podczas turnieju golfowego British Open w 1999 r. francuski golfista Jean Van de Velde grał bezbłędnie aż do ostatniego dołka, gdzie prowadził trzema strzałami. Nawet z tą przewagą trzech strzałów mógł spokojnie pozwolić sobie na dwa strzały powyżej normy, nie tracąc przy tym bramki; wejście do wielkich lig już za kilka chwil! Gdy Van de Velde wszedł na pole golfowe, na jego czole zaczęły pojawiać się kropelki potu. Jego pierwszy zamach wylądował w krzakach dwadzieścia stóp od celu, przez co Van de Velde był coraz bardziej zdenerwowany przed kolejnymi strzałami, co tylko spotęgowało uczucie niepokoju. Van de Velde uderzył piłką w sięgającą do kolan trawę, po czym wrzucił ją do wody i zdjął buty, aby przez nią przebrnąć. Przez chwilę rozważał oddanie strzału ze stawu; ostatecznie jednak zdecydował się na wykonanie rzutu karnego w piasek; po siedmiu strzałach w końcu przedostał się na green i do dołka; Van de Velde przegrał British Open, ale dzięki swojemu słynnemu występowi triple-bogey zapewnił sobie miejsce w historii sportu.

Consumer Reports przeprowadził w latach 80. eksperyment degustacyjny z doświadczonymi degustatorami, obejmujący 45 odmian galaretek truskawkowych. Później profesorowie psychologii Timothy Wilson i Jonathan Schooler przeprowadzili podobne testy na studentach Uniwersytetu Waszyngtońskiego; pojawiły się podobne wyniki, przy czym zarówno eksperci, jak i studenci preferowali podobne smaki galaretek. Ale Wilson poszedł dalej: przeprowadził kolejny test z inną grupą uczniów, którzy woleli inne niż poprzednio – tylko tym razem wybrali zupełnie inne opcje!
W pierwszej grupie uczestnicy wypełnili długi kwestionariusz, szczegółowo uzasadniając swoje oceny, i uzyskali całkowicie przekrzywione rankingi, w których niektóre z najlepszych odmian znalazły się na dole.

Zasadniczo zbyt dużo myślenia utrudnia dostęp do mądrości emocji. Chociaż to stwierdzenie może wydawać się niezwykłe, gdy pochodzi od kogoś takiego jak ja, który stara się oczyścić irracjonalność z moich procesów myślenia, emocje powstają podobnie jak krystalicznie czyste, racjonalne myśli; emocje reprezentują po prostu inną formę przetwarzania informacji, która może dostarczyć mądrzejszych rad niż racjonalne.

Prowadzi to do ważnego pytania: kiedy należy słuchać głowy, a kiedy intuicji? Praktyczna zasada może obejmować następującą rzecz: jeśli chodzi o zajęcia takie jak umiejętności motoryczne (stonoga, Van de Velde lub nauka gry na instrumencie muzycznym) i pytania, na które poruszałeś się już wiele razy (takie jak „krąg kompetencji" Warrena Buffetta), najlepiej żeby nie analizować zbyt dokładnie. Przemyślane podejmowanie decyzji podważa Twoje intuicyjne zdolności rozwiązywania problemów. Podobnie jak w epoce kamienia łupanego, przy podejmowaniu decyzji dotyczących jedzenia i przyjaźni tak zwane heurystyki przeważały nad racjonalnym myśleniem. Jednak w przypadku skomplikowanych kwestii, takich jak decyzje inwestycyjne wymagające trzeźwej refleksji, ewolucja nie przygotowała nas do takich rozważań, więc logika zawsze przyćmiewa intuicję.

Zobacz także błąd w działaniu (rozdz. 43); Stronniczość informacyjna (rozdz. 59)

BŁĄD PLANOWANIA

Czy każdego ranka, robiąc listę rzeczy do zrobienia, często udaje Ci się odhaczyć wszystko na koniec każdego dnia? Jak często zdarza się to większości ludzi? Większość może osiągnąć ten stan tylko raz na kilka miesięcy. Krótko mówiąc, bierzesz na siebie za dużo. Twoje plany są nierealistycznie ambitne – dałoby się to wybaczyć, gdybyś po raz pierwszy tworzył listy rzeczy do zrobienia, ale z czasem takie zachowanie stało się częścią Twojej rutyny. Dzięki temu jesteś dokładnie zaznajomiony ze swoimi możliwościami i jest mało prawdopodobne, że codziennie je przeceniasz. To nie jest żart: w innych obszarach życia uczymy się na podstawie doświadczenia – dlaczego nie ma go w przypadku planowania? Chociaż większość twoich poprzednich przedsięwzięć była zbyt optymistyczna jak na dzisiejszą rzeczywistość. Daniel Kahneman nazywa to zjawisko błędem planowania.

Roger Buehler i jego zespół badawczy poprosili klasę ostatniego roku, prowadzoną przez kanadyjskiego psychologa Rogera Buehlera, o określenie dwóch dat składania wniosków: jedna była realistyczna, a druga odzwierciedlała mało prawdopodobną datę najgorszego scenariusza. Tylko 30% dotrzymało realistycznych terminów, choć zazwyczaj potrzebowali o 50% więcej czasu niż pierwotnie planowano i dodatkowych siedmiu dni niż przewidywano w przypadku terminów składania wniosków określonych w najgorszych scenariuszach.

Błąd planowania jest szczególnie widoczny, gdy ludzie współpracują, czy to w biznesie, nauce czy polityce. Grupy mają tendencję do przeceniania czasu trwania i korzyści, jednocześnie systematycznie niedoceniając kosztów i ryzyka. Doskonałym przykładem jest Opera w Sydney, która została zaplanowana w 1957 r., a jej ukończenie przewidywane było na 1963 r., a jej początkowy szacunkowy koszt wyniósł 7 milionów dolarów, ale ostatecznie otwarto ją za kwotę 102 milionów dolarów; 14 razy więcej niż oczekiwano!

Dlaczego nie wyglądamy na naturalnych planistów? Mogą istnieć dwie przyczyny naszych nieefektywnych umiejętności planowania. Jednym z nich jest myślenie życzeniowe: dążymy do sukcesu we wszystkim, czego się podejmujemy. Drugie: Zbyt często zbyt mocno koncentrujemy się na naszym projekcie, zaniedbując wpływy zewnętrzne, takie jak nieoczekiwane zdarzenia, które pojawiają się niespodziewanie (może się to zdarzyć również w przypadku harmonogramu dnia, np. Twoja córka czegoś chce), które następnie sprowadzą nas na nieprzewidywalną ścieżkę; lub zbyt małą uwagę poświęcaną tym wydarzeniom ze względu na zbyt wąską koncentrację na nich (może to mieć nawet zastosowanie tutaj – podczas planowania).
Twój pies połyka ość ryby. Akumulator w Twoim samochodzie niespodziewanie się rozładowuje. Na Twoim biurku pojawia się oferta kupna domu, którą należy pilnie rozpatrzyć – w rezultacie plany idą w niepowodzenie! Czy przygotowanie krok po kroku

byłoby rozwiązaniem? NIE; przygotowanie krok po kroku tylko pogłębia błędy w planowaniu, zawężając jeszcze bardziej koncentrację, zmniejszając w ten sposób zdolność przewidywania niespodzianek w życiu.

Co więc powinieneś zrobić? Przenieś swoją uwagę z spraw wewnętrznych – takich jak projekt – na sprawy zewnętrzne, takie jak podobne projekty. Przejrzyj stawkę podstawową i oceń dotychczasowe wysiłki. Jeśli podobne przedsięwzięcia trwały trzy lata i pochłonęły 5 milionów dolarów, prawdopodobnie będzie to dotyczyć także Twojego projektu – niezależnie od tego, jak starannie go zaplanujesz. Dlatego przed podjęciem jakichkolwiek decyzji z tym związanych niezwykle ważne jest przeprowadzenie sesji „przed śmiercią" (dosłownie „przed śmiercią") przed dokonaniem tych ważnych wyborów. Gary Klein sugeruje wygłoszenie krótkiego przemówienia przed dowolnym zgromadzonym zespołem: „Wyobraźcie sobie, że minął rok i wszystko poszło zgodnie z planem, ale zamiast tego wydarzyła się katastrofa – poświęć pięć lub dziesięć minut na opisanie tej katastrofy – historie pokażą, jak sprawy mogą się rozwinąć."

Zobacz także Zwlekanie (rozdz. 85); Iluzja prognozy (rozdz. 40); Efekt Zeigarnika (rozdz. 93); Myślenie grupowe (rozdz. 25), aby uzyskać więcej.

MŁOTY WILDERINGA WIDZĄ TYLKO GWOŹDZIE

PROFESJONALNY SYSTEM DEFORMACJI

Osoba fizyczna zaciąga pożyczkę i zakłada własną firmę, by wkrótce potem ogłosić upadłość.

Wpada w depresję, a następnie popełnia samobójstwo.

Czy czytasz tę historię jako analityk biznesowy? W związku z tym w ramach swojej pracy powinieneś spróbować ocenić, dlaczego ten pomysł się nie powiódł: czy był nieskutecznym liderem, czy strategia była zła, rynek był zbyt mały lub konkurencja była zbyt ostra? Jako marketer możesz założyć, że kampanie były źle zorganizowane lub że nie udało mu się dotrzeć do docelowej grupy odbiorców. Eksperci finansowi mogą mieć wątpliwości, czy pożyczka jest odpowiednim instrumentem finansowym; lokalni dziennikarze widzą w tej historii szansę: jakie szczęście, że odebrał sobie życie! Jako pisarz możesz zastanawiać się, w jaki sposób incydent może stać się tragedią starożytnej Grecji. Bankierzy mogą podejrzewać, że wystąpił błąd w dziale pożyczek. Socjaliści mają tendencję do obwiniania porażki kapitalizmu; religijni konserwatyści mogą postrzegać to wydarzenie jako karę boską, a psychiatrzy uznają niski poziom serotoniny. Który punkt widzenia powinien więc przeważać?

Nic. Mark Twain zauważył kiedyś: „Jeśli wszystkie twoje narzędzia to młotki, wszystkie twoje problemy będą gwoździami”. Charlie Munger, partner biznesowy Warrena Buffetta i autor Efektu kuli śnieżnej, zwrócił uwagę Charliemu Mungerowi na następujący efekt stosowania tylko jednego modelu: „Ale może to być całkowicie katastrofalny sposób myślenia i działania w świecie; dlatego wiele modeli musi pochodzić z różnych dziedzin, ponieważ nie cała mądrość leży w jednym dziale akademickim”

Oto kilka przykładów deformacji professionalelle: chirurdzy starają się rozwiązać każdy problem medyczny za pomocą operacji; armie zazwyczaj faworyzują w pierwszej kolejności rozwiązania militarne; inżynierowie specjalizują się w pracach konstrukcyjnych; Guru trendów często dokonują absurdalnych przewidywań – w skrócie: większość odpowiedzi, gdy pytani są o jakiś problem, zwykle odnosi się do jednego z ich obszarów specjalizacji.

Dlaczego krawcy nie mieliby ćwiczyć krawiectwa tak, jak znają się najlepiej? Deformacja professionalnelle ma miejsce, gdy ludzie stosują swoje wyspecjalizowane procesy w obszarach, w których nie powinni. Bez wątpienia sam widziałeś, jak to się dzieje? Nauczyciele karcą przyjaciół jak uczniów. Młode matki traktują swoich mężów jak dzieci. Albo weźmy arkusze kalkulacyjne w Excelu – używamy ich nawet wtedy, gdy ich użycie nie ma sensu, na przykład podczas tworzenia prognoz finansowych dla start-upów lub porównywania potencjalnych kochanków, których znaleźliśmy na portalach randkowych – mogą one być jednym z najniebezpieczniejszych wynalazków od czasów komputerów .

Nawet we własnych dziedzinach recenzenci literaccy mają tendencję do nadużywania młotka. Recenzenci są przeszkoleni w wykrywaniu odniesień, symboli i ukrytych wiadomości w książkach; Jako powieściopisarz uważam tę praktykę za irytującą, ponieważ recenzenci wymyślają takie rozwiązania tam, gdzie ich nie ma. Podobnie jak dziennikarze biznesowi, którzy przeglądają nawet drobne komentarze prezesów banków centralnych w poszukiwaniu jakichkolwiek wskazówek dotyczących zmian w polityce fiskalnej, analizując wypowiadane przez nich słowa.

Wniosek: konsultując się z ekspertem, nie należy oczekiwać ogólnie najlepszego rozwiązania; oczekiwać raczej podejścia, które można rozwiązać za pomocą ich zestawu narzędzi. Pamiętaj, że nasze umysły nie są scentralizowanymi komputerami, lecz zawierają wiele wyspecjalizowanych narzędzi, z których konieczne może być wykorzystanie na różnych etapach swojej podróży. Niestety nasze „noże kieszonkowe” są niekompletne. Dzięki doświadczeniom życiowym i fachowej wiedzy posiadamy już kilka ostrzy. Aby jednak jeszcze bardziej udoskonalić nasze umiejętności, konieczne jest dodanie do naszego zestawu narzędzi dwóch lub trzech narzędzi – modeli mentalnych, które wykraczają poza nasz obszar specjalizacji. W ciągu ostatnich kilku lat przyjąłem biologiczne podejście do życia i zyskałem nowy wgląd w złożone systemy. Podsumuj swoje braki i poszukaj odpowiedniej wiedzy i metodologii, aby je wyeliminować; zajmie to około roku wysiłku, ale przyniesie korzyści: Twój scyzoryk stanie się większy i bardziej wszechstronny, a Twój umysł ostrzejszy!

Zobacz także Szaleństwo ochotnika (rozdz. 65); Zależność od domeny (rozdz. 76) i błąd hazardzisty (rozdz. 29)

MISJA WYKONANA

Efekt Zeigarnika

Berlin, 1927: Kilku studentów i profesorów uniwersytetu odwiedza restaurację, w której kelner przyjmuje zamówienie za zamówieniem bez spisania żadnej dokumentacji, martwiąc się, że na pewno stanie się coś złego. Jednak już po krótkim oczekiwaniu wszyscy goście otrzymali dokładnie to, o co prosili. Jednak po kolacji na ulicy rosyjska studentka psychologii Bluma Zeigarnik zorientowała się, że zostawiła szalik w restauracji. Po powrocie do restauracji spotyka kelnera słynącego z niesamowitej pamięci i pyta, czy go widział. Jednak pozostaje nieświadomy jej obecności ani miejsca, w którym siedziała; na co ona z oburzeniem odpowiada, pytając, jak to możliwe, że zapomniał, kto i gdzie siedzieli, skoro jego pamięć jest tak niesamowita! „Jak mogłeś o mnie zapomnieć?" – pyta, niedowierzając jego nieświadomości. Jego odpowiedź: „Mam w głowie każde zamówienie, dopóki nie zostanie podane" odpowiedział krótko: „Zachowuję w głowie każde zamówienie, dopóki nie zostanie podane" on odpowiedział krótko: „Zachowuję każde zamówienie do momentu podania" „Kelner odpowiedział krótko: „Zachowuję każde zamówienie w głowie aż do podania" i nie pamięta też swoich poprzednich zamówień" (c).

Zeigarnik i Kurt Lewin badali to tajemnicze zachowanie i doszli do wniosku, że ludzie na ogół funkcjonują jak kelnerzy: nigdy nie zapominamy niedokończonych zadań; dręczą naszą świadomość, dopóki nie poświęcimy im uwagi; jednak po ukończeniu elementy te całkowicie znikają z pamięci.

Naukowcy nazywają to zjawisko obecnie efektem Zeigarnika. Jej dochodzenie ujawniło jednak kilka niezwykłych przypadków: na przykład niektóre osoby pozostawały całkowicie bezstresowe, mimo że realizowały wiele projektów. Roy Baumeister i jego zespół badawczy na Florida State University rzucili niedawno nieco światła na to zjawisko. Studentów, którzy byli bliscy zdania egzaminów końcowych, podzielił na trzy grupy; Grupa 1 składała się z imprez odbywających się w tym semestrze, natomiast Grupy 2-4 skupiały się na egzaminach formalnych. Grupa 2 musiała skupić się na nadchodzącym egzaminie, podczas gdy grupa 3 musiała stworzyć szczegółowy plan nauki. Następnie Baumeister poprosił uczniów z grup 2, 3 i 4, aby uzupełnili słowa pod presją czasu — niektórzy zobaczyli „Panika", inni pomyśleli o „Imprezie" lub Paryżu. To ćwiczenie okazało się niezwykle wnikliwe; grupa 1 wydawała się zrelaksowana w obliczu egzaminu, podczas gdy ci w grupie 2 nie mogła myśleć o niczym innym!Jednak tym, co naprawdę wyróżniało się, była grupa 3, w której wyniki były naprawdę zdumiewające!
Chociaż uczniowie ci musieli skupić się na nadchodzącym egzaminie, ich umysły pozostały zrelaksowane i wolne od niepokoju. Późniejsze eksperymenty potwierdziły tę obserwację: zaległe zadania mają tendencję do dręczenia nas tylko do czasu, gdy mamy zorganizowany

plan, jak sobie z nimi poradzić; Zeigarnik błędnie sądził, że w tym względzie wystarczy wykonanie zadań; zamiast tego powinno wystarczyć podejście strategiczne.

Bestsellerowa książka Davida Allena Getting Things Done (GTD) głosi, że jego celem jest posiadanie umysłu przejrzystego jak woda. Aby osiągnąć ten cel, nie jest potrzebne życie w idealnym porządku, ale trzeba stworzyć plan działania, aby rozwiązać niezaplanowane problemy życiowe i zapisać je w zadaniach krok po kroku – tylko wtedy twój umysł może znaleźć spokój ducha. Rozwaga w planowaniu jest najważniejsza; niejasne cele, takie jak „zorganizowanie przyjęcia urodzinowego mojej żony" lub „znalezienie nowego zatrudnienia" nie mogą przynieść ulgi; Allen zmusza swoich klientów do dzielenia tych projektów na dwadzieścia do pięćdziesięciu pojedynczych zadań przed ich rozpoczęciem, jeśli to możliwe, aby zapewnić sukces i spokój ducha umysł.

Zalecenie Allena może być sprzeczne z błędem planowania (rozdział 91): szczegółowe planowanie może spowodować, że przeoczymy czynniki zewnętrzne, które mogą wykoleić projekty, ale w tym właśnie leży klucz: dla spokoju ducha wybierz podejście Allena, a jednocześnie uzyskaj dokładniejsze szacunki kosztów , korzyści, czas trwania i inne aspekty projektu wyszukują podobne projekty zamiast tworzyć jeden szczegółowy plan. Albo zrób jedno i drugie!

Jednak nie potrzebujesz do tego żadnych zaawansowanych technologicznie gadżetów – po prostu trzymaj notatnik przy łóżku i używaj go, gdy nie możesz spać, aby zapisywać zaległe zadania i sposób, w jaki je wykonasz – to powinno pomóc wyciszyć wewnętrzne głosy, które wciąż wołają: „chcesz Boga, ale nie masz już karmy dla kotów", jak to ujął Allen – jego rada pozostaje aktualna, nawet jeśli już znalazłeś Boga lub nie masz żadnego zwierzaka!

Zobacz także Zwlekanie (rozdz. 85); Błąd planowania (rozdz. 91) – dodatkowe uwagi.

Dlaczego jest tak niewielu seryjnych przedsiębiorców

Dlaczego wydaje się, że jest tak niewielu seryjnych przedsiębiorców – biznesmenów, którzy zakładają kilka dochodowych firm kolejno? Jasne, Steve Jobs i Richard Branson istnieją – choć stanowią niewielką mniejszość. Seryjni przedsiębiorcy stanowią mniej niż jeden procent wszystkich założycieli startupów. Ale czy wszyscy ci seryjni przedsiębiorcy po sukcesie przechodzą na prywatne jachty, tak jak zrobił to współzałożyciel Microsoftu Paul Allen? Nie ma mowy. Prawdziwi ludzie biznesu mają zbyt dużo energii, aby godzinami przesiadywać na leżakach na plaży. Być może wynika to z tego, że nie chcą odpuścić i dokuczać swoim firmom do czasu ukończenia 65. roku życia, chociaż większość założycieli wyprzedaje swoje udziały w ciągu 10 lat od założenia firmy. Można by pomyśleć, że ludzie obdarzeni talentem, rozległą siecią kontaktów osobistych i solidnymi referencjami byliby w stanie założyć wiele innych start-upów – jednak wielu nie udaje się to. Dlaczego przestają? Nie przestali; po prostu nie udało im się to z sukcesem. Jeśli chodzi o sukces w biznesie, szczęście odgrywa większą rolę niż umiejętności, o czym żaden przedsiębiorca nie lubi słyszeć. Pamiętam, że poczułem się nieswojo, kiedy po raz pierwszy dowiedziałem się o tym pomyśle; od razu pomyślałem: „Czy mój sukces był po prostu przypadkowy?". Na początku może wydawać się obraźliwe, że szczęście odegrało tak dużą rolę.

Przyjmijmy uczciwe, realistyczne podejście do sukcesu w biznesie. W jakim stopniu zależy to od ciężkiej pracy i wyjątkowego talentu, a ile od szczęścia? Niestety, to pytanie może łatwo prowadzić do błędnych wyobrażeń; Choć talent odgrywa zasadniczą rolę w historii sukcesu każdej firmy, sama ciężka praca nie przyniesie rezultatów. Niestety, do osiągnięcia sukcesu nie wystarczą same umiejętności ani ciężka praca; oba elementy są czynnikami koniecznymi, ale niewystarczającymi. Skąd możemy to wiedzieć? Istnieje prosty i prosty test: jeśli ktoś cieszy się długoterminowym sukcesem w porównaniu z mniej wykwalifikowanymi rówieśnikami, talent staje się najważniejszy. Niestety nie dotyczy to założycieli firm; w przeciwnym razie przedsiębiorcy odnoszący największe sukcesy kontynuowaliby uruchamianie wielu start-upów po osiągnięciu początkowego sukcesu.

Jaką rolę odgrywają liderzy korporacji w sukcesie firmy? Jako przykłady badacze wskazali cechy związane z byciem silnym dyrektorem generalnym – procedury zarządzania i wcześniejszą błyskotliwość strategiczną.
Następnie badacze zmierzyli korelację między zachowaniami dyrektorów generalnych z jednej strony a wzrostem wartości firmy w okresie ich kadencji z drugiej strony. Ich wniosek: jeśli losowo porównamy dwie firmy, w 60% przypadków silniejszy dyrektor generalny przewodzi potężniejszej firmie. Kahneman odkrył, że w 40% przypadków słabsi dyrektorzy generalni przewodzili silniejszym firmom; stanowiło to tylko 10 punktów procentowych

więcej niż brak związku. Na zakończenie zauważył, że ludzie na ogół nie kupują entuzjastycznie książek napisanych o liderach biznesu, którzy są tylko nieznacznie lepsi od średniej; nawet Warren Buffett nie widzi sensu w awansowaniu niektórych dyrektorów generalnych; jego podejście? „[?...?] Dobre wyniki w zarządzaniu zależą bardziej od tego, na jaką łódź się wchodzi, niż od tego, jak skutecznie się nią steruje”

Niektóre obszary w ogóle nie zależą od umiejętności. Kahneman opisał w swojej książce Thinking, Fast and Slow swoją wizytę w firmie zarządzającej aktywami, która w ramach odprawy dla niego przesłała arkusz kalkulacyjny zawierający wyniki każdego doradcy na przestrzeni ośmiu lat. Na podstawie tych danych Kahneman przypisał każdej grupie ranking: 1, 2, 3 itd. w kolejności malejącej. Szybko obliczył ich relację na przestrzeni lat. Następnie obliczył korelację rankingów od roku 1 do roku 8 – przy czym doradcy czasami znajdowali się na obu końcach. Okazało się, że był to czysty przypadek; czasami pojawiały się nawet bliżej góry niż czasami dołu. Wyniki doradców były niezależne od lat poprzednich i kolejnych – korelacja wyniosła zero! A mimo to konsultanci ci otrzymywali premie za swoje osiągnięcia. Innymi słowy, firma nagradzała szczęście ponad umiejętnościami.

Wniosek: Niektóre zawody, np. piloci, hydraulicy i prawnicy, w dużym stopniu opierają się na wykorzystywaniu swoich umiejętności przez ludzi. Inne obszary wymagają umiejętności, ale nie są one krytyczne – jak przedsiębiorcy i liderzy. A czasami o wszystkim decyduje przypadek, jak na rynkach finansowych; tutaj iluzja umiejętności może królować. Okazuj więc szacunek hydraulikom, jednocześnie ciesząc się z sukcesów finansowych błaznów! Zobacz także Szczęście początkującego (rozdz. 49); Błąd przetrwania (rozdz. 1), błąd autorytetu (rozdz. 9), efekt nadmiernej pewności siebie, iluzja kontroli i błąd wyniku w kolejnych rozdziałach (odpowiednio 20 i 21).

Na pierwszy rzut oka seria A wydaje się dość prosta. Wszystkie jego liczby mają coś wspólnego - 394, 411, 054, 646 łączą cztery cechy, co sprawia, że ten szereg jest stosunkowo prosty do rozwiązania. Następna jest seria B; wszystkie jego liczby wykorzystują w pewnym momencie sześć funkcji. Czego możesz się z tego nauczyć? Nieobecność może być często trudniejsza do wykrycia niż obecność; mamy tendencję do przywiązywania większej wagi do rzeczy, które istnieją, niż do tego, czego nie ma.

W zeszłym tygodniu, podczas spaceru, dotarło do mnie: nic nie boli. Było to dość zaskakujące, biorąc pod uwagę, że i tak rzadko odczuwam ból, a kiedy się pojawia, jest on intensywnie odczuwalny; jednak rzadko przyznają się do jego braku; takie było jego piękno, że tylko na chwilę wywołało radość – by wszystko szybko znów wyleciało z głowy!

Podczas recitalu muzyki klasycznej orkiestra wykonała IX Symfonię Beethovena, ciesząc się wielkim uznaniem w pełnej entuzjazmu sali koncertowej. Podczas czwartej części ody można było zobaczyć łzy napływające do wdzięczności za to, że istnieje; ale czy to prawda? Bez wątpienia nie; gdyby utwór nie został skomponowany, nikt by za nim nie tęsknił, a reżyser nie dostawałby gniewnych telefonów z żądaniem natychmiastowego napisania i wykonania tego dzieła sztuki – to zjawisko, zwane efektem pozytywnej cechy, jest tym, co naprawdę nas dzisiaj cieszy.

Kampanie profilaktyczne skutecznie wykorzystują tę strategię; na przykład stwierdzenie „Palenie powoduje raka płuc” jest o wiele bardziej przekonujące niż „Niepalenie prowadzi do życia wolnego od raka płuc”. Audytorzy i inni specjaliści korzystający z list kontrolnych często ulegają temu pozytywnemu efektowi: zaległe deklaracje podatkowe pojawiają się natychmiast na ich listach, podczas gdy oszukańcze działania, takie jak te w programie Ponzi Enronu lub Berniego Madoffa, nie. Na takich listach brakuje także przedsiębiorstw „nieuczciwych handlarzy”, takich jak Nick Leeson i Jerome Kerviel, którzy spowodowali tego rodzaju finansowe kaprysy, ukrywając w ten sposób taką działalność przed publiczną kontrolą.
Nie istnieje żadna lista kontrolna umożliwiająca śledzenie dewaluacji; i chociaż banki hipoteczne mogą brać pod uwagę działania nielegalne, dewaluacja spowodowana spalarniami może nastąpić bez zauważenia ich monitorowania.

Wyobraź sobie, że tworzysz niepożądany produkt, taki jak sos sałatkowy o podwyższonej zawartości cholesterolu, ale chcesz, aby konsumenci czuli się bezpiecznie podczas jego stosowania? Etykietując taki produkt, zamiast tego podkreślaj wszystkie jego pozytywne cechy. Klienci nie zauważą jego braku; natomiast pozytywne cechy zapewnią, że konsumenci będą na bieżąco informowani.

Badania akademickie często wykazują pozytywny efekt cech. Potwierdzenie hipotez zazwyczaj prowadzi do publikacji, a nawet może przynieść nagrody Nobla; natomiast fałszowanie hipotez, choć korzystne z naukowego punktu widzenia, jest znacznie trudniejsze do opublikowania i nigdy nie doczekało się tak prestiżowego uznania. Innym skutkiem pozytywnego efektu cechy jest nasza tendencja do akceptowania pozytywnych rad – takich jak zrobienie X – zamiast negatywnych rad (zapomnij o Y). To sprawia, że jesteśmy znacznie bardziej otwarci na pozytywne rady niż na negatywne sugestie (takie jak zapomnienie Y).

Wniosek: Istoty ludzkie często mają trudności z dokładnym postrzeganiem nie-zdarzeń. Mamy tendencję do ignorowania tego, co nie istnieje. Na przykład rozpoznajemy, że jest wojna, ale nie doceniamy jej braku w czasie pokoju; podobnie rzadko myślimy o chorobie, gdy jesteśmy zdrowi; podobnie po przybyciu do Cancun bez doświadczenia katastrofy lotniczej! Kultywując większą uważność wokół nieobecności, możemy stać się szczęśliwsi; choć wymaga to ciężkiej pracy umysłowej i przemyśleń – jednym z przydatnych narzędzi jest pytanie, dlaczego coś istnieje, a nie nicość, ponieważ to pytanie służy jako użyteczny sposób walki z pozytywnymi skutkami cech!

Zobacz także Efekt Forera (rozdz. 64); Błąd potwierdzenia (rozdz. 7-8); błąd polegający na samoselekcji (rozdz. 47); Błąd dostępności (rozdz. 11); Iluzja uwagi (rozdz. 88)

POTWIERDZENIE ODSTĘPSTWA MIĘDZY STRZAŁKĄ A WRÓBLEM

ZBIERANIE WIŚNI

Hotele prezentują się w Internecie w najlepszym świetle. Zdjęcia przedstawiające piękne, majestatyczne obrazy są starannie dobierane; wszelkie nieestetyczne kąty, nieszczelne rury czy nieatrakcyjne sale śniadaniowe są po prostu ukryte pod postrzępioną wykładziną – oczywiście wiesz, że to prawda, gdy po raz pierwszy spotykasz się z nieestetycznym lobby; zamiast tego po prostu wzruszasz ramionami i ruszasz w stronę stanowiska rejestracyjnego tak szybko, jak to możliwe.

Cherry-picking, praktykowany w hotelach, polega na wybieraniu i podkreślaniu tylko atrakcyjnych cech, ukrywając inne. Podobnie należy podchodzić do innych doświadczeń: broszury dotyczące samochodów, nieruchomości czy kancelarii prawnych to kolejna rzecz, do której należy podchodzić ostrożnie – wiedza o tym, jak one działają, nie wpędza nas w trans!

Ale czytając roczne raporty firm, fundacji i organizacji rządowych, reagujesz inaczej. Tutaj zwykle oczekujesz obiektywnych przedstawień; niestety, myliłbyś się: te ciała często wybierają tylko wiśnie: osiągnięte cele są świętowane, a niepowodzenia pozostają niezauważone.

Wyobraź sobie siebie jako szefa działu. Twoja tablica zaprasza Cię do prezentacji stanu gry Twojej drużyny. Jak podszedłbyś do tej prezentacji? Podkreślając zwycięstwa i dołączając slajdy przedstawiające wyzwania. O wszelkich niespełnionych osiągnięciach łatwo zapomnieć.

Anegdoty stanowią wyjątkowe wyzwanie, jeśli chodzi o wybieranie wiśni. Wyobraź sobie, że jesteś dyrektorem naczelnym firmy produkującej urządzenia techniczne. Po przeprowadzeniu ankiety dotyczącej zadowolenia klientów okazuje się, że większość klientów nie może korzystać z Twojego gadżetu ze względu na jego złożony charakter. Teraz wtrąca się menadżer HR: „Mój teść dostał to wczoraj i od razu nauczył się, jak to obsługiwać. Jaką wagę przypisałbyś tej konkretnej wiśni? Blisko zera". Odrzucenie anegdoty może być trudne, ponieważ obejmuje minihistorie, które przemawiają do naszego mózgu. Aby przeciwdziałać temu efektowi, wykwalifikowani przywódcy przez całą karierę szkolą się, aby stać się nadwrażliwymi na pojawiające się anegdoty i natychmiast reagować strzałami przeciwko wszelkim takim historiom, które się pojawiają.
Wybieranie wiśni staje się bardziej widoczne, gdy zanurzamy się w bardziej wzniosłych lub elitarnych dziedzinach. W książce Antifragile Taleb szczegółowo opisuje, jak wszystkie dziedziny badań – od filozofii po medycynę i ekonomię – chwalą się swoimi wynikami: „Podobnie jak politycy, środowisko akademickie jest biegłe w mówieniu nam, co dla nas

zrobili, a nie czego nie, udowadniając w ten sposób swoje niezastąpione metody ." Może to być wybiórcze podejście, ale nasz szacunek do naukowców sprawia, że jest to dla nas niemożliwe do wykrycia.

Weźmy też pod uwagę zawód lekarza: powiedzenie ludziom, żeby nie palili, jest największym osiągnięciem medycyny od zakończenia II wojny światowej, jak twierdzi lekarz Druin Burch w swojej książce Taking the Medicine. Kilka antybiotyków przypominających wiśnię służy oderwaniu uwagi i dlatego badacze narkotyków są zwykle chwaleni, podczas gdy aktywiści antynikotynowi nie.

Działy administracyjne w dużych firmach zwykle zachowują się jak hotelarze, gloryfikując siebie i zachwalając wszystko, co osiągnęli, ale nigdy nie informując o tym, czego nie udało się osiągnąć dla firmy. Co możesz z tym zrobić? Pełniąc funkcję członka rady nadzorczej organizacji, koniecznie zapytaj o „resztki" po nieudanych projektach czy straconych celach – z nich dowiesz się znacznie więcej niż z sukcesów! Zadziwiające, jak rzadko pojawiają się takie pytania! Po drugie: Zamiast zatrudniać armię kontrolerów finansowych do obliczania kosztów co do centa, poświęć czas na regularne przeglądanie celów. Możesz być zaskoczony, gdy odkryjesz, że z biegiem czasu niektóre pierwotne cele stały się mniej namacalne i zostały zastąpione celami narzuconymi sobie, które zawsze można osiągnąć; za każdym razem, gdy pojawiają się takie cele, powinny zasygnalizować sygnał ostrzegawczy; byłoby to równoznaczne z wystrzeleniem strzały i stworzeniem tarczy w miejscu, w którym ona wyląduje!

Uwagi na temat uprzedzeń (rozdz. 13); Uprzedzenia egoistyczne (rozdz. 45);

Niepowodzenie analizy pojedynczej przyczyny

Chris Matthews jest jednym z czołowych dziennikarzy MSNBC. W jego programie informacyjnym przeprowadzane są wywiady z ekspertami politycznymi. Nigdy nie rozumiałem, na czym polega ich praca ani dlaczego istnieją takie kariery, chociaż w 2003 roku głównym tematem przewodnim była inwazja Stanów Zjednoczonych na Irak. Chris Matthews pytał ekspertów po ekspertach o motywy tego konfliktu – od teorii odwetu z 11 września po broń masowego rażenia stojącą za tym konfliktem – tak ważne były jego pytania: „Jaka jest motywacja wojny? „„ na „dlaczego najechaliśmy Irak, poza ofertami sprzedaży". I tak dalej, i tak dalej… i tak dalej… i tak dalej… i tak dalej…

Takie pytania już mi nie odpowiadają; odzwierciedlają jeden z najczęściej występujących błędów psychicznych – coś, na co nie ma potocznego określenia; dlatego zamiast tego użyję niezręcznego języka, takiego jak „błąd jednej przyczyny".

Pięć lat później, w 2008 r., na rynkach finansowych ponownie zapanowała panika, a banki upadły, co zmusiło podatników do ratowania ich za pomocą podatków. Inwestorzy, politycy i dziennikarze badali każdy aspekt tego krachu finansowego: luźna polityka pieniężna Greenspana? Głupota inwestorów? Wątpliwe agencje ratingowe? Skorumpowani audytorzy? Możliwe przyczyny to złe modele ryzyka lub zwykła chciwość – wszystkie były w równym stopniu winne. Żaden pojedynczy czynnik nie może ponosić wyłącznej odpowiedzialności, ale wszystkie mogą wnieść znaczący wkład.

Idylliczne indyjskie lato, rozwód przyjaciela, I wojna światowa, rak, strzelanina w szkole, światowy sukces firmy, a nawet samo pisanie to zdarzenia, na które składa się wiele czynników, a mimo to całą winę staramy się zrzucić na tylko jedna osoba lub rzecz.

Nie jest jasne, co powoduje, że jabłko dojrzewa i opada: czy to grawitacja przyciąga je do ziemi, czy łodyga więdnie pod suszącymi promieniami słońca, czy jego ciężar wzrósł, czy podmuchy wiatru powodują jego przewrócenie, czy może stojące pod spodem niecierpliwe dziecko chce przekąsić to? Żaden pojedynczy czynnik nie jest przyczyną jego upadku. W Wojnie i pokoju Tołstoja ten fragment pięknie to ilustruje.
Wyobraź sobie, że jesteś menadżerem produktu kultowej marki płatków śniadaniowych i niedawno wprowadziłeś na rynek ekologiczną odmianę o niskiej zawartości cukru, która po miesiącu sprzedaży okazuje się miażdżącą porażką. Jak byś się zabrał do zbadania jego przyczyn? Po pierwsze, zrozum, że żaden pojedynczy czynnik nie będzie odpowiadał za tę porażkę; każdy czynnik odgrywa swoją rolę. Weź kartkę papieru i naszkicuj wszystkie

potencjalne przyczyny wraz z ich pierwotnymi przyczynami. Po zakończeniu utworzysz rozbudowaną sieć potencjalnych wpływowych osób. Następnie zidentyfikuj te, które możesz zmienić (np. naturę ludzką), odrzucając te, których nie można zmienić. Na koniec należy przeprowadzić testy empiryczne, zmieniając wyróżnione czynniki na różnych rynkach – wymaga to czasu i pieniędzy, ale jest konieczne, jeśli chcemy wyjść poza powierzchowne założenia.

Błędne założenie o pojedynczej przyczynie jest zarówno starożytne, jak i niebezpieczne. Przez tysiąclecia uwierzyliśmy, że ludzie są panami własnego losu – Arystoteles stwierdził to ponad dwa tysiące lat temu! Teraz rozumiemy, że jest to błędne podejście i że wolna wola jest kwestią otwartą. Nasze działania determinowane są przez złożoną sieć czynników, począwszy od predyspozycji genetycznych i środowiska, wykształcenia, stężenia hormonów w komórkach mózgowych, a mimo to nadal mocno trzymamy się przestarzałego obrazu samorządności. Praktyka ta jest zarówno szkodliwa, jak i wątpliwa moralnie. Dopóki wierzymy w pojedyncze przyczyny wydarzeń lub katastrof, zawsze będzie można zrzucić winę na jednostki. Co więcej, ludzie od dawna grają w tę grę polegającą na znajdowaniu kogoś lub czegoś, co można obwiniać – tworząc wrażenie, że władza musi być sprawowana przez jedną osobę lub grupę nad drugą.

Jednak Tracy Chapman była w stanie zbudować na tym cały swój światowy sukces – zwłaszcza dzięki piosence „Give Me One Reason". Ale czy nie wpływały na to także inne czynniki?

Zobacz także uzasadnienie „ponieważ" (rozdz. 52); Fałszowanie historii (rozdz. 78); Błąd wynikający z perspektywy czasu (rozdz. 14) i podstawowy błąd atrybucji (rozdz. 36) w celu uzyskania dalszych wyjaśnień.

Choć może trudno w to uwierzyć, demony prędkości w rzeczywistości prowadzą bezpieczniej niż tak zwani „ostrożni" kierowcy. Rozważ to: z Miami do West Palm Beach leży około 75 mil. Kierowców pokonujących trasę w czasie krótszym niż godzina zaliczamy do lekkomyślnych, ponieważ ich średnia prędkość przekracza 75 mil na godzinę; wszyscy inni należą do naszej grupy ostrożnych kierowców. W której grupie wypadków jest mniej? To musieliby być nierozważni kierowcy. Wszyscy trzej kierowcy pokonali trasę w ciągu godziny, a zatem nie powinni brać udziału w żadnym wypadku; każdy, kto uległ wypadkowi, automatycznie zalicza się do kategorii wolniejszych kierowców. Ten przykład ilustruje podstępny błąd określany jako błąd zamiaru leczenia, który niestety nie ma atrakcyjnej nazwy.

Może to brzmieć podobnie do błędu związanego z przeżyciem (rozdział 1), ale istnieje istotna różnica. W przypadku błędu związanego z przetrwaniem widoczne są tylko udane projekty lub samochody biorące udział w wypadkach, podczas gdy w przypadku błędu polegającego na zamierzonym leczeniu te nieudane projekty lub samochody pojawiają się w widocznym miejscu, ale po prostu w nieodpowiedniej kategorii.

Niedawno pokazano mi pouczające badanie przeprowadzone przez bankiera, które ujawniło interesujący fakt: spółki z zadłużeniem w bilansach są zwykle znacznie bardziej rentowne niż firmy, które posiadają wyłącznie kapitał własny jako instrumenty finansowe (tj. nie mają długu w bilansie). . Bankier nalegał, aby każda firma pożyczała według własnego uznania, a jego bank był najlepszym miejscem do tego celu. Przyjrzałem się bliżej jego gabinetowi. Jak to możliwe? Spośród 1000 losowo wybranych firm te, które otrzymały duże pożyczki, osiągnęły wyższy zwrot zarówno z kapitału własnego, jak i całkowitego kapitału niż firmy finansowane niezależnie. Wszystkie odnosiły większe sukcesy. Wkrótce zdano sobie sprawę: nierentowne przedsiębiorstwa nie kwalifikują się do kredytów korporacyjnych i tym samym wpadają do grupy „opartych wyłącznie na kapitale własnym", w której firmy posiadające większe poduszki gotówkowe zwykle utrzymują się na rynku dłużej i pozostają objęte badaniem pomimo wszelkich problemów zdrowotnych, jakie mogą stwarzać. Z drugiej strony firmy, które zaciągają duże pożyczki, zwykle upadają szybciej. Kiedy nie mogą już spłacać odsetek od swoich długów, banki przejmują i sprzedają te przedsiębiorstwa; osoby pozostające w „grupie zadłużenia" zwykle pozostają stosunkowo zdrowe, niezależnie od tego, ile długu znajduje się w ich bilansach.
Bądź ostrożny, jeśli myślisz, że rozumiesz. Rozpoznanie błędu związanego z zamiarem leczenia może być trudne; użyjmy medycyny jako przykładu: firma farmaceutyczna stworzyła nowy lek do walki z chorobami serca. Badanie „dowodzi", że lek ten znacząco zmniejsza śmiertelność pacjentów w porównaniu z przyjmowaniem samych tabletek placebo; wśród regularnych użytkowników śmiertelność pięcioletnia spada z 15% do 11% w ciągu pięciu lat,

a wśród nieregularnych użytkowników, którzy przyjmowali ją w różnych ilościach, jest dwukrotnie wyższa; więc czy naprawdę można to uznać za sukces lub porażkę?

Problematyczne jest to, że pigułki mogą nie być czynnikiem decydującym; ostatecznie liczy się raczej zachowanie pacjenta. Być może pacjenci przerwali leczenie z powodu poważnych skutków ubocznych i znaleźli się w kategorii „nieregularne przyjmowanie" lub byli zbyt chorzy, aby kontynuować regularne przyjmowanie leku. tak czy inaczej, w grupie osób „regularnie przyjmowanych" pozostały tylko stosunkowo zdrowe osoby, przez co lek wydawał się znacznie skuteczniejszy niż w rzeczywistości; ci naprawdę chorzy pacjenci, którzy nie mogli przyjmować regularnych dawek, byli członkami kohort „nieregularnie przyjmowanych".

Renomowane badania umożliwiają badaczom medycyny analizę danych wszystkich pacjentów, których początkowo zamierzali leczyć; niezależnie od tego, czy brali udział w rozprawie, czy nie. Niestety jednak wiele badań celowo lub przypadkowo ignoruje tę zasadę; bądź czujny: Zawsze sprawdzaj, czy badani – kierowcy biorący udział w wypadkach, zbankrutowane firmy i krytycznie chorzy pacjenci z jakiegoś powodu zniknęli z populacji próbnej i umieszczaj badanie tam, gdzie jego miejsce: do kosza na śmieci.

Zobacz także: Błąd w przetrwaniu (rozdz. 1); Fenomen Willa Rogersa (rozdz. 58);

Wiadomości Iluzoryczne trzęsienie ziemi na Sumatrze. Katastrofa lotnicza w Rosji. Mężczyzna przetrzymuje córkę w piwnicy przez 30 lat; Heidi Klum rozstaje się z Sealem; rekordowe pensje w Bank of America; atak w Pakistanie; rezygnacja prezydenta Mali; nowy rekord świata w rzucie kulą.

Czy naprawdę potrzebujesz tej wiedzy?

Jesteśmy niezwykle dobrze poinformowani, a mimo to pozostajemy bardzo nieświadomi. Dzieje się tak dlatego, że dwa wieki temu wynaleźliśmy toksyczną formę wiedzy zwaną wiadomościami, która oddziałuje na umysł jak cukier na ciało – jest pyszna, ale z czasem potencjalnie destrukcyjna.

Trzy lata temu przeprowadziłem eksperyment. Przestałem czytać i słuchać wiadomości oraz anulowałem prenumeratę wszystkich gazet i czasopism; z mojego programu usunięto kanały telewizyjne i radiowe; aplikacje informacyjne z mojego iPhone'a zostały całkowicie usunięte. Na początku było to trudne, bo ciągle odczuwałem niepokój, że coś ważnego może mi się wymknąć; ale po pewnym czasie zmieniłem pogląd. Trzy lata później moje wysiłki opłaciły się dzięki jaśniejszym myślom, głębszym wglądom, lepszym decyzjom i znacznie większej ilości wolnego czasu. A co najważniejsze, nic ważnego nie zostało pominięte, ponieważ moja sieć społecznościowa w świecie rzeczywistym działa jak filtr informacji i dzięki temu jestem na bieżąco.

Przede wszystkim nasze mózgi reagują nieproporcjonalnie na różnego rodzaju informacje: stymulują nas skandaliczne, szokujące szczegóły; abstrakcyjne, złożone lub nieprzetworzone szczegóły mają niewielki wpływ. Twórcy wiadomości doskonale rozumieją tę dynamikę – ich porywające historie, jaskrawe obrazy i sensacyjne „fakty" przyciągają naszą uwagę, podczas gdy reklamodawcy kupują przestrzeń, aby ich reklamy były widoczne; dlatego należy dokładnie odfiltrować wszystkie subtelne, złożone lub głębokie historie, nawet jeśli mogą one mieć znacznie większy wpływ na społeczeństwo jako całość.
Konsumpcja wiadomości zniekształca nasze rozumienie świata, prowadząc nas do życia z niedokładnym przedstawieniem ryzyk i zagrożeń, przed którymi faktycznie stoimy.

Po drugie, wiadomości nie są istotne. W ciągu ostatnich dwunastu miesięcy mogłeś spożyć około 10 000 fragmentów wiadomości (być może do trzydziestu dziennie). Bądź szczery: wymień jedną, która pomogła Ci podejmować lepsze decyzje w życiu, karierze lub biznesie w porównaniu z brakiem tej wiadomości w porównaniu z brakiem jej w ogóle – na 10 000 przeczytanych historii. Nikt, kogo zapytałem, nie był w stanie wymienić więcej niż dwóch przydatnych fragmentów ze wszystkiego, co spożyto – żałosny wynik ze strony organizacji informacyjnych, które twierdzą, że ich informacje zapewniają przewagę konkurencyjną, podczas gdy w rzeczywistości konsumpcja stanowi wadę ekonomiczną; gdyby pomogli ludziom w dalszym awansie zawodowym, dziennikarze znajdowaliby się na szczycie piramidy dochodów – jest zupełnie odwrotnie

Wiadomości to także nieefektywne wykorzystanie czasu: średnio każdy człowiek marnuje pół dnia w tygodniu na czytanie bieżących wydarzeń, co prowadzi do ogromnych spadków produktywności na całym świecie. Weźmy na przykład ataki terrorystyczne w Bombaju w 2008 r.: wyłącznie z powodu niezaspokojonego pragnienia uznania terroryści zabili 200 niewinnych ludzi wyłącznie po to, by zyskać sławę i uznanie. Załóżmy, że miliard ludzi spędziło godzinę, śledząc następstwa: przeglądając aktualizacje minuta po minucie i słuchając komentarzy ekspertów i analityków – niezwykle prawdopodobny scenariusz, biorąc pod uwagę, że Indie mają ponad miliard mieszkańców. Dlatego nasza ostrożna kalkulacja: miliard ludzi pomnożony przez godzinę rozproszenia równa się miliard godzin przestojów w pracy. Jeśli przeliczymy tę liczbę na liczbę ofiar śmiertelnych w wyniku oglądania wiadomości i straty w wyniku ataków, liczba ta wynosi około 2000 zgonów spowodowanych samą konsumpcją – jest to wnikliwa, ale precyzyjna obserwacja.

Odwrócenie się od wiadomości może przynieść równie głębokie rezultaty, jak pozbycie się któregokolwiek z pozostałych dziewięćdziesięciu ośmiu złych nawyków, które tutaj opisaliśmy. Całkowicie przełam swój nawyk informacyjny; zamiast tego czytaj długie artykuły lub książki – nic nie przebije książek, które pomogą Ci zrozumieć nasz świat!

Zobacz także Podstawowy błąd atrybucji (rozdz. 36); Efekt śpiący (rozdz. 70); Błąd potwierdzenia (rozdziały 7-8); Błąd informacyjny (rozdz. 59); Personifikacja (rozdział 87) i stronniczość opowieści (rozdział 13) jako zjawiska powiązane.

EPILOG

Papież zapytał Michała Anioła: „Powiedz mi sekret swojego geniuszu. Jak stworzyłeś ten posąg Dawida, arcydzieło wśród wszystkich arcydzieł? Michał Anioł odpowiedział po prostu zabierając wszystko, co nie było Dawidem.

Powiedzmy sobie jasno. Nikt tak naprawdę nie wie na pewno, co czyni nas odnoszącymi sukcesy lub szczęśliwymi, jednak rozumiemy, co szkodzi sukcesowi lub szczęściu. Negatywna wiedza (czego nie robić) ma o wiele większą moc niż pozytywna wiedza (co należy zrobić).

Michał Anioł zastosował metodę Michała Anioła, aby myśleć jaśniej i mądrzej działać: zamiast patrzeć wyłącznie na Dawida, skoncentruj się na wszystkim, co stoi mu na drodze i usuwaj je fragmentarycznie; podobnie w naszym przypadku: eliminuj błędy, aby poprawić myślenie!

Myśliciele greccy, rzymscy i średniowieczni ukuli termin określający to podejście, zwany via negativa – dosłownie „ścieżka negatywna", podejście do wyrzeczenia, wykluczenia i redukcji. Teolodzy byli pionierami via negativa: nie możemy powiedzieć, czym jest Bóg; zamiast tego możemy jedynie zdefiniować Jego nieobecność; zastosowane do współczesnego życia: sukcesu nie można zdefiniować bezpośrednio; tylko to, co blokuje jego pogoń, można zidentyfikować i wyeliminować - w zasadzie wszystko, co musimy wiedzieć!

Ta gorąca teoria irracjonalności bulgotała przez stulecia. Jan Kalwin, założyciel ścisłego protestantyzmu w latach czterdziestych XVI wieku, uważał, że takie uczucia reprezentują zło i że tylko zwracając się do Boga, można je odeprzeć. Osoby doświadczające wulkanicznych erupcji emocji uważano za naśladowców Szatana; dlatego rozpoczęły się tortury i zabijanie. Według teorii austriackiego psychoanalityka Zygmunta Freuda, która sugeruje, że nasze ego i moralistyczne superego kontrolują nasze impulsywne id i tłumią je poprzez obowiązek lub dyscyplinę, jest czymś, co nie może się zdarzyć. Zapomnij o obowiązkach i dyscyplinie – samo myślenie nie jest w stanie kontrolować naszych emocji w większym stopniu niż próba zapuszczenia sobie włosów samą siłą woli!

Z drugiej strony zimna teoria irracjonalności jest wciąż młoda. Po II wojnie światowej wielu próbowało wyjaśnić pozorną irracjonalność nazistów – na stanowiskach kierowniczych nie słyszano ani wybuchów emocji, ani płomiennych przemówień samego Hitlera; nawet jego płomienne przemówienia były po prostu mistrzowskimi występami – to raczej zimna kalkulacja niż nagłe wybuchy sprowadziły ich na ciemną ścieżkę; to samo dotyczy Stalina i Czerwonych Khmerów.

Psychologowie zaczęli odchodzić od twierdzeń Freuda w latach sześćdziesiątych XX wieku i przyglądać się naszemu myśleniu, decyzjom i działaniom w sposób naukowy. Pojawiła się zimna teoria irracjonalności, która postulowała, że samo myślenie jest dalekie od czystości; nawet bardzo inteligentni ludzie padają ofiarą pułapek poznawczych, które prowadzą do błędów. Co więcej, błędy nie są rozmieszczone losowo: błędy mają tendencję do grupowania się w przewidywalne wzorce, co sprawia, że błędy są bardziej przewidywalne, ale nigdy w pełni nie do naprawienia. Jednak ich źródło było nieznane przez dziesięciolecia, podczas gdy wszystko inne w naszym ciele wydawało się stosunkowo niezawodne w porównaniu z naszymi mózgami.
Dlaczego nasze mózgi muszą cierpieć z powodu ciągłych niepowodzeń?

Myślenie jest zjawiskiem biologicznym, a ewolucja odegrała swoją rolę w jego ukształtowaniu, tak jak każdy inny aspekt natury. Wyobraźcie sobie, że cofacie się o 50 000 lat i zabieracie ze sobą jednego z naszych przodków do teraźniejszości – wysyłacie go do fryzjera, wysyłacie mu lekcje jazdy lub uczycie go, jak obsługiwać telefon komórkowy, ale bez wątpienia pasowałby idealnie; w końcu ewolucja biologiczna dała nam te wszystkie zdolności jako łowcom-zbieraczom noszącym garnitury Hugo Bossa (lub w niektórych przypadkach H&M)! Gdybyśmy mogli to zrobić, wyobraźmy sobie, że cofniemy się o 50 000 lat, zabierzemy przodka i zabierzemy go/ją/ich w dzisiejszą podróż w czasie; może wtedy zamiast być wyrzutkiem na ulicy i wysyłać go/ją/ich od tamtych czasów do współczesnego ubioru; wysyłasz go/ją na strzyżenie/strzyżenie/ubieranie do salonu fryzjerskiego/komody/ubiera ich/nich/nas, aby zrobić sobie nowoczesny strój/ubranie? NIE; Biologia rozwiała wszelkie wątpliwości; fizycznie, w tym poznawczo, jesteśmy łowcami-zbieraczami ubranymi w Hugo Boss (lub H&M).

To, co znacząco zmieniło się od czasów starożytnych, to nasze środowisko życia. Wszystko było wtedy proste i stabilne – ludzie żyli w grupach liczących do pięćdziesięciu osób, bez znaczącego postępu technologicznego i społecznego. Dopiero w ciągu ostatnich 10 000 lat nasz świat zaczął ulegać dramatycznym zmianom, a uprawy, hodowla zwierząt, wsie, miasta, światowy handel i rynki finansowe wyłaniają się jako główne siły jego ewolucji. Od czasu industrializacji wiele z tego, co było optymalne dla funkcjonowania ludzkiego mózgu, zniknęło. Spędź 15 minut w dowolnym centrum handlowym, a miniesz więcej ludzi, niż nasi przodkowie widzieli przez całe swoje życie. Każdy, kto twierdzi, że wie, jak będzie wyglądał świat za 10 lat, zwykle staje się wyrzutkiem w ciągu kilku miesięcy po dokonaniu takich przewidywań. Od 10 000 lat stworzyliśmy świat, którego już nie rozumiemy. Wszystko stało się bardziej wyrafinowane, a jednocześnie bardziej misternie powiązane. W rezultacie dobrobyt gospodarczy gwałtownie wzrósł, ale także choroby związane ze stylem życia (takie jak cukrzyca typu drugiego, rak płuc i depresja) oraz błędy w myśleniu gwałtownie wzrosły, podczas gdy złożoność stale rosła – to tylko jeszcze bardziej spotęguje ich błędy i jeszcze bardziej je uwydatni.

U naszych łowiecko-zbierackich korzeni aktywność często okazywała się bardziej opłacalna niż refleksja. Niezbędne były błyskawiczne reakcje, natomiast długotrwałe rozmyślania okazały się śmiertelne. Jeśli jeden z twoich kumpli-łowców-zbieraczy nagle ucieknie, warto pójść w jego ślady; nieważne, czy zaniepokoił cię tygrys, czy dzik. Brak ucieczki może kosztować życie; w przeciwieństwie do tego, jeśli samo uciekanie przed dzikiem spowodowało błąd, może to kosztować tylko kalorie; mylenie się w podobnych sprawach opłaciło się: każdy, kto był podłączony inaczej, wychodził, zanim w ogóle doszło do spotkania – co czyni nas wszystkimi potomkami tych homines sapientes, którzy mają tendencję do szybkiego podejmowania działań przez wczesne pokolenia, które przewodziły. Dziś jesteśmy ich potomkami.
Współczesne społeczeństwo sprzyja pojedynczej kontemplacji i niezależnym działaniom – każdy, kto dał się nabrać na giełdowy szum, wie o tym z pierwszej ręki.

Psychologia ewolucyjna pozostaje w większości hipotezą, a mimo to jest wysoce przekonująca w wyjaśnianiu wielu wad; choć nie wszystkie. Weźmy na przykład to stwierdzenie: „Każdy batonik Hershey jest dostarczany w brązowym opakowaniu; dlatego wszystkie batoniki posiadające tę cechę muszą być również batonami Hershey”. Nawet inteligentne jednostki mogą paść ofiarą tej pułapki – podobnie jak rodzime plemiona żyjące nieobciążone cywilizacją – tak jak nasi przodkowie-łowcy-zbieracze wciąż mogli doświadczać błędów w logice, które nie mają nic wspólnego ze zmianami środowiskowymi.

Dlaczego? Ewolucja nie tworzy doskonałych ludzi; tak długo jak wyprzedzamy naszych konkurentów (tj. pokonujemy neandertalczyków), ewolucja toleruje zachowania obciążone błędami. Weźmy na przykład kukułkę – przez miliony lat składała ona jaja w gniazdach ptaków śpiewających, gdzie następnie wysiadywały mniejsze ptaki i karmiły pisklęta zrodzone z tych jaj – czyn ten stanowi błąd w zachowaniu, którego ewolucja nie zdołała naprawić, ponieważ nie była w stanie tego zrobić. przez mniejsze ptaki uważane za wystarczająco poważne.

Dodatkowe wyjaśnienie naszych błędów pojawiło się pod koniec lat 90.: nasze mózgi są nastawione na reprodukcję, a nie na poszukiwanie prawdy; to znaczy, że używamy naszych myśli przede wszystkim do perswazji, a nie do poszukiwania prawdy; ten, kto potrafi przekonać innych, zyskuje władzę i zasoby – aktywa, które zapewniają znaczną przewagę podczas krycia i wychowywania potomstwa. Powieści zazwyczaj sprzedają się lepiej niż tytuły literatury faktu, pomimo ich większej szczerości.

Wreszcie, intuicyjne decyzje – nawet te pozbawione logiki – mogą być korzystne w pewnych okolicznościach. Zjawisko to badają tak zwane badania heurystyczne. Ponieważ często przy podejmowaniu ważnych decyzji brakuje nam wszystkich wymaganych informacji, nieodzowne stają się skróty myślowe lub praktyczne zasady (heurystyki). Na przykład, wybierając romantycznego partnera, który Cię pociąga, jedyną racjonalną decyzją byłoby oparcie się wyłącznie na logice; zamiast tego korzystanie z intuicji często prowadzi w tym przypadku do lepszych wyników. Wiele decyzji trzeba także później uzasadnić powodami lub jakimś uzasadnieniem – czego logika po prostu nie może.

Decyzje (kariera, partner życiowy i inwestycje) często zapadają podświadomie. Później formułujemy uzasadnienia, aby mieć poczucie, że nasz wybór był świadomy, chociaż często nie przypomina to metod naukowych: zamiast tego wymyślamy powody, aby uzasadnić z góry ustalone wnioski, a nie obiektywne fakty.

Dlatego zapomnij o dychotomii pomiędzy lewą i prawą półkulą opisaną w poradnikach; o wiele bardziej znaczące jest rozróżnienie pomiędzy myśleniem intuicyjnym i racjonalnym – oba mają uzasadnione zastosowania; intuicyjne umysły są zwykle szybsze, spontaniczne i oszczędzają energię, podczas gdy racjonalne myślenie wymaga znacznie więcej energii niż jego intuicyjny odpowiednik. Daniel Kahneman w słynny sposób wyjaśnił to zjawisko w swojej książce Thinking Fast and Slow.

Ludzie często pytają, jak udaje mi się prowadzić życie wolne od błędów, odkąd zaczęły się pojawiać błędy poznawcze, ale prawda jest taka, że tak nie jest. A odpowiedź? Nie; nawet nie blisko. Jak wszyscy inni, podejmuję pochopne decyzje, konsultując się nie ze swoimi myślami, ale uczuciami; przy szybkim podejmowaniu decyzji pytanie „Co o tym myślę?” jest często zastępowane przez „Co o tym myślę?” Przewidywanie błędów i ich unikanie jest kosztownym przedsięwzięciem;

Aby wszystko było proste i jasne, ustaliłem sobie następujące zasady podejmowania decyzji w sytuacjach o poważnych potencjalnych konsekwencjach (tj. dokonywania kluczowych wyborów osobistych lub biznesowych). Dokonując wyboru pomiędzy opcjami, staram się zachować możliwie jak najbardziej rozsądny i racjonalny charakter . Moje podejście jest podobne do pilota: wyjmuję listę błędów i sprawdzam je pojedynczo, tak jak zrobiłby to pilot samolotu. Aby pomóc sobie w skuteczniejszym podejmowaniu świadomych decyzji (np. zwykła czy dietetyczna Pepsi, woda gazowana czy płaska?), korzystam również z doskonałego drzewa decyzyjnego z listą kontrolną. W sytuacjach o minimalnych konsekwencjach (tj. woda gazowana czy woda płaska?) drzewo decyzyjne jest niezwykle pomocne - na przykład przy wyborze między zwykłą a dietetyczną Pepsi lub wodą gazowaną lub płaską). Często rezygnuję z racjonalnej optymalizacji i kieruję się intuicją. Myślenie może być męczące; dlatego też, jeśli potencjalna szkoda jest minimalna, nie zajmuj się błahymi sprawami; takie błędy nie będą miały trwałych konsekwencji, a taki sposób życia może ogólnie zapewnić lepsze doświadczenia. Naturę wydaje się nie przejmować tym, czy nasze decyzje są doskonałe, czy nie; liczy się tylko to, abyśmy pomyślnie przeszli przez życie – o ile jesteśmy gotowi działać racjonalnie, gdy sprawy stają się trudne. Dodatkowo, operując w swoim kręgu kompetencji, często zdaję się na intuicję. Ćwicz grę na instrumencie, a Twoje palce nauczą się grać na jego nutach. Z biegiem czasu Twoje palce nabiorą biegłości w manipulowaniu klawiszami lub ciągami znaków; nuty pojawiają się, a nuty odtwarzają się

niemal automatycznie — Warren Buffett korzysta z bilansów niczym profesjonalni muzycy z partytur!
Znajdź swój krąg kompetencji – obszar, w którym intuicyjnie rozumiesz i wyróżniasz się – i zdobądź dobrą wiedzę. Wskazówka: może być mniejszy, niż myślisz! Podejmując konsekwentne decyzje poza tym kręgiem, stosuj twarde techniki racjonalnego myślenia, podczas gdy w przypadku mniej pilnych decyzji kieruj się swobodnie intuicją.

KONIEC